JN089768

わが国の教育改革

その光と影

小野　元之

特定非営利活動法人

学校経理研究会

■　はじめに

　世界的に見ても、わが国の初等中等教育は優れたものとして、高く評価されている。それに比べて、大学教育、大学院教育はそれほど評価されていない。ノーベル賞受賞者を数多く輩出し、世界的に見てもわが国の大学、特に東京大学、京都大学などの旧帝国大学の教育研究のレベルは高いと思われるが、世界の大学ランキングでは、それほど高い位置にいない。なぜだろうか。

　わが国の教育改革は、時代の進展に合わせて、その時々の社会の状況に応じて、その時点での最適な学校教育の在り方を考えようということで、長年にわたり、実施されてきた。

　戦後の占領下における教育の民主化が図られた時代から、高度経済成長による社会の発展に対応した教育改革が進められ、教育の量的拡大に対応した施策が進められてきた。その後の経済の安定成長下では、教育の質的改善が行われてきた。背景に、知識詰込み型の教育の弊害、受験競争の激化、児童生徒の問題行動などが起こり、初等中等教育では、人材確保法による教員給与の改正、ゆとりと充実を目指した学習指導要領の改訂などが行われ、昭和55年には40人学級が実現している。高等教育では専修学校制度の創設、国立大学共通一次試験が実施され、昭和60年放送大学が授業を開始した。

　臨時教育審議会の設置された昭和60年頃の社会は、産業構造の変化（知識集約型産業）、国際化、情報化、都市化、核家族化による家庭の教育力の低下、知識詰込み型教育の弊害や受験競争の低年齢化、小中学校のいじめ、不登校の増加などの変化が見られた時代であり、臨教審では「個性重視、生涯学習体系への移行、変化への対応」を中心とした教育改革が行われてきた。

　教育改革国民会議が設置された平成12年頃の社会は、経済社会のグローバル化、いじめ、不登校、学級崩壊、凶悪な青少年犯罪が続発する中で、行き過ぎた平等主義による教育の画一化など、教育システムが時代の流れに取り残されているなどの批判がなされていた。

　教育再生会議が設置された平成18年頃は、グローバル化が進展し、社会の爛熟化、倫理観の喪失、豊かになり目標を喪失した社会、人口の減少と極端な少子

高齢化、経済の停滞、世界の中での日本の存在感の希薄化、政治や行政への国民の不信の拡大などが問題とされた時代であった。社会総がかりで公教育を再生し、ゆとり教育の見直し、いじめ、校内暴力、学力低下、学級崩壊に学校・教育委員会がきちんと対応していく、国際競争力のある大学・大学院を目指すための教育改革を提言した。私も委員として提言づくりに参画させていただいている。

　第2次安倍内閣発足後の教育再生実行会議、続く岸田内閣による教育未来創造会議も、教育を、経済成長・雇用の確保、少子化の克服、格差是正、社会の安定といったわが国が抱える課題解決の鍵になるものとして、「未来への先行投資」と位置づけている。

　わが国の教育改革の流れを振り返ってみると、歴代の内閣において数々の「教育改革」が叫ばれ、内閣全体で教育改革を考えるための会議が次々に設置されてきた。これは、文部科学省を中心とした教育界の意見だけでなく、産業界や社会全体からの改革意見を取り上げ、政府全体としての教育改革を実行するためであった。一方では、毎回毎回、新しい視点から教育改革が提案され、文部科学省もこれを受けて法律や制度の改正に取り組んだため、小学校から大学までの学校現場には、「教育改革疲れ」が指摘される面も出てきていた。

　本書は、文部省・文部科学省で若いころ大臣官房総務課という教育政策を策定するための部署で永らく勤務し、その後、総務課長、官房長、事務次官として文部省及び文部科学省全体の政策決定及び法律改正の中枢にいた筆者が、自らの経験をもとに、「教育改革」に取り組んできた足跡をたどり、現在の教育界の課題を解りやすく解説し、日本の教育のあるべき姿を考察しようとするものである。

　本書に書かれている意見に相当する部分は、あくまでも筆者の個人的な考えであり、文部科学省の公的見解ではない。本書を、教育関係者はじめ多くの方々に読んでいただき、何らかの参考にして頂ければ望外の喜びである。

令和4年2月

小野　元之

■　もくじ　■

【参考文献】

青木栄一『文部科学省』中央公論新社、2021

天城　勲『教育法規解説』第一法規、1971

市川昭午『教育基本法改正論争史』教育開発研究所、2009

市川昭午『臨教審以後の教育政策』教育開発研究所、1995

上杉道世『大学職員は変わる―東大 SD トータルプランの実践 』学校経理研究会、2009

大野　晋・上野健爾『学力があぶない』岩波書店、2001

大畠菜穂子『戦後日本の教育委員会』勁草書房、2015

大森和夫『臨時教育審議会 3 年間の記録』光書房、1987

小川正人『教育改革のゆくえ』筑摩書房、2010

小野元之『教育委員会の活性化』悠光堂、2019

小野元之『私立学校法講座　令和 2 年改訂版』学校経理研究会、2020

兼子　仁『教育法（新版）』有斐閣、1978

金子元久『大学の教育力』筑摩書房、2007

苅谷剛彦『教育改革の幻想』筑摩書房、2002

苅谷剛彦『コロナ後の教育へ』中央公論新社、2020

木田　宏『教育行政』有信堂、1982

木田　宏『逐条解説　地方教育行政の組織及び運営に関する法律　第 4 次新訂』第一法規、2015

黒崎　勲『教育学としての教育行政＝制度研究』同時代社、2009

黒羽亮一『臨教審　どうなる教育改革』日本経済新聞社、1985

合田哲雄『学習指導要領の読み方・活かし方』教育開発研究所、2019

小松夏樹『ドキュメント　ゆとり教育崩壊』中央公論新社、2002

齋藤　孝『新しい学力』岩波書店、2016

塩野　宏『行政法Ⅲ　第 4 版』有斐閣、2012

新藤宗幸『教育委員会　何が問題か』岩波書店、2013

鈴木　勲『逐条　学校教育法　第 8 次改訂版』学陽書房、2016

田中壮一郎監修、教育基本法研究会編著『逐条解説　改正教育基本法』第一法規、2007

中谷　彪『アメリカ教育行政学研究序説』泰流社、1988

菱村幸彦『教育課程の法律常識（新訂 2 版）』第一法規、1989

平原春好『教育行政学』東京大学出版会、1993

本間政雄『大学が変わる 大学を変える』学校経理研究会、2021

真渕　勝『行政学』有斐閣、2009

村上祐介『教育委員会改革　5 つのポイント』学事出版、2014

村上祐介『教育行政の政治学』木鐸社、2011

村松岐夫『行政学教科書　第 2 版』有斐閣、2001

文部省『学制百年史』帝国地方行政学会、1972

第 1 章　わが国の目指すべき姿

1.　わが国の現状

　わが国の現状を見ると、1 つには急激な少子高齢化の進展で人口が減少し、特に生産年齢人口（15 ～ 64 歳）が今後大幅に減少していくこととなる。人口減少は経済規模の縮小を意味しており、わが国の GDP は約 55 兆ドルであるが、ここ 30 年間大きな発展はない。さらに、国と地方の財政状況が極めて悪化しており、令和 3 年度予算では国と地方の長期債務は約 1,200 兆円であり、対GDP 比率では 216％ となっている。令和 3 年度予算では総額 107 兆円の中で社会保障関係費が約 36 兆円、国債費が約 24 兆円であるが、税収が約 57 兆円となっており、年々財政悪化が進行している。一方で新型コロナウイルスの感染拡大が続いており当面財政が好転する兆しは見えない。

　急激な高齢化の進展で医療・介護などのケアサービスの充実とともに、寿命延伸により高度な医療の充実が求められている。

　さらに、グローバル化の進展で国際的な競争が激化し、新興国の台頭で相対的にわが国の国際競争力が低下してきている。産業構造や就業構造の変化が進み、また都市の過密化、地方の過疎化が進んでおり、富の集中や地域間の不平等が生じ、社会的・経済的格差が拡大している。さらに地球温暖化の影響で近年自然災害が増加しており、もともと地震の多い国で大地震に対する根本的な災害対策が求められている。

　エネルギーや食料の需要が増加し、地球規模で温室効果ガスの排出削減や食

糧の増産とロスの削減が求められている。

　一方でわが国の政治や行政の現状を見ると、本当に国民の幸せの実現のために政治や行政が適切に機能していると言えるのだろうか。政治家が小粒になり、国民の政治家に対する信頼は大きく揺らいでいる。行政についても最近の役人、行政官の仕事について、国民の期待は大きく裏切られている。

　未来は限りなく不透明であり、わが国の抱える課題は多く、そのどれもが簡単には解決できない課題ばかりである。このような現代の日本において、教育にはどのような役割が期待されているのだろうか。

2.　改革の必要性

　前段では不透明な社会における、わが国の暗い面を強調しすぎたかもしれない。中教審は「2040 年に向けた高等教育のグランドデザイン」答申を平成 30 年 11 月に出し、2040 年に必要とされる人材と高等教育の目指すべき姿を示している（図表 1 参照）。このグランドデザイン答申では、2040 年を見据えた社会の変化を次のように見ている（図表 2 参照）。

　　SDGs が目指す社会：第 4 次産業革命とも言われる AI、ビッグデータ、IoT（Internet of Things）、ロボティクスなどの先端技術が高度化し、あらゆる産業や社会生活に取り入れられるようになる。Society5.0（超スマート社会）、知識集約型社会の到来である。

　　人生 100 年時代を迎える社会：健康寿命が世界一の長寿社会を迎え、人生 100 年時代の社会で、教育 ⇒ 仕事 ⇒ 老後といった単線型の社会でなく、人生のマルチステージで活躍できる社会である。

　　グローバル化の進んだ社会：社会・経済・科学技術などの在り方が地球規模で連動する。人の国際的な移動・活躍が爆発的に拡大し、社会のあらゆる分野でのつながりが国境を越えて活発化する。グローバル競争の激化が予想される。

図表1 2040年に向けた高等教育のグランドデザイン

2040年に向けた高等教育のグランドデザイン

(中教審答申　平成30年11月26日)

| 必要とされる人材像 | ⇒ | 普遍的知識・汎用的技能を文理横断的に身に付ける
論理的思考力をもって社会を支え、改善する資質 |

| 大学は学修者本位の教育へ転換 | ⇒ | 学生が何を身に付け、何ができるか |

大学の教育研究体制
・多様な学生
・多様な教員
・多様で柔軟なプログラム
・柔軟なガバナンス
・大学の強みを発揮

教育の質の保証
・全学的な教学マネジメントの確立
・学修成果の可視化と公表
・設置基準の抜本的見直し
・認証評価の充実

大学を支える投資⇒コストの可視化とあらゆるセクターからの支援の拡充

中教審「2040年に向けた高等教育のグランドデザイン」答申より筆者作成

図表2 2040年を見据えた社会の展望

・SDGs（持続可能な開発のための目標）
　　⇒ 全ての人が必要な教育を受け、その能力を最大限に発揮し、平和と豊かさを享
　　　受できる社会
・Society5.0・第4次産業革命
　　⇒ 今では想像もつかない仕事に従事、幅広い知識をもとに新しいアイディアや構
　　　想を生み出せる力が強みに
・人生100年時代
　　⇒ 生涯を通じて切れ目なく学び、すべての人が活躍し続けられる社会
・グローバル化
　　⇒ 独自の社会・文化を踏まえ、多様性を受け入れる社会システムの構築
・地方創生
　　⇒ 知識集約型経済を活かした地方拠点の創出と、個人の価値観を尊重する社会

中教審「2040年に向けた高等教育のグランドデザイン」答申より筆者作成

地方創生が目指す社会：国内では都市と地方の格差が拡大する一方で、生まれた地域を大切にし、個人の価値観を尊重して、地域や個人を豊かにする活動も生まれてくる。

3.　わが国の社会と行政の役割

　わが国は将来、どのような国、社会を目指すべきか。難しい課題であるが、長い間、文部省・文部科学省の行政官（役人）を務めさせていただいた元行政官の立場、特に「教育」をつかさどる立場から、わが国がどような国を目指すべきか、どのような社会を作っていくべきかを考えてみたい。

　アメリカは第 2 次世界大戦後、自由と民主主義を旗印に、超大国として圧倒的な軍事力を背景に世界でリーダーシップを発揮してきた。一方で経済面、学術研究面でも世界をリードする大国である。しかし、ベトナム戦争やイラク戦争など、アメリカの負担も大きく、バイデン大統領になってアフガニスタンからの撤退を決めたが、混乱は収まっていない。

　アメリカに対抗する国として中国やロシアがあるが、両国とも共産党やプーチン大統領の独裁国家であり、国民の自由や人権が保障されているとは言い難い。中国は人口が巨大であることから、世界的な消費大国であるが、近年、拡張主義に走り軍事大国化しており、参考とするには不適切と考える。

　西欧先進国であるイギリス、フランス、ドイツはどうか。イギリスは英連邦の中心であり、議会制民主主義のお手本国家だとされていたが、EU からの離脱後、数々の問題点を抱えている。フランスは芸術・文化面では世界をリードする国であるが官僚が優秀で中央集権の色彩が強い。ドイツは経済が好調で日本と同じく第 2 次世界大戦の敗戦国であるが、東西統一後、発展を続けてきている。

　結局のところ、私は、西欧先進国であるイギリス、フランス、ドイツの良いところだけを見習って、それに日本の伝統や文化などを尊重しながら、平和で安定し、経済が発展し、優れた教育研究が行われ、芸術文化の花開く、国民が健康長寿で、一人ひとりの幸せの実現ができる国や社会であってほしいと願うものである。もちろん、社会福祉の充実、地球環境への配慮、格差の解消、積極的な国際貢献なども重要な課題であり、これらの課題解決に積極的に取り組む国や社会であってほしい。

そのような国づくりや社会を目指すためには、やはり「教育」が重要であり、初等中等教育の充実とともに、高等教育、特に大学や大学院の教育研究をしっかりと充実させていく必要があると思う。

4. 高等教育と社会の関係

大学・大学院を中心にした高等教育と社会の関係をどう見ていくか。

高等教育は、「知識の共通基盤」であり「知と人材の集積拠点」であり「社会・産業を支える研究開発拠点」でもある。また「芸術文化・スポーツの先進拠点」でもある。

大学は教育力・研究力を高め、学術研究の成果を社会に還元し、経済・社会の発展の基盤を構築していく先進拠点であり、大学の教育力・研究力を高めていくことが社会発展のカギとなり、イノベーションはここから生まれるものである。

これからの大学は、今まで以上に産業界との連携を深め、地域との連携を深めていくことが必要であろう。高等教育の教育力と研究力をいかに伸ばしていくか、大学に重点投資をしていくことこそ、わが国を発展させる原動力であることを忘れてはならない。

私個人の意見であるが、世界には大学の研究力が国際競争に勝利するための原動力だと認識して、大学・大学院の教育研究費を大幅に伸ばしている国がある。しかるに、わが国は国立大学の運営費交付金を毎年 1％削減するなど極めて問題となる政策を行ってきた。高齢化が進み、老人医療費や介護費用が嵩み、社会保障関係費が約 36 兆円と国家予算の 3 分の 1 以上を占めており、国債費は約 24 兆円に上るが、文部科学省予算は約 5 兆 3,000 億円に過ぎない。

国財政が悪化しているからと言って、将来の日本を支える人材の育成や教育研究の予算がこのように少なくて本当に良いのだろうか。**大学を含めた教育研究のための予算は、日本の将来を担う人材の育成であり、その成果は将来のわが国に還元される予算である。未来への投資なのだ。**

一方で社会保障費は現在の高齢者や人々の幸福を支える予算であり、高齢化

社会のために必要な予算であるが、その成果が将来のわが国に帰ってくる予算ではない。国家予算が借金頼みの予算となっている現状は極めて残念であり、財政再建は喫緊の重要課題である。

5. 大学の教育研究の改革

　AI 時代やグローバル時代を生き抜いていく能力を身に付けるためには、画一的な教育の提供でなく、多様な学生が集まり多様な価値観が集まるキャンパスでなければならない。大学には多様性と柔軟性が求められる。

　私は以前から「大学には 3 つの 30%が必要だ」と主張してきた。

　3 つの 30%とは、まず、**①大学教員の外国人研究者割合を 30%にする必要がある**と言うことである。

　日本の大学が国際的なランキングで東京大学や京都大学でもベストテンに入れていないのは、グローバル化への対応が遅れているからである。ノーベル賞受賞者には日本の大学教授も数多く選ばれているし、大学自体の研究力では世界のトップレベルにあると思うが、東京大学や京都大学でも教授の中の外国人研究者は欧州や米国と比べて非常に少ない。教授が退職した場合、教授会で後任を選ぶことが多いが、この時にどうしても自分の弟子を後継の教授に推す教授が多く、外国人教授の数が国際的に極めて少ないのである。

　2 つ目は**②大学の授業の 30%は英語で行うこととすべきだ**と言うことである。国際化の進む今日、研究面での論文は英語で書かれることが多い。国際会議でも英語が公用語であり、英語で論文を書き、英語で議論するのは当然のことであろう。わが国の初等中等教育でも英語の重要性が増しており、小学校でも英語の授業が行われるようになった。わが国でも、大学院においては英語で授業することが増加しているが、私の希望は学部でも英語で行う授業を 30%くらい実施することである（語学の授業でなく、大学の講義を英語で実施することである）。

　3 つ目は**③在学生のうち、30%は留学生にすること**である。18 歳人口は多い時は 200 万人を超えていたが、令和元年は 117 万人、令和 15 年には 97

万人に減少する。留学生の受け入れはこれから大学にとって重要な課題である。その意味からも学生の30％は留学生にすることが必要だと思う。

　多様な教員と多様な学生で大学の教育研究体制は多様なものに変わっていくであろう。また文理横断、文理融合のような分野を超えた専門知の組み合わせが必要であり、学部の枠を超えた柔軟な教育プログラムや学部の枠を超えた学修が必要となってくる。

6. 大学教育の質の保証と高大接続改革

　さらに、わが国の大学はいわゆる難関大学でも「入るのは難しいが、出るのはやさしい」と言われてきており、卒業生の質の保証が十分ではなかった。近年では多くの私学が総合型選抜（旧AO入試）と指定校などによる学校推薦型選抜で、大学入学の際に学力検査を実施していない大学が多い。文部科学省では、高大接続改革で大学の入学者選抜において学力の3要素（①知識・技能の習得、②思考力・判断力・表現力、③主体性をもって協働して学ぶ態度）を多面的・総合的に評価すべきだとしている。

　いわゆる卒業生の質の保証については、大学で何を学び、何を身に付け、何ができるようになったのか、学んでいる学生は成長したのか、学修の成果が出ているのか、大学が自らの「強み」として発信・公表することが求められている。産業界からは「求める人材」のイメージや技能を具体的に示していくことが求められている。また国においても設置基準や認証評価の在り方を時代に即したものに改革していく必要がある。

7. 大学への社会の支援の在り方

　高等教育は国力の源であり、国からの手厚い支援を確保しながら、民間からの投資と社会からの寄附などの支援を充実させていく必要がある。**OECD諸国と比較しても、わが国の大学への政府からの支援は少なく、わが国は高等教育の教育費を家計に依存している割合が大きい。**

　わが国は社会保障費の増加（年金、医療、介護）が極めて大きいが、教育費への政府の支出が少なすぎる。前述したように、高等教育への政府の支出を増加させる必要がある。また、高等教育の役割の重大性を社会に認識してもらい、公的・私的セクターからの高等教育に対する支援を拡充していく必要がある。

　わが国の政治家や企業の経営者のわが国の大学を見る目は極めて厳しい。苅谷剛彦氏はこれを「大学性悪説」を前提にしているのではないかと見ている[※1]。企業によっては、外国の大学の教育研究については高い評価をして社員を外国の大学に留学させたり、外国の有名大学の博士号を尊重したりする割には、わが国の大学の大学院を卒業した修士号や博士号をあまり評価しない。会社の中で大学院卒業者は学歴は高いが専門分野が狭く、会社の業務に直接役立たないとか、大学院卒は理屈が多く使いにくい、学部卒業者の方が会社にとって使いやすいなどと言って、修士や博士の学位を尊重しない傾向がある。

　こうした企業の見方について、大学側にも問題があるのは確かであるが、不透明な現在の社会を考えた場合、将来的には先を見る力や将来の社会の変革により対応できる能力を持っているのは修士や博士の学位を持っている人材ではないだろうか。わが国の大学院教育の在り方を見直さなければならないと私も思うが、現在の日本の企業の大学院教育を尊重しない見方には問題があると思う。グローバル化が進展する中で、わが国の GDP はここ 30 年間ほとんど伸びておらず、わが国の企業の国際競争力は相対的に低下している。

　私見であるが、**わが国の企業のトップや企業労働者の主力が「学部」卒業者であるから、日本の企業が発展しないのではないだろうか。**その意味では日本は驚くべき**「低学歴社会」**なのだ。私も（独）日本学術振興会の理事長として、欧米はじめ世界各国の学術研究機関のトップや政府の学術研究や教育政策を実施する局長と数多く議論し、交流してきたが、学術研究機関のトップは全員 Dr. を持っており、中央政府の局長はほぼ全員が Dr. を持っていた。**先進国で Dr. を持っていない人物が局長を務めているのは日本ぐらいではないか。**

　東京大学教授の須藤靖氏は朝日新聞の書評欄で「博士号を持たない企業代表、政治家、官僚が外国と対等に渡り合うのが困難な時代となりつつある」との認

1　苅谷剛彦『コロナ後の教育へ』中公新書ラクレ、令和 2 年、P65

識を示し、さらに、「博士号取得者の大半が狭い意味でのアカデミアに残れない
ことが、日本の科学・技術力低下の要因であり、是正が必要だ」、また、「博
士号取得者がアカデミア以外で活躍できる社会でない限り、日本の国際的地位
は確実に没落する」[※2]と主張している。

　大学院での教育研究は世界最先端の「知」の競争であり、ブレークスルーや
イノベーションは大学院の研究の中から生まれてくるものであり、企業や社会
もぜひ日本の大学院の教育研究を見直してほしいと思う。もちろん大学側も
大学院教育にもっと社会で実際に役立つ学問研究を取り入れるよう改革すべ
きであり、教授方法も大胆な改革が必要であるのだが。

8. 今後の社会のあるべき姿

　総合科学技術・イノベーション会議の基本計画専門調査会は平成26年12月、
今後の見通しと、あるべき姿について展望しているが、これを参考にして私の
考えを述べてみたい。

(1) 人口構造の変化

　わが国は世界に先駆けて高齢化が進んでおり、社会保障費の増加（年金、介
護、医療）と高齢化先進国としてのビジネスチャンスの拡大の可能性を持って
いる。世界の人口は増加し（2050年に約95億人）、共通する課題を抱える世界
市場を取り込むチャンスがある。

　しかし、**数十年先に現在の高齢者が世の中を去ったのちのわが国は、高齢者
の少ない生産年齢人口の多い国に生まれ変わる可能性がある。**その時点で人口
が大幅に減少して小さな国になってしまわないよう、今から若い人たちを支援
する政策を取っていく必要があるのだ。

(2) 産業構造の変化

　わが国のGDPは伸び悩んでおり、世界全体に占める割合は10％を割ってい

2　須藤靖『アカデミアを離れてみたら　博士、道なき道を行く』岩波書店編集部編、朝日新聞書評、
　令和3年9月

る。製造業は減少、サービス業が増加している。国際経済社会における日本の
立ち位置は大きく変化しており、世界のイノベーションシステムにわが国の産
業は対応できていない。

（3）ICT による環境変化

サイバー空間における知識社会・情報化社会のグローバル化が爆発的に進化
し、スマートシティなど新たなサービスの創出によって社会経済に大きな変化
が生まれるとともに、ICT に起因したリスクも高まっており機密情報などへの
不正アクセスの脅威が高まっている。

（4）食料・資源・エネルギー・水の世界的需要増

食料・資源・エネルギーなどの安定的確保が課題であり、エネルギー供給源
の多様化・分散化などが求められており、これらの課題に適切に対応していく
必要がある。

（5）自然災害、気候変動、環境問題への対応

地球規模でのこれらの課題に適切に対応していく必要がある。

9.　目指すべき国の姿

これらの大きな課題に対応するための、目指すべき日本の国の姿は、どうあ
るべきであろうか。前述した専門調査会の意見を基に、これにプラスして私の
考えを述べてみたい。

（1）知の資産を創出し続け、教育により大変革時代に対応できる基盤的な力
　　を育む国を目指す

最先端の研究を続け、独創的で最先端の知の資産を創出し、国際競争に打ち
勝つ発展力を持った国を目指す。大学の学術研究を推進し、新たな知のフロン
ティアを構築し、困難な課題の解決に前向きに取り組む人材育成に努める国を
目指すべきであろう。

（2）国際競争力があり、将来にわたって持続的に発展を続けることができる
　　国を目指す

　大学への投資を継続的に実行し、新たな産業の創成、雇用の創出、世界の共通課題の解決に貢献できる国を目指す。また大学側も自らの教育研究力を伸ばし、卒業生の学力や課題解決力を伸ばし、卒業生の質の保証を徹底しなければならない。

（3）安全・安心、豊かで格差の無い質の高い健康長寿社会を実現できる国を
　　目指す

　芸術・文化・スポーツを振興し、災害から国民の命を守り、国家存立の基盤となる教育研究を大切にし、医療制度を充実させ、誰もが健康で幸せを享受できる社会を目指す。

（4）地球規模の問題の解決に正面から取り組み、世界の発展に貢献する国を
　　目指す

　課題大国日本が先陣を切って地球規模で発生している気候変動・大規模災害に備えるとともに、新しい感染症などへの抜本的な対策を実行する国を目指す必要がある。

　基礎研究を重視し、教育研究に力を入れて地球規模の災害などに国全体で協働して対応できる国を目指すべきであろう。これらを実現するためにも、初等中等教育を改革するとともに、高等教育への抜本的な投資を行っていくことが必要である。**「教育は国家百年の大計」**であり、国家発展の基盤であることをぜひ認識してほしい。

第 2 章　わが国の発展と教育の役割

　わが国の近代国家としての発展は、教育の力に負うところが大きい。以下に
示すように先人たちは歴史の節目に「教育」を政策の重点としたのである。

1.　明治維新と初等教育の普及

　明治政府は明治 4 年に廃藩置県を行ってすぐに初等教育の全国への普及に
力を入れ、明治 5 年「学制」を発布した。学制は太政官布告であり、「**人たる
ものは学ばずんばあるべからず**」、「**邑に不学の戸なく家に不学の人なからしめ
ん**」として、学校実施についての教育の宣言を行ったのである。

　明治維新は政治・経済・社会にわたる大改革であったが、明治政府は、維新
直後から教育改革の方策として「学校」の開設について計画を立て設置を奨励
した[※3]。武士がちょんまげを結って刀を差して威張っていた封建時代を終わ
らせ、新しい近代国家としての日本を建設していくために、初等教育の普及に
力を注いだ明治政府の英断が、明治以降のわが国の発展に大きな力となったの
は言うまでもない。

2.　第 2 次世界大戦の終戦と高等学校教育の普及

　敗戦後、日本中焼け野原となり、衣食住すら十分でない大混乱の時代に、6・3・

3　文部省『学制百年史』帝国地方行政学会、昭和 47 年、P4

3・4制の新しい学校制度を導入し、義務教育を9年に延長し、義務教育としての小学校、中学校制度を確立し、高等学校教育の普及に力を入れたのである。GHQの指令や米国教育使節団の報告等を受けて、戦前の教育制度を抜本的に改め、昭和22年民主主義・平和主義を柱とした教育基本法を制定し、学校教育法を制定した。

繰り返しになるが、この時点で義務教育を9年に延長し、中学校を義務教育とするとともに、新しい高等学校を作り高校教育を普及させたことは、その後のわが国に多数の知的レベルの高い平均的労働者を生み出し、戦後の日本の経済発展の基礎を築いたと言えるであろう。

歴史の教訓から、わが国は大きな歴史の節目に「教育」を中心に据えて危機を乗り切り、その後の発展につなげてきたのである。

3. 令和の初期（2020年代）は大学・大学院への投資を増やすべき

グローバル化が進み、世界的な大競争時代に突入している現在、教育分野でどの分野に力を注ぐべきだろうか。新型コロナウイルス感染症が世界中で広がっており、感染症対策が当面の緊急課題であるが、コロナ騒動が一段落したとするならば、わが国の大学や大学院への投資をしっかりと行うことが2020年代の課題だと思う。ちなみに現在、わが国が世界で競争力を維持し、経済的・社会的に発展していくためには「大学」「大学院」への投資に力を入れなければならない。

グローバル化が進み、インターネットで瞬時に世界中から情報が得られ、拡散していく現代において、国際的競争力の源である新しい知の発見、画期的な新製品の開発、新薬の開発、新しいシステムの導入など経済や社会にイノベーションを起こす原材料となる研究・開発に力を入れる必要がある。そのためには大学や大学院における基礎研究に投資する必要があるであろう。イノベーションを起こすためには、まず基礎研究において小さな芽を見つけ出し、それを育てて、将来大きな花が開くようサポートしていかなくてはならない。

わが国でも、政府は科学技術の振興を図り、日本発のイノベーションを起こ

そうと躍起になっているが、ここで短兵急に結果だけ求めるような科学技術への支援をしてはならないと思う。基礎研究をしっかり支援し、幅広い分野で新しい知を見出していくべきであろう。

4. 経済発展における教育の役割

　経済発展における教育の役割については、いくつかの論文、主張がある。

　まず沖原豊氏（広島大学教授）は、経済成長に対する教育の貢献として、国及び社会の発展における教育の役割の重要性を述べている[4]。**経済成長は物的資本、労働力、技術革新の 3 つの柱によって支えられているが、教育は労働力及び技術革新の質的向上に貢献することで、経済成長を促進させる重要な要素である**とする。

　沖原氏によれば、ドイツの教育学者ナトルプはその著書『社会理想主義』[5]において、「国民教育への投資は、賢明にして利回りの良い投資」であるとする。また、アメリカの教育経済学者シュルツはその著書『教育の経済的価値』[6]において、アメリカの国民所得の伸びのおよそ 33%は、教育投資の増加に起因しているとする。少し古いが、旧文部省の教育白書（昭和 37 年）では、昭和 5 年から昭和 30 年の間における国民所得の総増加分の 25% が教育資本の増加に基づくものだとしている。また、中教審の平成 17 年 1 月の「**我が国の高等教育の将来像**」答申において、**これからの知識基盤社会において高等教育を含めた教育は、個人の人格形成の上でも社会・経済・文化の発展・振興や国際競争力の確保等の国家戦略の上でも、極めて重要である**としている。そして国際競争が激化する今後の社会では、国の高等教育システムないし高等教育政策そのものの総合力が問われることとなるとし、国は高等教育につき責任を負うべきだとしている。

　このように**高等教育に対する投資はその国の将来を左右する**と言って過言で

4　沖原豊著「経済発展における教育の役割」　日本比較教育学会紀要　1981 年 1981 巻 7 号 p.55-58

5　ナトルプ著、篠原陽二訳『社会理想主義』明治図書、1962 年

6　Ｔ・Ｗ・シュルツ著／清水義弘訳『教育の経済的価値』日本経済新聞社、1964 年

はない。

　しかるにわが国は、急激な高齢化社会の到来により社会保障経費（年金、介護、医療）が毎年1兆円規模で増大しており、財務省は教育に対する投資の拡大に極めて否定的である。国立大学法人の運営費交付金が、毎年1%ずつ削減されてきた経緯には国の財政悪化があるが、それでも、大学への投資を毎年計画的に削減するなどとんでもない政策であると思う。

　わが国の将来にとって教育への投資は極めて重要であり、たとえその他の経費を削ってでも大学・大学院の教育研究費への投資は増加させるべきだと強く主張したい。

第 3 章　学制発布と戦前の教育

1．学制の発布　＜近代公教育制度の創始＞

　明治維新によって江戸時代の封建制が廃止され、わが国の近代国家としての発展がはじまった。明治政府が始めた近代公教育制度は、明治 5 年の「学制」の発布によりスタートした。明治 4 年に廃藩置県が行われ、新政府は全国的に統一した行政を実施できる体制を築いてきたが、**明治 4 年に文部省を設置**した。明治 2 年に官制改革が行われ、教育行政を行う機関として「大学校」が置かれ、間もなく「大学」と改称された。この「大学」を廃止し、新たに教育行政を行う機関として文部省が設置されたのである。

　文部省には長官として文部卿が置かれ、その職務は全国の教育事務を総括し、大中小学校を管轄することとされた。廃藩置県により、府県改置が行われ、府県には府知事・県令が任命された。文部省は全国民を対象とする教育制度を設けるため、学制取調掛を任命して学制の起草に着手した。

　学制は太政官布告で基本理念を示したが「**邑に不学の戸なく家に不学の人な**<ruby>邑<rt>むら</rt></ruby>**からしめんことを期す**」という大きな方針を示している。

　学制では、全国を 8 大学区に分け、各大学区に大学校を 1 校置き、大学区を 32 中学区に分け、各中学区に中学校を 1 校置き、中学区を 210 小学区に分け、各小学区に小学校を 1 校置くこととした。学区は学校設置の基本区画を意味するだけでなく、教育行政の単位でもあった。すなわち教育行政を一般地方行政区画とは別の独立の教育行政区画を計画していた。大学区には大学本部ごと

に督学局を設けて督学を置き、その大学区域内の教育行政を監督することとし、各中学区には学区取締を十数名任命し担当学区内の就学の督励、学校の設立・保護・経費などに関する一切の事務を担任することとしていた。

学制は学区制に基づく近代学校制度をめざしたものであり、小学校・中学校・大学校の教科、教員の資格、生徒の試験による進級、留学生、経費の負担などについて規定している。学校の設立・運営に関する経費については、中学校は中学区において、小学校は小学区において責任を負うことを原則とし、各学区は租税・寄附金・積立金・授業料などの民費でその運営を図り、不足分を国庫から補助することとした。

しかし、学制と現実の状況には大きな開きがあり、大学区・中学区・小学区は一応全国に置かれたが、督学局は結局地方には設けられず、大学区はほとんど教育行政の機能を果たすことは出来なかった。現実には、文部省はまず小学校の設立に全力を注ぎ、府県もその方針に基づいて小学校の設立に特に努力を傾けたのである。

2. 教育令の制定（明治 12 年）

学制の基本的考え方は教育行政を一般地方行政から独立した特別の区画・機構によって行うことを目指していたがこの構想は実現できないままに終わった。明治 12 年の教育令制定後、教育行政は一般行政機構の枠組みに一元化されていった。その後、一般地方行政の区画は、府県があり、府県は市部である区と町村地域である郡に分かれ、郡の中に町村がある形となった。

教育令によって地方教育行政機関としては、地方長官（府知事・県令）及びその補助機関の他、従来の学区取締を廃して新たに学務委員が置かれた。学務委員は「町村内の学校事務を幹理」するため、当該町村の住民の選挙によって選任され、府知事・県令の監督に属し児童の就学、学校の設置・保護などを掌るものとされた。学務委員の数・給与などはそれぞれの町村の判断に任された。

この教育令は、学制下の厳しい督励主義に対する批判から、中央統制教育を弱め教育を地方の自由に委ねる政策に転換したものである。また教育行政事務

を、学区制を廃止して一般地方行政事務に一元化するものであった。小学校の設置・維持の主体は区町村であり、公立学校の設置・廃止は府知事・県令の認可が必要とされ、その教則は文部卿の認可を要するものとされた。

　この学務委員の制度はアメリカの教育委員の制度を参考にしたものである。学務委員は公選制であり、府知事・県令の監督のもとに児童の就学の督促、学校の設置保護、教員の任命、教則の編成、学校の経費・予算、授業料など幅広い学校事務を幹理するもので、住民の自治を尊重する制度として画期的なものであった。

3. 改正教育令（明治 13 年）

　教育令は地方分権を念頭に置いた画期的な法制であったが、地方自治の経験を持たないわが国においては、かえって政府の教育軽視とみられ、児童の就学率の低下、学校建設の中止など初等教育の後退現象が起こり、明治 13 年の改正教育令では政府の督励なくして教育の普及は図れないとして、就学規定を強化し、教育行政についても強制的・中央集権的な方策に転換した。

　学務委員の選挙は廃止され、区町村会が定員の 2 〜 3 倍の候補を推薦し、そのうちから地方長官が選任することに改められた。また学務委員の中に戸長を加えることとして戸長との関係の調整を図った。その後、明治 18 年の教育令の改正では学務委員の制度は一時廃止され、その職務は戸長の権限に吸収されることとなった。学務委員は明治 23 年に復活されたが、学務委員の職務は、国の教育事務について市町村長を補助するものであり、一般には学校長や町村長経験者など土地の名望家が選ばれていた。

　府県の教育行政機構としては、地方長官制により、地方長官は内務大臣の指揮監督に属することとされていたが、各省の主務については各省大臣の指揮監督を受け、法律命令を執行し部内の行政事務を管理することとされていた。地方長官の補助機関として各府県には地方（府県）視学及び視学官が置かれて、地方長官の指揮を受けて学事視察などの職務を掌った。

4. 明治23年の小学校令の制定

　明治21年の「市制及町村制」、明治23年の「府県制」、「郡制」により戦前の地方自治制度は一応確立された。明治23年「地方学事通則」及び「小学校令」が定められ、教育が市町村の固有事務でなく、国の事務であることが明確にされ、教育行政における文部大臣・地方長官・郡長・市町村長・市町村の権限と責任が具体的に定められた。地方教育行政は、国の機関である地方長官（府県知事）・郡長及び視学その他の補助機関と、国及び市町村の機関としての市町村長及びその補助機関としての学務委員によって行われた。

　小学校令は森有礼文部大臣の下で明治19年に制定され、義務教育であることが明示されたが、明治23年の小学校令で尋常小学校・高等小学校が定められ、小学校の目的が示された。すなわち「道徳教育及び国民教育の基礎並びにその生活に必須の普通の知識技能を授ける」こととされたのである。

　この小学校令は多くの細則が設けられ、近代初等教育の体制が確立されることとなった。文部大臣は普通教育の整備・充実に関する訓令を発して、国家の発展に伴い、普通教育の重要性を説き、尊皇愛国の士気を発揚し、実業を励み

図表3　戦前の地方教育行政
　○　戦前においては、教育に関する事務はもっぱら国の事務とされていた。
　○　教員の身分は、官吏として、その任命は、地方長官としての府県知事が行う。

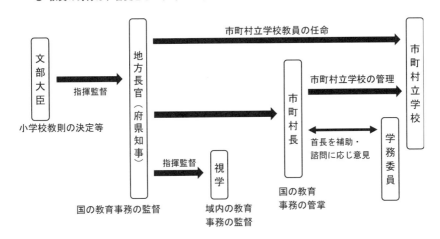

素行を修め忠良の臣民とすることを小学校教育のねらいとしたのである。

　明治政府は、国家主義的な政策で国力の充実を図っていたが、教育もまさにその方向性に対応するものであった。教科書についても明治 36 年小学校令を改正し、小学校教科書の国定制度が確立された。戦前の地方教育行政については図表 3 を参照されたい。

5. 学校制度の整備

　明治 19 年に小学校令、中学校令、帝国大学令、及び師範学校令が公布され、学校体系の基本をなす諸学校の制度が確立された。

　明治 20 年代後半以降、小学校が充実され、就学者・卒業者が増加し、さらに上級学校への進学気運が高まってきた。明治 32 年に 19 年の中学校令を改めて新たな中学校令を定め、従前の尋常中学校を中学校と改称した。さらに実業学校令及び高等女学校令を定め中等教育制度の整備が進んだ。

　高等教育機関については、明治 36 年に専門学校令が定められ専門学校が学校体系の中に位置づけられることとなった。専門学校は官立以外にも公立、私立が認められていたため、その後、多くの公立、私立の専門学校が認可された。高等学校については明治 27 年高等学校令を公布し、それまでの高等中学校を高等学校に改めた。高等学校は帝国大学予科としての性格を持たされていた。

　大学については帝国大学令が明治 19 年に公布され、帝国大学（東京大学の前身）が創設され、国家の須要に応ずる教授研究を行う機関であると規定した。明治 30 年に京都に帝国大学が創設され、明治の終わりに東北と九州に、大正期に北海道に設置された。すでに私立大学は予科を持った専門学校としてこの時期に成立したが、それらは大学の名称を持った専門学校として取り扱われていた。

　大正 7 年大学令が制定され、官立の他、公立、私立の大学も認められることとなった。私立大学については、設置者である財団法人の基本財産に厳しい条件を課していたが、有名私学はこの条件をクリアし大正 9 年以降、多くの私立大学が誕生した。高等学校についても大正 7 年、新しい高等学校令が制

定され修業年限を7年とし、尋常科4年、高等科3年とした。

　その後、昭和になって戦時下で小学校が国民学校に改められ、初等科6年、高等科2年とされた。戦時下では戦時体制に即応するため、学徒動員などで多くの学生は学業を中断して戦場に向かうこととなった。

　これら戦前の教育制度については、『学制百年史』※7の記述によるものである。

7　前掲　文部省 学制百年史編集委員会『学制百年史』㈱帝国地方行政学会、昭和56年

第4章　戦前の教育の反省と評価

1. 戦前の教育

　明治維新以来、わが国の教育は一貫して国家主義的色彩が濃かった。わが国が先進近代国家となるためには、富国強兵政策を取り、欧米先進国に追いつき追い越せ政策を取らざるを得なかったのである。明治以降わが国が驚異的な発展を遂げた背景には、国家自体の努力とそのための教育の普及が大きな役割を果たしたのである。

　明治4年に文部省を設置し、それまでの封建的・身分的差別を撤廃し、教育における四民平等と機会均等を目指すためには義務教育制度の確立が急務であった。明治5年に学制を発布して「邑（むら）に不学の戸なく家に不学の人なからしめん」として初等教育の普及に力を注いできたのである。その結果、わが国は近代国家として大きな発展を遂げてきたが、一方でこの国家主義的な教育制度は大きな弊害ももたらした。日清戦争、日露戦争の勝利は軍国主義の台頭をもたらし、わが国の国力を過信し結果として無謀な第2次世界大戦へ突入していくこととなった。

　もちろん戦前の教育について、評価すべき点は数多くある。明治5年の時点で学制を発布し欧米諸国の学校教育制度を斟酌してわが国の学校教育制度を創設したことは英断であり、政府はその後も近代学校制度を次々整備し、発展させてきている。明治19年尋常小学校（4年制）を義務制とし、明治30年代には小学校令、中学校令、高等女学校令、実業学校令、師範教育令及び専門

学校令を定めて制度化し、高等学校令、帝国大学令を合わせて近代学校の全制度が体系的に整備されたのである。明治 40 年に義務教育年限が 2 年延長され尋常小学校 6 年、高等小学校 2 年の制度となった。

　大正 6 年内閣に「臨時教育会議」が設けられ教育全般の課題が審議されてきたが、この時代において尋常小学校への就学率は 99％以上となり、卒業生の多くはさらにこれ以上の学校教育を受けることを希望したとされる。明治、大正と続いてわが国の教育がわが国の近代化と発展、国民の知的水準の向上に大きな役割を果たしてきたことは事実である。

2. 戦前の教育の反省

　ここで戦前の教育の問題点を箇条書きで 4 つ挙げてみたい。

　第 1 に教育勅語と大日本帝国憲法の問題である。

　教育勅語は、明治天皇の侍講として儒学を講じ、忠孝・仁義などの儒教道徳を鼓吹した元田永孚と、明治憲法の制定に活躍した井上毅などが中心になって起草したものであるが、明治天皇によって教え諭された人倫の大本、不変の真理、教育の基本として尊重されてきたものである。教育勅語は一般の勅令と異なり軍人勅諭と同じく天皇が直接国民に下賜する形をとっており、明治憲法下における天皇の地位と相まって、各学校令以下においてその趣旨を奉戴すべきとされ、式日などには各学校で奉読され、わが国の教育の根源として重大な意義を持ち、長くわが国の教育を支配してきたのである。

　第 2 の問題は教育の中央集権主義である。

　「教育は国の事務」とされ、教育行政は著しく中央集権化され、強い官僚統制が行われ、教育の自主性が尊重されることなく、地方の実情に応じた教育は行われなかった。「教育法規の勅令主義」により教育に関する重要事項は帝国議会を通った法律でなく、勅令で定められており小学校令などは勅令で公布されていた。

　第 3 に教育内容の国定化と国定教科書の問題がある。

　明治 23 年の小学校令の全面改正で小学校の教育課程は文部大臣が定めるこ

ととなり、明治 36 年小学校の教科書は国定教科書を用いることとされた。これにより国家主義的な教育が学校教育で行われることとなった。

　わが国には封建時代から寺子屋や藩校などで論語をはじめ孔子や孟子の教えが幅広く教えられてきており、主君の命令は絶対であり、教師を尊び、親や年長者を敬いその命令・指示に従うことが絶対だとする考え方が脈々と続いており、教育勅語を拳拳服膺しながら、教師やお上の方針に背いたり反抗することは人倫の道にもとることとして、社会的に糾弾されることとされてきた長い歴史、風土がある。教育内容の国定化と教科書の国定化は、健全な批判精神を育てられず、国民が戦争の拡大を批判することができないで太平洋戦争に突入してしまうという重大な過ちを犯してしまったのである。

　第 4 に軍国主義・全体主義思想の問題がある。

　日清戦争、日露戦争の勝利によって、わが国が西欧先進国に追いついたと過信して、軍国主義・全体主義の台頭を許してしまったことである。国家を唯一の価値の標準とし、国家を超える普遍的な政治・道徳を無視する教育が行われた結果、自国の運命を第一義的に考え、国際間の紛争を戦争によって解決しようとする武力崇拝の思想が教育の中に侵入してきたのである。

　満州事変以降、教育はますます軍国主義および極端な国家主義的傾向を帯びるようになり、このような教育が結果としてわが国をして世界を相手の戦争にまで追い込み、第 2 次世界大戦に突入して敗戦を招くこととなった有力な一因を為したと言わざるを得ない（図表 4 参照）。

図表 4　戦前の教育行政の問題点

1.　大日本帝国憲法と教育勅語の問題 　　教育は国の事務・教育行政の中央集権化・勅令主義・官僚主義
2.　教育の中央集権主義 　　天皇絶対主義・教育の国家独占主義・勅令主義・封建的家族制度
3.　教育内容の国定化と国定教科書 　　教育内容の国定化・国家主義的な学校教育・健全な批判精神が育たない
4.　軍国主義・全体主義の台頭・民主主義の抑制 　　国家を唯一の価値の標準とし、国家を超える普遍的政治・道徳を無視する教育 　　天皇制国家の下、国家権力による直接的・強行的に全国的な規模で公教育を実施

第5章 占領下の教育と戦後の学制改革

1. 占領下の日本

　第2次世界大戦の敗戦は、昭和20年8月15日の日本の無条件降伏により、連合国が日本の管理と指導に当たることとされた。ポツダム宣言では、第1に日本から軍国主義と極端な国家主義を除去し、それに代わって平和主義を確立すること、第2に官僚主義と封建思想を一掃し、民主主義の確立とその前提となる基本的人権を確立することを強く求めていた。

　この平和主義と民主主義の確立は連合国の日本管理の根本方針であった。単に制度の改廃や法令の改廃だけで無く、その元になっていた国民の思想や感情にまで立ち入ってこれを改めさせ、平和主義と民主主義に転換させなければならないとの強い考え方から、連合国は、日本の国民の思想や感情の転換のためには一に「教育」の力にまたなければならないとして、教育改革に本腰を入れて取り組むこととしたのである。

　連合国は昭和20年10月22日に「日本の教育制度の管理に関する覚書」を発出した。この覚書では教育の根本方針、教職員の粛正、教育の具体的方法の3点が示されている。教育の根本方針として、第1に軍国主義的および極端な国家主義的観念の普及を禁止し、あらゆる軍国主義的な教育と訓練を中止する、第2に代議政治、国際平和、個人の尊厳と集会・言論・信教の自由のような基本的人権と調和するような観念と実践を奨励することが示された。教職員の粛正としては、全ての教育機関の職員を調査し、すべての職業軍人、軍

国主義者と極端な国家主義の積極的提唱者、連合国占領の方針に積極的に敵意を有する者を退職させるとともに、自由主義的又は反軍的な思想や活動を行ったとの理由で、解職、休職、辞職させられた者を直ちに復職させることを宣言し、もし適当な資格を有するときは、優先的に復職させることとした。

　また、教育の具体的方法についても、いくつかの指示がなされているが、①生徒、教師、教育職員は、教育の内容を批判することを奨励され、政治的、市民的、宗教的自由について討議することを許可されるべきこと、②生徒、教師、教育職員と一般公衆も連合軍の占領の目的と方針、代議政治、軍国主義者の演じた役割について知らされること、③現在の学科、教科書、教材などは一時的に許可されるが、軍国主義的な観念の普及を目的とする箇所は削除し、新しい平和的な教科書等によってなるべく速やかに代わらせることを要求した。

2.　米国教育視察団の来日

　連合軍は、新しい日本を築きあげていくためにはわが国の実情を踏まえつつ、専門家の目で見て理想的な教育制度と方針を新たに樹立していく必要があるとし、米国政府に対し、米国の教育の専門家からなる教育使節団の派遣を要請した。昭和 21 年 3 月 ジョージ・D・ストダート博士を団長とする 27 人の著名な学者や教育者からなる米国教育使節団が来日した。使節団は約 1 ヶ月滞在し、日本側の教育関係者などとも協議して報告書を作成した。この報告書の概要は次のとおりである。

・民主的な教育の基本は、個人の価値と尊厳を認めることであり、教育制度は各人の能力と適性に応じて教育の機会を与えるべきだとし、教育の内容・方法および教科書の画一化を避け、教育における教師の自由を認めるべきだとした。

・新しい学校制度として 6・3・3 制と特に 6・3 の義務制と無月謝、男女共学を勧告した。また、大学については高等教育の門戸開放とその拡大を求めた。

・初等・中等教育の教育行政については、中央集権的制度を改め、内務行政

から独立させ、新たに公選制による民主的な教育委員会を設置し、地方分権的な制度の採用を勧告した

　昭和 25 年 8 月、第 2 次米国教育使節団がウイラード・E・ギブンス団長のもと再び来日し、第 1 次使節団の提案した勧告の進行と成果を研究した。第 2 次調査団は、教育行政の在り方について指摘しており、国において、文部省は自由で独立した機関としてあるべきで、教育委員会や学校に援助を与えて、これらが自ら問題解決する能力を発展させることにあるとした。

　また教育委員会の委員は党派によらない投票で選ばれるべきだとし、予算に責任を持ち財政的に独立することを勧告するとした。また教育財政について、教育費について必要な金額を一般財政に計上することを請求する権限を認めるべきだとし、義務教育について地方財政の現状に鑑み、国庫負担の必要性を述べている。さらに当時不足していた学校の校舎建築を促進すべきことを指摘している。

3. 教育刷新委員会

　米国教育使節団に協力するための日本側教育家の委員会を発展させた「教育刷新委員会」が昭和 21 年 9 月設置された。元文部大臣安倍能成委員長のもと南原繁元東京帝国大学総長など約 50 人の委員で構成され、総会で活発な論議が交わされ、敗戦による荒廃と占領下という厳しい条件の下で、新生日本の基礎を築く教育改革の具体案を提案する重要な役割を担った。

　第 1 回建議として昭和 21 年 12 月「教育行政に関すること」が建議され、教育の理念および教育基本法に関すること、学制に関すること、私立学校に関すること、教育行政に関することの 4 つの事項を建議した。

　昭和 21 年 11 月 3 日、日本国憲法が公布されたが、新憲法の精神を踏まえ、第 1 回建議を受けて教育基本法（旧法）が制定された。その後学校教育法など具体的な教育改革のための法制度が整備されていく。

　第 1 回の建議では、教育行政について、従来の官僚的画一主義と形式主義

の是正、公正な民意の尊重、教育の自主性の確信と教育行政の地方分権、教育財政の整備などを指摘している。

　教育勅語の扱いについては、衆議院及び参議院で教育勅語の排除ないし失効確認の決議が成立し、文部省も「教育勅語の取扱いについて」通達を行った。

　教育委員会制度については第17回建議でその具体的内容が提言されている。

4.　新学制の実施と学習指導要領

　昭和22年4月から学校教育法が施行され、22年に小学校及び中学校が、23年に高等学校が、24年に大学が発足した。教育課程の基準として「学習指導要領一般編、試案」を発表し、続いて各教科別の学習指導要領を発表した。従来の修身、国史、地理がなくなり、新しく社会、家庭、自由研究が教科となった。中学校については、母体となる旧制の学校がなく、施設と教員の確保が最大の課題であった。青空教室や教員の不足が極めて厳しい状況であった。高校については学区制、男女共学性、総合性の3原則が方針とされた。新制大学は昭和24年度に発足したが、国立学校について1府県1大学の方針が強く要請された。昭和24年、文部省設置法、教育職員免許法、教育公務員特例法、社会教育法及び私立学校法などが制定された。

5.　教育委員会法の制定

　教育刷新委員会の建議を受けて、政府は教育委員会法案を検討した。政府案は国会でいくつかの修正がなされたが、教育委員会法の概要は次のとおりである（詳細は P43 第 7 章 参照）。

　①公正な民意により、地方の実情に即した教育行政を行うために、教育委員
　　会を設置する。

　②教育委員（都道府県7人、その他は5人）は地方公共団体の住民が、公職選
　　挙法の定めるところにより選挙する。

　③教育長（任期4年）は教育委員会が任命、教育委員会の指揮監督を受け、

育委員会の処理するすべての教育事務をつかさどる。また教育長は、教
育委員会の行う全ての教育事務につき、助言し推薦することができる。
④都道府県委員会の事務局には指導主事を置き、その他の事務職員、技術職
員を置く。

6. 教育委員会の発足

教育委員会法は昭和23年7月に公布施行された。そして10月には第1回
の教育委員の選挙が行われた。短い期間に全国的に教育委員会を設置すること
は困難を極める作業であったが、昭和25年11月の第2回教育委員の選挙ま
での期間に教育委員会制度は着々と整備されていった。ただ小規模市町村など
において教育委員会を設置できるのかなど難しい問題があったが、昭和27年
11月から全国すべての都道府県、市町村に教育委員会が置かれることとなっ
た。

＜教育委員の公選制＞

委員の選任方法についても直接公選制については、様々な課題がある。教育
委員会制度そのものが米国の制度である。教育委員会は開拓時代のアメリカに
おいて、自分たちの子供の教育は自分たちで行うという精神のもとで形作られ
てきた制度である。戦後の日本ではアメリカ型の民主主義が導入されたが、そ
れは戦前の教育が天皇中心で、中央集権のもとで全体主義的、軍国主義的なも
のとなってしまったことへの反省から、徹底した民主主義、地方分権の発想を
占領軍が持っていたからに他ならない。社会の全ての分野において多数決によ
る投票を重視する風潮があったのである。戦後わが国では多くの大学で学長を
選挙で選ぶシステムが流行していたが、これなども民主主義は何事も構成員の
選挙で選ぶのが最も望ましいとする風潮があったからではないか。アメリカの
地域社会で永い伝統に支えられてきたスクール・ボードの委員の選任方法が、
直ちにわが国の現状に適合できるかどうか、当然議論のあったところであろう。

教育委員について公選制はとられたが、当初のねらいとしては、委員の選挙

はあくまでも政治選挙ではなく、利益代表の選出のためでもなかった。教育行政の基本方策において行政官や専門家の独断を排除し、公正な住民の意思を地方教育行政に反映させようとの考え方であり、いわゆるレイマンコントロールの発想があったものと考えられている。レイマンコントロールの発想は教育委員会制度の根幹に係わる考え方であるが、その理想とするねらいと現実の社会状況との食い違いが問題なのであろう。

7.　教育委員会の全面設置後の課題

　教育委員会は昭和 23 年に都道府県と 5 大市に、25 年に市町村に設置することとされていたが、市町村については時期尚早との意見が多く、検討すべき問題も多いとの理由で 27 年まで延長する法案が出された。

　また、地方制度調査会から市町村の教育委員会は廃止すべきとの意見も出され、新学制実施のための施設設備と教員の給与費の確保が緊急課題であり、地方公共団体のみでは解決できない状況の中で制度的に再検討を迫られることとなった。特に委員の公選制については、選挙が住民の意見を直接聞くことで一見民主的で合理的な制度であると言えようが、教職員組合のような組織がその組織力を利用して自分たちの主義主張を教育行政に反映させようとして、自分たちの待遇や労働条件の改善を求めて教育委員を送り出そうとする動きもあった。また、地域の有力なお金持ちが、選挙でお金を使って名誉職として教育委員に立候補するような動きも見られたのである。

　教育行政の政治的中立性が守られなくなる危険性もあり、さらに教育委員の選挙は首長の選挙と異なり投票率が低く、無投票の場合も多かった。

第6章　文部省と日教組の対立の歴史

1. 戦前の教育への反省と日教組の運動

　明治維新以降、わが国の教育は一貫して国家主義的色彩が濃厚であり、欧米先進国に追いつくため軍国主義的、中央集権的な教育が行われてきた。すなわち教育は国の事務とされ、大日本帝国憲法の下で教育勅語が制定され、天皇絶対主義、勅令主義、官僚主義の下で、教育内容の国定化（国定教科書）が進み、健全な批判精神が育たなかった。また軍国主義・全体主義が台頭し民主主義の抑圧が進められ、国家権力による直接的・強行的な公教育が実施されることとなった。その結果としてわが国は無謀な第2次世界大戦に突入し敗戦を迎えた。

　戦後、GHQ の占領政策によって戦前の教育が抜本的に見直され、憲法・教育基本法による民主主義・平和主義を基調とした教育政策が進められることとなった。このような中で、日本教職員組合（以下「日教組」という）と、これを支持するいわゆる「進歩的文化人」は、戦前の反省とトラウマもあり、国家の教育への関与を極端に排除する方針を主張してきた。すなわち教育内容への国家の関与に反対し、愛国心、道徳教育、国旗・国歌、学校の管理などの政府の政策に対し極端に反発し、反対運動を進めてきたのである。

　日教組は、昭和22年結成大会が開かれ、昭和26年「**教え子を再び戦場に送るな**」のスローガンを掲げ、教職員組合として当時のいわゆる進歩的文化人などの支持を受けながら政府・文部省の各種の政策に対して様々な反対運動を行ってきた。昭和26年には「教師の倫理綱領」を採択し、昭和29年の教職

員の政治活動の制限を国家公務員並みにして禁止する教育公務員特例法の改正
や義務教育の政治的中立を確保する臨時措置法の制定（いわゆる教育 2 法）に反
対し、昭和 31 年の教育委員の任命制を決めた地教行法※8 の制定に反対して
きた。また教員の勤務評定に反対しストライキを行うなど勤評反対闘争を全国
で繰り広げてきた。さらに教頭法制化、主任制度の導入への反対、主任手当の
支給に対し主任手当の拠出闘争、教員研修についての官製研修反対闘争、初任
者研修への反対闘争、学校行事における国旗掲揚・国歌斉唱への反対闘争、教
育基本法の改正反対闘争など、文部省の実施する各種の政策に対する反対闘争
が長く続いてきた。文部省と日教組の対立は教育内容への国の関与が許される
かどうかをめぐり、現在では不思議だとしか言いようがない、いわゆる**教育の
内的事項・外的事項論争**が盛り上がり、教科書検定の合憲性、学習指導要領制
定の合憲性が問われた教科書裁判が長く続いたのである。

　図表 5 に示すように政府・文部省の方針と日教組とこれを支持する進歩的文
化人の主張は真っ向から分かれていた。対立点の主なものは次のとおりである。

図表 5　文部省と日教組の対立

文部省の施策	日教組の主張
・教員の政治活動の禁止（教育公務員特例法改正）S29 ・地教行法制定（教育委員の任命制）S31	・「教え子を再び戦場に送るな」S26 ・教師の倫理綱領　S27 ・教職員の争議権を主張
・教職員の勤務評定実施　S32 ・学力テストの実施　S36 ・最高裁が公務員の政治的行為の禁止を合憲　S49	・勤評反対闘争　ストライキ実施 ・学テ反対闘争
・家永教科書検定訴訟 H5 教科書検定の合憲性認定 ・北海道学テ最高裁判決　S51 ・学習指導要領で国旗・国歌の指導の充実を図る　H2 ・国旗・国歌法の成立　H11	・東京地裁・杉本判決　S45　検定不合格の取消 ・教科書検定は違憲　教師の教育権を主張 ・日の丸・君が代反対闘争
・教頭法制化　S49 ・主任の制度化　S51　主任手当の支給	・教頭法制化反対 ・主任制反対・主任手当拠出闘争
・臨時教育審議会　S59 ・初任者研修制度の創設　S61	・中曽根教育臨調粉砕 ・初任研反対闘争

8　「地方教育行政の組織及び運営に関する法律」昭和 31 年法律第 162 号

戦前の教育の問題点であった教育内容の国定化、国定教科書への反発から①文部省による学習指導要領の制定、教科書検定に対する反対、②教育委員の任命制への反対、③学校運営の民主化を求めて学校管理の正常化に反対（教頭法制化反対、主任の制度化反対、主任手当の支給反対、校長・教頭中心の学校運営に反対、職員会議で学校の基本方針を決定すべきと主張するなど）④官製研修反対（初任者研修に反対、組合の自主研修を実施）、⑤国旗・国歌反対、⑥教育基本法改正反対（愛国心、道徳教育反対）など、戦前の教育の問題点に対してトラウマ状態となっており、基本的に日教組は文部省の行う全ての教育改革の方針に反対の姿勢を強めてきた。

図表6　日教組運動方針の主な記述について（平成6年度と平成7年度の比較）

	平成6年度	平成7年度
学習指導要領	弾力的運用を進め、押し付けを許さず、自主編成運動の視点に立った‥教育課程づくり‥を進める。	全ての教職員が学習指導要領に基づき創意工夫をこらした教育の実践に取り組む。
国旗・国歌	「君が代」は果たしてきた歴史的役割と歌詞が国民主権の憲法に反することから強く反対する。「日の丸」は学校教育に強制することに反対する。	記述なし
職員会議	職員会議の決議機関化に基づく職場の民主化につとめる。	校長を中心にすべての教職員が教育課題を共有し、一致結束して解決に当たるため、職員会議の場を活用し、校長の責任のもと学校教育の活性化をはかる。
初任者研修	研修権の確立に向けて、研修4項目※をもとに、民主化を進める。初任者研修の形骸化に取り組む。 ※①本来自主的、自発的なもの ②職務命令による強制はしない ③自主研修と差別しない ④研修歴を給与・人事に関係させない	初任者研修など現職研修には教職員の質的向上をはかる立場から参加し、成果が学校教育に生かされるよう、教職員の意向の反映に務める。
主任制	主任制による分断を許さない 定着させないため、手当の拠出をすすめる。 任命主任を許さない、機能させない。	記述なし

　これらの不毛な文部省と日教組の対立は戦後長く続き、わが国の教育を長い間混乱に陥れていた。文部省と日教組が話し合って一定の和解のテーブルに着いたのは学校週 5 日制をめぐって協議が始まった平成 7 年ごろのことである。平成 6 年の自社さ政権による村山内閣の発足や平成 21 年の民主党政権の誕生も厳しい対立を緩和することに役立ったと言われている（日教組の運動方針の転換については図表 6 参照）。

　今日では日教組の組織率も他の労働組合の組織率低下と相まって 21.3％と低くなっており、以前のような極端な対立案件はなくなっている。

2.　文部省と日教組の対立事例

　文部省と日教組の対立の事例として、次の 3 つを挙げておきたい。

(1)　キャンデルの教育の内的事項と外的事項の峻別論について（宗像理論）

　「国は教育内容にアンタッチャブルであるべきだ」「学校の教育内容は専門職であるそれぞれの教師が決定すべきで、国家や教育行政は外的条件整備のみ行えばよい」といった議論が戦後しばらく幅広く主張されてきた。

　この議論は、おそらく戦前の「教育は国の事務であり、教育勅語を暗唱し、教科書は国定教科書であって、批判は一切許さない」といった教育に問題があり、そのことが第 2 次世界大戦の敗北につながったとの意識が多くの国民にあり、その反省の上に立って、「国家は教育内容にタッチすべきでない」といった議論が巻き起こったのではないかと私は推察している。組合は、何ごとも民主的に教師集団の意見によって学校の教育内容を決定すべきだと主張してきた。このような状況の中で、いわゆる宗像理論が教育界を席巻していたのである。

　まず「教育内容について国家が関与すべきかどうか」について、旧教育基本法は第 10 条第 1 項で「教育は、不当な支配に服することなく、国民全体に対し直接に責任を負って行われるべきものである。」とし、第 2 項で「教育行政は、この自覚のもとに、教育の目的を遂行するに必要な諸条件の整備確立を目標として行わなければならない。」と定めていた。この教育基本法第 10 条第

2項の規定を基にして、東京大学教授であった宗像誠也氏はアメリカの教育学者キャンデルの理論を日本に紹介して教育内容への教育行政のオフリミッツ論を展開したのである。

　具体的には、教育の内的事項（インターナ：教育内容・方法、教材選定、成績評価、年間教育計画、児童生徒の身分取り扱い、教員研修など）と外的事項（エクスターナ：施設設備、教員人事、教育財政、学校環境など）を峻別し、教育行政は外的事項の充実に取り組むべきであるが、内的事項は教師の教育の自由に任せるべきであり、教育行政が関与してはならないと主張したのである。

　教科書検定訴訟の昭和45年の東京地裁判決（杉本判決 S45.7.17）も、この立場に立って「国の教育行政は教育の外的事項については条件整備の責務を負うが、教育の内的事項については、一定限度を超えて権力的に介入することは許されない」とし、「教科書検定の審査が誤記などの審査を超えて教科書の記述内容にまで及ぶときは教育基本法10条に違反する」とした。

　しかし冷静に考えてみれば、憲法第26条は第1項で「すべて国民は、法律の定めるところにより、その能力に応じて、ひとしく教育を受ける権利を有する。」とし、第2項で「すべて国民は、法律の定めるところにより、その保護する子女に普通教育を受けさせる義務を負ふ。義務教育は、これを無償とする。」と定められている。さらに憲法や教育基本法の規定を受けて学校教育法で小学校、中学校、高等学校、大学などの規定が定められており、それぞれの学校段階においてその目的、教育目標、修業年限、教育課程、教職員などの規定が置かれており、国は国民の教育を受ける権利を保障するためにも義務教育をはじめ学校制度を確立し、学校の教育内容を充実・向上させていく使命を帯びているのである。

　教育行政の役割として、それぞれの学校段階において教育内容の維持向上を図ることは当然の役割であり、教育行政当局は教育内容にだけノータッチでそれ以外の教育条件整備だけしていれば良いなどという考え方は明らかに間違っている。戦前の教育について反省は必要であるが、だからと言って教育内容に国は全く関与できないなどという論理はどこからも出てこない。

　このような無意味な論争に終止符を打つ意味で、昭和51年旭川学力テスト

事件について最高裁は画期的な判断を下した。

　すなわち、**最高裁旭川学力テスト判決**（S51.5.27）（以下「最高裁学テ判決」という）で「**教育について許容される目的のために必要かつ合理的と認められる（行政権の介入は）たとえ教育の内容及び方法に関するものであっても、教育基本法10条の禁止するところではない。**」とし「**学習指導要領は、教育における機会均等の確保と全国的な一定水準の維持という目的のために必要かつ合理的な基準の設定として是認することができる。**」とした。

　教科書検定訴訟の最高裁判決（H5.3.16）も家永三郎氏の上告を棄却し、検定制度は合憲・適法であり、本件検定処分に裁量権の範囲の逸脱の違法はないとし、最高裁として教科書検定に初の合憲判断をした。すなわち、「表現の自由も、公共の福祉によって合理的で必要やむを得ない限度の制限を受けることがあり、検定は教科書として不適切なものを教科書という形態で発行を禁ずるにすぎず憲法21条1項に反しない」とした。また「憲法上、国は、必要かつ相当と認められる範囲において、子どもに対する教育内容を決定する権能を有する」とし、教科書検定も「教育内容が正確かつ中立・公正で全国的に一定の水準であることが要請される」ものであり、「教育行政機関が、そのために必要かつ合理的な規制を施すことは教育基本法10条の禁止するところでない」としている。

＜教育権論争 ⇒ 国家は教育内容に介入し得るかどうか＞

　今では当たり前のことであるが、当時いわゆる教育権論争においては「教師の教育の自由」が主張され、「教師の教育権」が主張されていた。学校教育法が「教諭は児童の教育をつかさどる」と定めており、教育基本法第10条で「教育に対する不当な支配」が禁止されていたことから「教師の教育権」が主張され、「教育課程の自主編成権」が主張されてきた。

　しかしながら最高裁学テ判決で「学問の自由を保障した憲法23条により学校において現実に子供の教育の任に当たる教師は、教授の自由を有し、公権力による支配・介入を受けないで自由に子どもの教育内容を決定することができるとする見解は採用することができない」と判示し、「普通教育における教師

には完全な教育の自由を認めることは到底許されない」と判示している。

　また、国家は教育内容に介入し得るかどうかについても「一般に社会公共的な問題について国民全体の意思を組織的に決定、実現すべき立場にある国は、国政の一部として広く適切な教育政策を樹立、実施すべく、また、しうる者として、憲法上は、あるいは子ども自身の利益の擁護のため、あるいは子どもの成長に対する社会公共の利益と関心にこたえるため、必要かつ相当と認められる範囲において、教育内容についてもこれを決定する権能を有するものと解さざるをえず、これを否定すべき理由ないし根拠は、どこにもみいだせない」[9]として国の教育内容決定権を認めている。

　宗像誠也氏や組合側は「教育行政は教育の外的条件の整備はともかく、教育内容には入りえない」と主張し、この考え方は「西欧諸国の常識だ」とまで公言しており、教育基本法第10条第2項は教育行政の任務の限界を示したものだと主張していたが、最高裁判決はこの考え方を否定し「たとえ教育内容及び方法に関することでも、許容される目的のため必要かつ合理的と認められる（介入は）…必ずしも同条の禁止するところではない」として教育内容への国の介入を認めたのである。

　もともと教育の外的条件整備のみが行政の役割だという主張もおかしい。仮に理科の実験室の備品や机の基準を行政が定める必要があったとして物理や化学の、実験材料や実験器具、薬品の購入・整備が理科の授業内容と全く無関係に出来るはずがない。国語や社会の図書や教材の準備が教育内容と完全に無関係に揃えられるはずもない。教育の内的事項と外的事項を峻別して内的事項には教育行政は立ち入ってはならないなどという主張は、西欧先進国のどこにも例がなく、西欧先進国の常識であるはずもないのである[10]。

(2) 主任制度と主任手当反対闘争（図表29参照）

　学校の教員の職としては、当初、学校教育法で校長と教諭が定められ、いわ

9　旭川学力テスト事件　最高裁判所 昭 51.5.21 大法廷　判決最高裁大判

10　参考：菱村幸彦『教育課程の法律常識　新訂二版』第一法規、平成元年、P35 ～ 47、市川昭午『教育行政の理論と構造』教育開発研究所、昭和 49 年

ゆる鍋ぶた方式で、校長は管理職であるがそれ以外の教諭はすべて横並びで平等であるべきだとの主張が組合によってなされていた。新任の教諭も30年の勤務経験を持つ教諭も職責上は平等であり、学校の運営は職員会議で民主的に教諭たちが議論して方向性を決めればよいとの考え方である。組合の教職員の間には戦後の民主主義の導入で「管理職は敵だ」「学校運営は職員会議で民主的に決めればよい」といった論理がまかり通っていたのである。

①校務分掌と主任制度

　学校は、教育目標を達成するため学校全体に必要な仕事を、組織体として遂行していかなければならない。「校長は、校務をつかさどり、所属職員を監督する」（学校教育法第37条第4項）とあるように、校長の責任のもとに、校務（学校の仕事）を教職員が分担して処理していくこととなる。この校務を分担処理していくことを「校務分掌」という。昭和50年、この校務分掌の仕組みを整えるため、主任の制度化（省令化）が行われた。すなわち、学校において、調和の取れた学校運営が行われるにふさわしい校務分掌の仕組みを整えるため、全教職員の校務を分担する組織を有機的に編制し、この組織が有効に作用するよう整備したのである。

　主任制度は、学校教育法施行規則の改正により第22条の6（現行の第44条）で「小学校には、教務主任及び学年主任を置くものとする」とされた。教務主任は、校長の監督を受け、教育計画の立案その他の教務に関する事項について連絡調整及び指導助言に当たることとされ、学年主任は、校長の監督を受け、当該学年の教育活動に関する事項について連絡調整及び指導助言に当たるものである。小学校にはその他主任として保健主事、事務主任が置かれている。また、中学校には主任として生徒指導主事及び進路指導主事が置かれた。主任は管理職ではないが、教諭同士の連絡調整、指導助言に当たるものであり、円滑な学校運営を行うために当時現実に学校現場に置かれていた主任や部長などの職を制度化したものであった。

　これに対し組合側は管理体制の強化を目指すものだとして強力な反対運動を展開した。さらに主任に対して、連絡調整及び指導・助言に当たるため、

特殊勤務手当としてその任務に報いるため、いわばご苦労賃としていわゆる主任手当（教育業務連絡指導手当）を支給することとしたのであるが、組合はこれにも強く反対し、主任手当拠出闘争なるものを組織して全国的に反対運動を展開した。主任手当の支給については、財政当局などからは「なぜ組合がいらないと言っている手当を支給する必要があるのか」などと一部に支給を疑問視する意見もあったが、文部省は主任制度を定着させるためどうしても必要であると主張していた。北海道などでは組合側が主任手当を受け取らず、わざわざ千円札にして教育委員会にトラックで返しに来るなどの運動を行っていたのである。

②職員会議の役割と教育条理について

　職員会議については、当初、大学の教授会と異なり、学校教育法などにおいて特別の規定が置かれていなかったため、文部省側と組合側で法解釈論として大いに争われてきた。

　すなわち文部省は、法律の根拠がないため、校長が職務命令によって招集し、その時々に必要な審議を行う補助機関説（校長の権限を補助執行するための機関である）としていたが、組合側は、教師の教育権や教師の教育自治権を主張し、教育内容などに関わる事項は職員会議による民主的な議論により学校としての方針を決めるべきだとして職員会議決定機関説を主張していた。例えば、卒業式などに国旗掲揚・国歌斉唱をするべきかどうかについては、民主的に職員会議で議論して学校としての方針を決定すべきだと主張していたのである。

　職員会議については、法令上の規定がなかったため、実際の学校運営では混乱も見られたところから平成12年学校教育法施行規則が改正され、「小学校には、設置者の定めるところにより、校長の職務の円滑な執行に資するため、職員会議を置くことができる。」（現第48条第1項）こととされ、第2項で「職員会議は、校長が主宰する。」こととされた。

　この職員会議は、学校の管理運営に関する校長の権限と責任を前提として、校長の補助機関であることを明確化し、校長の職務の円滑な執行を補助するものとして位置づけたものである。もちろん、職員会議で学校の教育方針、教育

目標、教育計画、教育課題への対応などについての教職員の意思疎通や共通理解を図り、教職員の意見交換などが行われることは大切であり、職員会議で熱心に議論することは意義あることであろうが、最終的には校長が方針を決定することとなる。

　教育法規の解釈をめぐって教育法の専門家として兼子仁氏は「教育条理」を重要視しており、「条理」ないし「条理法」は、教育法においては慣習法以上に極めて重要であるとして、成文教育法規も「条理解釈」されるべきだと主張している。兼子氏は教育条理法を語るべき好例が職員会議の教育自治権であるとする[11]。「条理」とは広辞苑によると「物事の道理、すじみち」とされており、法律学においても成文法規を欠く場合において不文法の１つとされており、事物に内在する原理や法則をいう。

　その他、不文法には慣習法があり、一定の慣習・慣行が関係者たる人々の「法的確信」に支えられている場合に法規範として認められている。さらに不文法には判例法もあり、兼子氏はいわゆる教育法論理をめぐる争点が多かった教育裁判において、教科書裁判における東京地裁の判例である「杉本判決」などが重要であるとしていた。しかし、私は国会の議決した成文法の規定よりも「教育条理」を優先する兼子仁氏の主張には正直言って疑問を感じている。法律学の論理では、あくまでも「条理」は成文法のない分野における１つの法源としての地位を持つに過ぎないものであり、いわんや解釈論として「教育条理的解釈」を優先する論調にはとても賛同できない。

　学校における「職員会議」の役割は、成文法がなかった時代に学校の集団的自律の原理に根ざす学校運営上の決議機関説が主張されたこともあったが、前述したように学校教育法施行規則において「職員会議」が明確に規定され校長の補助機関であることが定められたことにより、私は長年の論争の決着がついたものと考えている。まさに条理より実定法としての学校教育法の委任を受けた学校教育法施行規則において、職員会議について規定を置くことで立法的に解決されたのである。

11　兼子仁『教育法　新版』有斐閣、昭和 53 年、P41

(3) 初任者研修反対闘争（平成元年）

　教員は新任教員であっても勤務30年のベテラン教員であっても、学級担任としてはクラスの児童生徒に対して同じような教育を行っていく必要がある。この点で一般企業の新入社員などとは格段の差があるわけで、それだけ教員の仕事は重要であり、困難も多い。

①官製研修か自主研修か

　教育公務員特例法は第21条で**「教育公務員は、その職責を遂行するために、絶えず研究と修養に努めなければならない。」**とされている。これは、地方公務員の場合は「職員には、勤務能率の発揮及びその増進のために研修の機会を与えられなければならない。」（地公法第39条第1項）とされているのに対し、**教員は「絶えず研究と修養に努める」**義務が課されているのである。まさに教員は専門職であり、常に研修が必要な職だと考えられている。

　教員は専門職であり、子どもたちの人間的成長発達を助け、良い教育を行って知識の習得や人間性の涵養を助け、人格の完成をめざす崇高な職業であろう。教師としての教員の研修については法的な取り扱いとしては、①職務命令としての研修、②勤務時間外の自主的研修、③職務専念義務を免除される研修がある。また、主催者別に ①任命権者である都道府県教育委員会が主催する研修、②服務監督権者である市町村教育委員会が主催する研修、③国や（独）教員研修センターの実施する研修、④自発的な自己研修（個人的な研究・学習、各教科の研究会や企業、教育関係団体、組合などが実施する研修）などがある。

②初任者研修

　昭和61年、臨時教育審議会は第2次答申で初任者研修制度の創設を打ち出した。新任教員に対し、実践的指導力と使命感を養い幅広い知見を得させるため、採用後1年間、指導教員の指導の下に教育活動の実務及びその他の研修を義務づけることとした。臨教審は条件付き採用期間を6ヶ月から1年に延ばし、新任教員は指導教員の指導を受けながら教員研修センターなどで計画的、組織的な研修を受けることを提言し、文部省は教育公務員特例法第23条に初

任者研修の規定を新設したのである。

　これに対して、組合側は新任教員に対し組合の影響力を及ぼさせないようにするための研修であり、管理体制の強化だ、官製研修反対として、強い反対運動を展開した。組合側は新人のうちに任命権者が反組合の研修を行うのではないかと疑って、各地で初任者研修を実施させないための反対運動を展開し、研修センターなどの入り口にピケを張って研修会場に入れないようにする反対運動を行っていた。当初の初任者研修には洋上研修が含まれていて、各都道府県の新任教員がいわゆる「同じ釜の飯を食べる」ことで、ほかの都道府県の教員と連帯感をもった教員を養成できることから当時の文部省も力を入れていたのである。

　組合側は反対運動をさせないためだと非難していたが、豪華客船に乗って美味しい食事をとり、日本の周りを周回しながら著名な講師の講義を聴くなどの研修であった。もっとも、台風の季節などには船が揺れて、研修講師も新人教員もふらふら揺れながら机にしがみついての講義も行なわれていたのである。

3.　文部省と日教組の歴史的和解

　平成に入り、各国から「日本人は働きすぎだ」「日本人の働きすぎが欧米各国との経済格差につながっているのではないか」といった批判が出ていた。そのため週休2日制が民間企業などに広がっていき、学校においても土曜日を休みとする学校週5日制を実施すべきだとの議論が巻き起こってきた。

　教員については、週1日の休日を夏休みなどにまとめて取る、いわゆる「まとめ取り」を行って勤務時間の減少に取り組んできたのであるが、国民の声としても「学校週5日制」を実施すべきだとの意見も強くなっていた。学校週5日制については平成4年9月から月1回第2土曜日を学校の休みとする制度が始まった。また平成7年4月からから週2回第2、第4土曜日を休日とすることとなった。

　また日教組は平成7年9月の定期大会で①学習指導要領の容認、②日の丸・君が代問題の棚上げ、③職員会議についても校長の責任のもと学校教育の活性

化を図る、④初任者研修など現職研修には参加するなど大幅に運動方針を転換
することとなった（→ P33　図表 6「日教組運動方針の主な記述について（平成 6 年度
と平成 7 年度の比較）」参照）。

　平成 14 年 4 月から、公立小・中・高校で完全学校週 5 日制がスタートし
たが、同時にいわゆる「ゆとり教育」と言われる新しい学習指導要領が小・
中学校で全面施行されることとなった。ゆとり教育については後述するが、
この完全学校週 5 日制の実施と深い関連を持っていると言わざるを得ないの
である。

第 7 章　教育委員会制度の改革

＜戦前の地方教育行政制度＞

　戦前においては、教育に関する事務は専ら国の事務とされていた。教員の身分は、官吏として、その任命は、地方長官としての府県知事が行っていた。ポツダム宣言の受諾により、日本から軍国主義と極端な国家主義を排除し、平和主義を確立、官僚主義と封建思想を一掃し、民主主義の確立と基本的人権の尊重が唱えられた。

　昭和 21 年 3 月、米国から第 1 次米国教育使節団が来日し、一般投票により選出される地方教育行政機関の創設を提案した。日本側は教育刷新委員会を設置し、第 1 回建議で市町村及び府県に公民の選挙による教育委員会を設置し、管内の学校教育及び社会教育をつかさどることとした。昭和 23 年 4 月の第 17 回建議で教育委員会制度の実施が建議された。

1.　教育委員会法 (昭和 23 年法律第 170 号) の制定

　昭和 23 年に制定された教育委員会法の内容は次のとおりである。

(1) 教育委員会法の概要

　①この法律は、教育が不当な支配に服することなく、国民全体に対し直接に責任を負って行われるべきであるとの自覚のもとに、公正な民意により、地方の実情に即した教育行政を行うために、教育委員会を設け、教育本来

の目的を達することを目的とする（第1条）。

②教育委員は都道府県では7人、地方委員会は5人の委員で構成する。委員は地方公共団体の住民が、公職選挙法の定めるところにより選挙するとし、委員の1人は地方公共団体の議員の内から議会で選挙する（第7条）。

③委員長及び副委員長は委員の選挙で選任し、任期は1年。

④教育長は教育委員会が任命、任期は4年。教育委員会の指揮監督を受け、教育委員会の処理するすべての教育事務をつかさどる。また教育長は、教育委員会の行う全ての教育事務につき、助言し推薦することができる。

⑤都道府県委員会の事務局には指導主事を置き、その他の事務職員、技術職員を置く。指導主事は、校長及び教員に助言と指導を与えるが、命令及び監督をしてはならない。

⑥教育委員会は毎会計年度、歳入歳出の見積に関する書類を作成し、地方公共団体の予算の総合調整に供するため、長に送付する。長は教育委員会の歳出見積を減額しようとするときはあらかじめ意見を求めなければならない。

⑦教育委員会は議会の議決案件のうち条例の制定改廃などの教育事務に関するものの原案を長に送付することとし、長が原案を修正しようとするときは、あらかじめ教育員会の意見を求めなければならない。

（2）教育委員会の設置

　短い期間に全国的に教育委員会を設置するのは困難を極める作業であったが、昭和23年11月から全国の都道府県・5大市で教育委員会が設置され、その後昭和27年11月までに全国の市町村に全面的に設置されることとなった。

（3）教育委員の公選制の問題点

　教育委員を公選で選任する狙いは、教育行政の基本方策において、行政官や専門家の独断を排除し、公正な住民の意思を地方教育行政に反映させることにある。アメリカの教育委員会は300年以上前のニューイングランドにおける町民会（タウン・ミーティング）に起源を発しており、住民の教育意思に基づいて教育政策を策定することにあった。

図表 7　教育委員の公選制

〇教育行政の基本方策において、行政官や専門家の独断を排除し、公正な住民の意思を地方
教育行政に反映させる（レイマンコントロールの発想）

（公選論）	（公選反対論）
①教育行政の不偏不党を堅持し、住民の手にこれを確保すべきであり、公選の原則は堅持すべき ②選挙公営制の徹底、小選挙区制にして人柄の分かった人物を選挙するとか、推薦母体からの候補者から選ぶ案、委員の資格に一定の制限を加える案、選挙啓発を一段と徹底する、現行の半数改選を改め選挙費用を節減する案など様々な改善案	①教委制度への理解度、関心が薄く、棄権率が高く、ためにする野心家が利用 ②教員組合が組織力を利用して自己の代表者を委員に送り出し、教育委員会をコントロールしようとする傾向がある ③選挙費用がかさみ、金のある野心家か、組織力のある者しか当選できない ④任命論は現実に即した案であり、議会の同意を得て長が選任する方が良い

　しかし、日本の現実では、公選制は一定の民意が反映できるものの、教育委員会制度への理解度、関心が薄く、投票率は低かった。選挙に多額の経費がかかり、候補者が金のある野心家か組織力のある教員組合関係者などに限られ、組合が自己の代表者を委員に送り出し、教育委員会をコントロールしようとするような動きもみられた。

　委員の選任については、地方公共団体の長が議会の同意を得て任命することに改めるべきだとの地方行政調査委員会などからの意見も出されていた。なお、教育委員の公選制については、地教行法制定後も根強い待望論があり、東京都中野区において教育委員の準公選制が実現した事例もある（教育委員の公選制については図表 7 参照）。

2.　地教行法（昭和 31 年法律 162 号）の制定

(1)　地教行法の制定

　地方教育行政の組織及び運営に関する法律（地教行法）は昭和 31 年 3 月に閣議決定され、国会に提出されたが、一部の学者や教職員組合から委員の任命制に反対して強い反対運動が起こっていた。国会でも激しい議論が交わされ対決法案であったが、原案通り国会で成立し昭和 31 年 10 月 1 日から施行された。

　新しい教育委員会制度は、教育委員を公選でなく、長が議会の同意を得て任命する任命制とし、教育の政治的中立性と教育行政の安定性を確保し、長の一

般行政と教育行政の調和を図るため予算案・条例案の2本立て制度を廃止し、国・都道府県・市町村が相互に連携し、相提携する教育行政制度の樹立を図るため、教育長の任命承認制度を導入し、文部大臣の指導助言援助と措置要求の制度を創設したものである。

(2) 地教行法の5つの特色（昭和31年制定時）（図表8参照）

①地方自治の尊重

　地方自治の理念には、地方公共団体やその当局が主体的に事務処理の責任を負うという「団体自治」の考え方と、住民の民意を行政に反映させるという「住民自治」の考え方がある。小中学校その他の教育施設を、市町村が設置者であることから物的管理、人的管理、運営管理のすべてについて設置者である市町村にその責任を負わせる（設置者管理主義）ことは、市町村が学校教育に対する住民の熱意、関心を日常の学校管理に取り入れ、学校の運営に住民の意向を反映させながら、その発展を期する所以であり、地方自治の本旨に適うものである。

②教育の政治的中立と教育行政の安定

　教育基本法で教育の政治的中立が求められているが、教育委員会は、行政委員会として選挙で選ばれる首長から独立した存在であり、委員も同一政党の委員が過半数にならないよう定められており、委員が政党などの役員になることや、積極的に政治運動を行うことを禁じている。

　また、委員が首長の選挙などにより一度に交代してしまうことのないよう、毎年一部ずつ委員が交代する

図表8　地教行法5つの特色（昭和31年制定時）

1. 地方自治の尊重
   ・憲法の地方自治の尊重
   ・住民意思の反映
2. 教育行政の中立性と安定性の確保
   ・教育委員会は長から独立（行政委員会）
   ・委員の選任
   （同一政党の委員が過半数とならないなど）
3. 指導行政の重視
   ・指導・助言・援助を中心とした非権力的行政が中心
   ・指導主事・社会教育主事
4. 教育行政と一般行政との調和
   ・長が予算・条例案について教育委員会の意見を聴く
5. 国・都道府県・市町村の連携
   ・教育長の任命承認制度
   ・県費負担教職員制度

こととして、教育行政の継続性、安定性に配慮している（教育委員会制度の中立性・安定性・継続性確保のための仕組みについては図表 9 参照）。

③指導行政の重視

　教育は教育者たる教師が児童生徒を指導することで成り立っており、教育の本質は被教育者の主体性を尊重し、精神的な営みである教育を行うことであり、その中心は指導であって監督や強制ではない。

　文部大臣と都道府県・市町村の教育委員会との関係も指導・援助・助言という非権力的作用が中心になっている。また、指導主事という専門的立場から学校における教育課程、学習指導その他学校教育の指導に関する事務に従事する職を特別に設けている。

④教育行政と一般行政との調和

　教育委員会法ではいわゆる予算案・条例案の 2 本立て制度が認められていたが、教育行政といえども首長の所掌する財政、農林、土木、厚生、福祉、環境などの他の行政との調和が必要であり、地教行法では予算や議案について首長が教育委員会の意見をきくことを義務付けているだけで、首長の全体的な地方行政の中で調和の取れた一体的な推進を図ることを重視している。

図表 9　教育委員会制度における中立性、安定性、継続性確保のための仕組み

> ①**首長からの独立制**　学校等教育機関の設置管理など教育事務については、教育委員会に単独で事務を執行する権限を付与
> 　⇒首長から独立した権限を持つことで、教育行政の中立性を確保
> ②**合議制**　多数決により教育行政の方向性を決定
> 　⇒独任制でなく、合議制にすることにより、教育行政の方針が一個人の価値判断に
> 　　左右されない
> ③**委員の交代の時期が重ならない**
> 　⇒委員の交代の時期を調整して急激に教育行政の方針が変わることを避ける
> 　　首長・議員の任期は 4 年で委員の任命を通じて教育行政の中立性・安定性が脅か
> 　　されることを防ぐ
> ④**委員の身分保障**　任期中は一定の事由がある場合を除き失職・罷免されない
> 　⇒委員の身分保障をして教育行政の安定性を確保
> ⑤**政治的中立性の確保**　同一政党所属者を 2 名までに制限、委員の政治的活動を制限
> 　（政党役員や積極的な政治活動の禁止）

⑤国・都道府県・市町村の連携

文部大臣は都道府県教育委員会に、都道府県教育委員会は市町村教育委員会に必要な指導・助言・援助を行うことができるとともに、必要な場合違反の是正・改善のための措置要求ができることとされている。

教育長の任命承認制度は、教育長という職の重要性に鑑み、かつ文部省、都道府県教育委員会、市町村教育委員会の連絡提携を円滑にするため、教育長の任命に当たり都道府県の教育長については文部大臣の、市町村の教育長については都道府県教育委員会の承認が必要であるという制度であった。この制度については、知事や市町村長から疑問の意見もあり、平成13年の地方分権一括法で廃止されている（地教行法の5つの特色については図表8を参照）。

（3）レイマンコントロールについて

レイマンコントロール（layman control）とは、専門家の判断のみによらず、広く地域住民の意向を反映した教育行政を実現するため、教育の専門家や行政官でない住民が専門的な行政官で構成される事務局を指揮監督する仕組みをいうとされる。教育委員会制度の基本は、このレイマンコントロールの発想によるものである。

アメリカで一般行政の地方自治主義を基盤にして生まれ、発展した教育行政制度であり、地域住民の意思を教育政策に反映させるため、住民により選出された教育行政の「しろうと」で構成される委員会が教育行政を統轄する制度である[12]。また、政治や行政の一部を一般市民に委ねる方法である。

教育行政の官僚統制に取って代わるべき仕組みであり、教育を職業としない、地域住民を代表する人々の合議を通して教育行政を行うと言う考え方であり、「素人統制」というより「住民統制」というべき仕組みである[13]とされる。

住民に身近な教育委員会が、必ずしも専門家ではないが、住民の中立的な英知を結集し自分たちの子どもの教育を考えることが、教育行政の望ましい方向を示すことになるものであろう。

---

12 『ブリタニカ国際大百科事典』 ブリタニカ・ジャパン. 2020年11月8日閲覧
13 堀和郎・加治佐哲也「市町村教育委員会に関する調査研究：「教育行政の住民統制」の理念と現実」1985年「日本教育政学会年報11」P209-229

（4）行政委員会としての教育委員会

　行政委員会は首長から独立した行政の執行機関であり、わが国の制度上もいくつかの行政委員会が設置されている。

　行政委員会制度は、

　　① 職務遂行上、政治的中立が必要な分野

　　② 専門的・技術的判断が必要な分野

　　③ 個人の利益保護のため慎重な手続きが必要な分野

　　④ 対立する利害を調整する必要がある分野

について設置されるものであるが、教育委員会はこのうち①、②に該当するものである。ちなみに公安委員会も同様であろう。

　行政委員会の問題点としては、

　　① 責任の所在があいまいである

　　② 事務執行が能率的でない

　　③ 事務局主導で委員会が形骸化している

　　④ 政治的中立性の確保が課題である

などが挙げられる。行政委員会は、アメリカの行政委員会制度を戦後の民主化の必要性から行政に取り入れたものであるが、国レベルの行政委員会は行政改革の流れの中で半数以上が廃止されることとなっている。地方レベルでもその在り方や役割が疑問視され、度々廃止論が提議されている。

（5）臨時教育審議会の議論 ⇒ 教育委員会の活性化
①臨教審の議論

　中曽根首相が「戦後政治の総決算」として設置を提案した昭和 59 年の臨時教育審議会（以下、臨教審）において教育委員会の使命の遂行と活性化の議論が行われた。

　臨教審の第 2 次答申では、近年の校内暴力、陰湿ないじめ、いわゆる問題教師など一連の教育荒廃への教育委員会の対応を見ると、各地域の教育行政に直接責任を持つ「合議制の執行機関」としての自覚と責任感、使命感、教育の地方分権の精神についての理解、主体性に欠け、21 世紀への展望と改革への

意欲が不足していると言わざるを得ないとして、次の5点について諸方策を講じ、教育委員会の活性化を図るべきだとされた。

その5点とは、次のとおりである。

　　① 教育委員の人選・研修

　　② 教育長の任期制、専任制（市町村）の導入

　　③ 苦情処理の責任体制の確立

　　④ 適格性を欠く教員への対応

　　⑤ 知事部局との連携

②教育委員会の活性化

教育委員会の活性化は戦後教育委員会制度が出来たときからの「永遠の課題」であった。活性化が叫ばれるのは、その実態が「形骸化」しているからである。

制度面からの形骸化の理由としては、次の6点が挙げられる。

　　① 行政委員会だから

　　② 委員が非常勤だから

　　③ 予算・条例に決定権がないから

　　④ 公選制を止め任命制にしたから

　　⑤ 首長と離れているから

　　⑥ 小規模市町村だから

運営面からは、次の5点が挙げられる。

　　① 教育界の事なかれ主義、前例踏襲主義

　　② 委員の人選に問題（名誉職化、高齢化、選挙の論功行賞など）

　　③ 教育長に人を得ない

　　④ 財政難で予算が不足

　　⑤ 事務局の人材不足、やる気がない

では、活性化のためにどうすることが必要か。私の意見であるが次の7つを挙げておく。

　　① レイマンコントロールと、教育長のプロフェッショナル・リーダーシッ
　　　プとの調和を図る

図表 10　教育委員会の活性化

教育委員会の活性化 ⇒ 活性化が叫ばれるのは形骸化しているから

形骸化の理由

（制度面）
　・行政委員会だから
　・委員が非常勤だから
　・予算・条例に決定権がない
　・公選制をやめたから
　・首長と離れているから
　・小規模市町村だから

（運営面）
　・教育界の事なかれ主義・前例踏襲
　・委員の人選に問題（名士・高齢化）
　・教育長の人選
　・財政難で予算が不足
　・事務局の人材不足・やる気がない

活性化のために
　▶ レイマンコントロールとプロフェッショナルリーダーシップの調和
　▶ 委員の人選に時間をかけ、研修を充実
　▶ 危機管理への対応・責任ある行政
　▶ 教育予算の充実を図る ⇒ 教育は国家百年の大計
　▶ 教育委員会議の充実・多様化（研修視察・臨時会・委員協議会など）
　▶ 地域住民の期待に応える学校づくり（住民の意向の把握と対話）
　▶ 首長部局や他の期間との連携協力

　② 委員の人選に時間をかけ、研修の充実を図る

　③ 危機管理にきちんと対応し、責任ある行政を行う

　④ 教育予算の充実（教育は国家百年の大計）を図る

　⑤ 教育委員会議の充実・多様化・実質化（臨時会、委員協議会、研修視察など）

　⑥ 地域住民の期待に応える学校づくりを行う（住民の意向の把握と苦情
　　処理、住民との対話など）。

　⑦ 首長部局や他の機関との連携協力を積極的に行う。

　教育委員会の活性化については、昭和 62 年に文部省教育助成局長の通知が
出されている。その概要は次のとおりである（教育委員会の活性化については図表
10 参照）。

　＜教育委員会の活性化通知＞
　i　教育委員の選任について ⇒ 教育行政に深い関心と熱意を持つ人材を登
　　用、年齢の若い人や女性を登用すべき、新任の教育委員の研修を充実させる。

ⅱ　教育長の選任について ⇒ 教育に専門的な識見を持ち、行政的にも練達した人材を登用、在任期間を計画的、継続的に職務を遂行できるように、特別職に相当する待遇改善を。

ⅲ　教育委員会の運営について ⇒ 様々な教育課題に迅速・適切に対応、臨時会・委員協議会を活用、適格性を欠く教員に厳格な対応を。

ⅳ　その他事務処理体制の充実と効率化、地域住民の意向の反映、生涯学習体系への移行などを図る。

③教育委員の準公選問題について

　昭和54年、東京都中野区で教育委員の準公選条例が制定された。これによれば、区長が教育委員の任命に先立ち、区民の推薦を受けた立候補者による区民投票を行い、その投票結果を「尊重」して委員の任命を行い、区議会に同意を求めるものであった。中野区では住民運動が盛り上がり、任命制の下で工夫して教育委員を出来るだけ住民の意思を反映させた形で選ぶことにより、教育委員会を自分たちに身近なものにしたいと考えたのである。

　これに対し、文部省は、①地教行法に定められた区長の専属的な権限である委員候補者の選定権の行使について、条例で法的な制約を加えることは違法である、②区民投票を行うことは任命制を根拠としている地教行法の趣旨に反する、として反対した。

　区民投票の投票率は第1回43％であったが、第2回27％、第3回26％、第4回24％と回を追うごとに低迷し、平成7年に区の準公選条例が廃止され、その後、教育委員を単に推薦する制度が導入された。第3回からは郵便投票方式となり、「尊重」から「参考」に変更された。

　この準公選制度が全国に広がらなかったのは、理想論としてはあり得ても、現実には良識ある市民が、政治的中立を守りながら、一部のお金持ちや組合とも無縁で、本当に自分たちの子どもの教育を公平・公正に議論していくための教育委員会を構築していくことが、現実には困難だったからではないだろうか。

図表 11　教育委員会制度のメリット・デメリット

> メリット
> ・政治的中立で公正・公平な教育行政が期待できる
> ・教育行政の安定性・継続性が確保できる
> ・合議制であり、特定の偏った考え方の押し付けや独裁的な運営の危険性が少ない
>
> デメリット
> ・住民の意向反映や教育政策の立案という本来の役割を果たしにくい（名誉職化・高齢化）
> ・教育委員は非常勤であり、緊急事態への対応が難しい
> ・独立した行政委員会であり、首長部局との連携・協力が得られにくい
> ・指導主事など教員出身者が多く、教育課程・生徒指導など文部省の意向を重視しがちである

④地方分権改革による教育長の任命承認制度の廃止（平成 12 年）

　地方分権改革の一環として、機関委任事務の廃止などとともに、教育長の任命承認制度が廃止された。この制度は、教育委員会の実務の要である教育長に適材を確保し、国・都道府県・市町村が連携協力し責任をもって教育長に適材を確保するために、地教行法に設けられた制度であった。

　仮定の話であるが、都道府県の教育長が、特定の党派的な主張を行う人物であって、教科書や学習指導要領を無視して偏向的な教育を行うことを主張するような人物であった場合、当該都道府県の子どもたちは他の都道府県の子どもたちと異なり、望ましい良質な教育を受けることが出来なくなる惧れがある。戦後、文部省と日教組は様々な事案で対立しており、そのような事例が全くないとは言い切れない状況があったのである。

　もっとも知事からは、都道府県の幹部職員である教育長の任命に、なぜ文部大臣の承認が必要なのか、総務部長や農林部長、土木部長に自治省、農水省、建設省などの承認はいらないではないか、などと強い反対意見があった。また現実に、文部大臣が承認しなかった例はなく、京都府について候補者を一時承認しないまま時間が経過し、京都府が候補者を差し替えて承認された例が一つあるのみであった。

⑤教育委員会無用論や廃止論について

　地教行法ができて以来、文部省は一貫して教育委員会の活性化に取り組んできたが、いじめや校内暴力の多発、指導力不足の教員のたらい回しなどで、教育委員会に対する世論の風当たりには厳しいものがあった。中でも「こんな教育委員会ならいらない」と教育委員会不要論や廃止論が出てきていたのである（教育委員会制度のメリット・デメリットについては図表 11 参照）。

　平成 20 年、大阪府知事の橋下徹氏は、全国学力テストの成績が大阪府は最下位クラスであり、教育委員会が適切に民意を反映していないとして教育委員会不要論を展開した。また、構造改革特区で教育委員会の必置規制を外すべきだとする意見や教育再生実行会議の第 2 次提言でも執行機関である行政委員会としての教育委員会を廃止し、特別の附属機関にする案（中教審でも A 案として同じ案が出された）が提案されてきた経緯がある。

　また新藤宗幸氏は文部科学省・都道府県教育委員会・市町村教育委員会のタテ系列の支配を廃止し、首長の下で学校委員会を置くことで、地域レベルでの教育の共同統治（ガバナンス）のしっかりした仕組みを作るべきだとして「教育委員会廃止論」を展開している。

⑥教育委員会の活性化について―私自身の経験から―

　教育委員会の活性化は、旧文部省時代から永年の課題であった。

　私自身、若いころまだ 30 歳そこそこで徳島県の教育委員会の管理課長をさせていただいていた。また、その後、40 歳位の時、政令指定都市 北九州市の教育長として 3 年間勤務させていただき、教育委員会のあるべき姿、課長や教育長としての心構えなどを自分自身の体験として、学ばせていただいた。これらの経験は、その後の私の文部科学省の行政官としての仕事や考え方に非常に役立っており、本当にありがたかったのである。

　私の考えでは、教育長がしっかりしていれば、教育委員会の活性化はできると思う。

　教育委員会は合議制の行政委員会である。それであるが故に、教育委員は非常勤であり、常時教育委員会事務局には勤務していない。教育委員の常勤化は

文部省時代、私も検討したことはあるが、常勤とすれば各市町村、都道府県で5（4）人ずつ公務員の数が増えることとなり、行政改革の流れに逆行し、とても世間の理解は得られない。また常勤とすると現在の教育委員の多くは本来の業務を持っており（医師、大学教授、会社役員など）常時勤務できない状況にあると思われる。教育委員会事務局としても、5人の教育委員が毎日職場に来てあれこれ指示し、いろいろ調査などを依頼されると対応出来ないのが現状であろう。こういった状況からは、教育委員を常勤化するよりも、緊急時にいつでも教育委員会を招集できるようにすることと、教育委員会事務局の長である教育長に人材を得ることの方が現実的であろう。教育長にふさわしい人材を得ることが出来れば、教育委員会の活性化は出来るのではないか。

　私自身、教育長として勤務してみて、わずか3年間ではあったが教育長の仕事は面白く、とてもやりがいのある仕事であった。教育委員会を活性化させるために、教育長として必要なこととして、当時私が考えたことは次のようなことであった。

　第一に「逃げない」ということ。

　つまり、「困ったとき、苦しい時に責任者である教育長が前面に出て説明責任を負う」ということである。官僚主義が蔓延している組織で問題となるのは、組織にとって都合の悪い場合には、トップがマスコミなどに出てこないで、事務的な責任者に対応を任せ、本人は厳しい場面から逃げるということだ。

　いじめや校内暴力、学校の不祥事などの教育委員会に危機管理が求められる場面において、多くの教育委員会では、教育長が前面に出てこないで、結果的に対応を誤り、最終的に教育委員会不信を招いてしまうことが多い。困難な課題に直面した場合、トップが問題から逃げないで説明責任を果たし、事実を隠さないで、誠実に対応することがもっとも大切なことである。責任者が問題点から逃げて、真相を隠して、嘘をつくというのが、もっとも社会から信頼されないやり方であろう。

　私は「逃げない、隠さない、嘘をつかない」ということを人生のモットーとしてきたが、教育長として教育委員会が厳しく追及されるような事件が起きた場合（例えば学校でいじめがあり、関連して児童生徒が自殺したような事例が発生した場

合など)、一般的にはマスコミに教育長はすぐには出てこないで、指導課長あたりが対応する例が多いが、私はこのような時にこそ教育長が出てきて説明責任を果たすべきだと考えている。苦しいときに逃げないできちんと説明責任を果たすことこそが、トップとしての役割であり、そのために教育長がいるのだと思う。

第二に「隠さない」ということである。

世間では、組織にとって都合の悪いことを、ほとぼりが冷めるまで静かに隠蔽するということが良く起きているが、都合の悪いことも公表して、マスコミや世間の批判を仰いだ上で、政策として最善の方法をとることこそが重要なのである。早めに事実関係をオープンにしておけば、それに対する対応策も出てくるし、行政としての判断材料も出てきて、結果的に大事に至らないですむ可能性もある。問題点を早めに提示しておけば、最終的に結論を出す場合に選択肢も増えてくるのだ。

第三は「ウソをつかない」こと。

これは、行政官として私は骨身にしみて体験している。世の中には最初にマスコミなどから問題点や矛盾点を指摘され、とっさに応えられずに、とりあえず適当なことを話してごまかそうとする場合が多いように思う。本当のことを言えば、直ちに社会的に批判されかねないからと、当面、当たり障りのない対応で時間稼ぎをすることが良くある。この場合、最初のウソは、そんなに大きな問題ではなくても、次に問題がまた出てきて、辻褄を合わせるためにさらにウソをつかざるを得ず、ますます問題が大きくなってくる。

最初の時点で、ウソをつかないで直ちに謝罪して対応策を講じれば、最悪の事態は避けられていたかも知れないのである。ウソをついて、それをごまかすために更にウソをつくという繰り返しで、もはや収集できない状態になってしまうようなことが、度々起きている。小さなウソが最終的にはトップが辞任するしかない事態まで広がってしまうことが良くある。

教育委員会でいじめ問題や校内暴力などの緊急事態に対応する場合、①逃げない、②隠さない、③嘘をつかないということは、非常に重要なことではないだろうか。

3.　教育再生実行会議の第 2 次提言

(1)　教育再生実行会議の提言

　平成 24 年、滋賀県大津市で中学生がいじめにより自殺する事件が起き、教育委員会の対応が不適切であり、学校への指導も極めて不適切だったとして大津市教育委員会が厳しい世論の批判を受ける事態が発生した。

　安倍内閣の教育再生実行会議は平成 25 年「教育委員会等の在り方について」という第 2 次提言を提出し、この中で、「地方教育行政の権限と責任を明確にし、全国どこでも責任ある体制を築く」べきだとして行政委員会としての教育委員会を廃止し、教育行政を首長部局の 1 分野として取り扱うこととし、教育委員会を執行機関でなく、教育長の行う教育事務のチェック機関となり、教育の基本方針や教育内容に関わる事項の審議機関となる案を提示した。

　そして、具体的な詳細は中教審の審議に委ねることとした。

(2)　中教審での審議

　中教審は、教育再生実行会議の第 2 次提言を受けて審議を行い、平成 25 年 12 月、**制度改革案（A 案）**と**別案（B 案）**を提示した。

　A 案では教育委員会を執行機関でなく、特別な附属機関とし、教育委員会の審議すべき事項を、首長が定める大綱的方針の審議や、教育長の毎年定める施策の基本的事項のほか、教育長の事務執行を毎年点検・評価すること等に限定し、教育委員は一歩離れた立場から教育長の事務執行をチェックできるようにする案である。

　地方公共団体に、学校管理など教育に関する事務執行の責任者として教育長を置き、教育長は首長が議会の同意を得て任命する。教育長は、首長が定める大綱的な方針に基づき教育事務を執行するが、首長は、教育長の事務執行について原則として大綱的な方針を示すに留めることとする。

　B 案は A 案では首長の影響力が強すぎるとして、教育委員会の性格を改めた上で、教育委員会を執行機関として残し、教育長をその補助機関とする案である。

教育長は委員の内から首長が議会の同意を得て任命し、教育事務の責任者となる案であり、教育委員会は大綱的な方針の策定を行うが、教育長に対し日常的な指示は行わない。首長は教育条件の整備について教育委員会と協議して決定し、予算・議会の議案については首長が教育委員会の意見を聴くこととしている。

(3) 地教行法改正案について

中教審の答申を受けて、自民党文教科学部会「教育改革に関する小委員会」において熱心な議論が行われ、最終的に与党の教育委員会改革に関するワーキングチームにおいて平成 26 年 3 月合意が成立し、政府はこの合意を基本として改正法案を作成し、国会に法案を提出した。法案は平成 26 年 6 月 13 日可決成立した[※ 14]。

4. 新しい教育委員会制度について (平成 27 年 4 月 1 日施行) (図表 12 参照)

(1) 新教育長の任命
①新教育長の設置

新しい地教行法では、教育委員会を引き続き執行機関としつつ、その代表者を新「教育長」とし、教育長は、教育委員会の会務を総理し、教育委員会を代表することとした。すなわち、従来の「教育委員長」の職務と、「教育長」の職務を併せ持つ、新しい「教育長」の職を作ったのである。

従来の教育委員長は教育委員会を代表する立場で、教育委員会議を招集するとともに教育委員会議を主宰し、議長を務め、対外的に教育委員会を代表して委員長名で見解を発表し、委員会の決定事項を表示するなどの役割を果たしていた。しかしながら、教育委員長は身分が非常勤で、常時、教育委員会事務局にいないため、いじめ、校内暴力などが発生した場合、緊急時の対応に問題があった。

また、レイマンである教育委員の代表であり、教育や教育行政の専門家で

---

14 「地方教育行政の組織及び運営に関する法律の一部を改正する法律」平成 26 年 6 月 20 日法律第 76

ないため、教育委員会を代表する立場でありながら、教育委員会を代表して意見を発表する場合や、複雑な教育問題などに教育委員会の代表者としての説明を求められた場合に、十分な説明責任を果たすには困難があった。教育委員長は若干名誉職的な扱いがされてきたこともあって、教育委員のうちの最年長者が教育委員長とされたり、毎年交代で教育委員長が選ばれるなどの慣例があったりして、真に教育委員会を代表する人材が選ばれていたとは言

図表 12　新教育委員会制度（平成 27 年施行）のポイント

1.　新教育長は従来の教育委員長と教育長を一本化

教育長の
リーダーシップ
が重要

・教育委員会の会務を総理し、教育委員会を代表　任期 3 年
　（会議の主宰者、具体的な事務執行の責任者、事務局の指導監督）
・第一義的な教育行政の責任者が教育長であることが明確に
・緊急時にも、常勤の教育長が教育委員会会議の招集のタイミングを判断
・首長が教育長を直接任命（議会同意を得て）することで首長の任命責任が明確化

2.　教育長へのチェック機能の強化と教育委員会議の透明化

・教育長の判断による教育委員への迅速な情報提供や会議の招集の実現
・教育委員によるチェック機能の強化のため

教育委員会の
審議の活性化

　→　委員会規則により、教育長に委任した事務の管理執行状況の
　　　報告義務
　→　教育委員の定数 3 分の 1 以上からの会議の招集の請求
・会議の透明化のため、原則として会議の議事録を作成・公表

3.　すべての地方公共団体に「総合教育会議」を設置

総合教育会議

　　　　　　　　　・総合教育会議は首長が招集、会議は原則公開
　　　　　　　　　・構成員は首長と教育委員会（必要に応じ意見聴取者も）

＜協議、調整事項＞　①教育行政の大綱の策定
　　　　　　　　　　②教育の条件整備など重点的に講ずべき施策
　　　　　　　　　　③緊急の場合に講ずべき措置（児童生徒の生命・身体の保護等）

　メリット　・首長が教育行政に果たす責任や役割が明確になり、首長が公の場で教育政策
　　　　　　　について議論することが可能になる。
　　　　　　・首長と教育委員会が協議・調整することで、両者が教育政策の方向性を共有
　　　　　　　し、一致して執行に当たることが可能になる。

4.　教育に関する「大綱」を首長が策定

　　　　→　地方公共団体として教育施策の方向性が明確に
・大綱は、教育の目標や施策の根本的な方針である。教育基本法 17 条の基本的な方針を
　斟酌して定める。
・総合教育会議において、首長と教育委員会が協議・調整を尽くし、
　首長が策定

教育大綱

首長及び教育委員会はそれぞれの所管事務を執行

い難い面があったのである。

さらに教育長と教育委員長との役割分担が世間では分かりにくく、混同される場合もあって、誰が教育委員会の真の責任者なのか分かりづらいこともあった。

②新教育長の職務など

「総理する」とは、旧教育委員長の「教育委員会の会議を主宰する」ことと、旧教育長の「教育委員会の権限に属するすべての事務をつかさどる」こと及び「事務局の事務を統括し、所属職員を監督する」ことを意味する。

教育委員長の職はなくなり、新教育長が会議を主宰し、委員会をまとめ、委員会を代表し委員会の事務を執行する責任者となる。教育長は委員会事務局の監督責任者でもある。教育長は、教育委員会の構成員ではあるが、委員ではない。

教育長は常勤で、その任期は3年であり、長が議会の同意を得て任命する特別職の地方公務員である。教育長はその勤務時間及び職務上の注意力の全てをその職務遂行のために用い、当該地方公共団体がなすべき責を有する職務のみに従事しなければならず、教育委員会の許可なく私企業などの役員などを兼職・兼業してはならない。

任期を長の4年より短い3年としたのは、長の4年の在任期間中1回は自らが教育長を任命できることを明確にし、また委員より任期を短くすることで委員によるチェック機能と議会同意によるチェック機能を強化できることと、さらには教育行政について計画性を持って一定の仕事を行うためには3年は必要であることによる。

教育長は、執行機関である教育委員会の補助機関ではなく、教育委員会の構成員であり、代表者であるが、教育委員会は引き続き合議体の執行機関であるため、教育長は教育委員会の意思決定に基づき事務をつかさどる立場にあり、教育委員会の意思決定に反する事務執行を行うことはできない。従来は委員会と事務局の関係は、委員会は教育長がトップであった事務局を指揮監督し、教育長は委員会の全ての会議に出席し、議事について助言するという立場であった。教育長はレイマンで構成される教育委員会の会議に必ず出席し、専門的立

場から助言することとされていたのである。

　一方で教育委員会は教育長の上司であり、教育委員会は教育長の職務執行について指揮し、命令し、職務上の監督を行っていた。ある意味で教育委員会と教育長及び事務局が相互にチェックする関係であったが、平成26年の改正でこの関係は大きく変化している。すなわち新教育長は教育委員会のトップであり、また「教育委員会の会務を総理する」ことから事務局も含めた教育委員会のトップであることから委員会と事務局のバランスも変わる。

　常勤の新教育長が会議を招集することで深刻ないじめや校内暴力などが起きた場合でもスピーディーに対応できるようになり、危機管理への対応を敏速、適切に行うことが可能となった。

(2) 新教育長は首長が議会の同意を得て直接任免する

　新教育長は首長（都道府県知事・市町村長）が議会の同意を得て任命する。従来でも、教育長は専門的な知識や技術が求められることから、あらかじめ教育長に任命されることを予想して教育委員の人選をしていたため、実態が大きく変わったわけではない。ただ、平成26年の改正で首長に教育長の任命権があることが明確になり、罷免についても同様であるため教育行政への首長の関与がより明確になった。

　また、前述したように教育長の権限と責任は従来以上に大きくなり、ますます教育長に適材を選任することが重要になってくる。改正法では、新教育長は、勤務時間及び職務上の注意力の全てを職務の遂行のために用い当該地方公共団体がなすべき責めを有する職務にのみ従事することが求められている。さらに教育長は、自らの重要な職責を自覚するとともに、地教行法第1条の2に規定する基本理念および第1条の3に定める大綱に則して、かつ、児童生徒の教育を受ける権利の保障に万全を期して教育行政の運営が行われるよう意を用いなければならない。

　新しい教育長を選任するに当たっては首長に大きな責任があり、首長は、当該地方公共団体の長の被選挙権が有り（住所要件は求められていない）、人格が高潔で、教育行政に関し識見を有するもののうちから、議会の同意を得て

任命することとなる。具体的には、人格が高潔で、教育委員会事務局職員や教職員経験者に限らず、行政法規や組織マネジメントに識見があるなど、教育行政を行うにあたり、必要な資質を備えている人材を任用する必要がある。

議会同意に当たっては、例えば候補者が所信表明を行った上で質疑を行うなど、丁寧な手続きを経ることが望ましい。また、その資質・能力の向上は極めて重要であり、強い使命感を持ち、各種研修会への参加など常に自己研鑽に励む必要がある。

（3）合議制執行機関としての教育委員会の存続

①教育委員会の職務権限

教育委員会は合議制執行機関として存続し、職務権限は従来の規定と同じである。地方自治法第138条の2において、執行機関とは条例、予算その他の議会の議決に基づく事務及び法令、規則その他の規程に基づく当該地方公共団体の事務を自らの判断と責任において管理し執行する機関であるとされている。

教育委員会の職務権限も変更はなく、従来通りの職務権限を有している。すなわち地教行法第21条第1号から19号までに掲げる学校その他の教育機関の設置、管理、教育財産の管理、学校その他の教育機関の職員の任免その他の人事、学齢児童・生徒の就学、児童生徒等の入学、転学、退学、学校の組織編制、教育課程、学習指導、生徒指導及び職業指導、教科書その他の教材の取扱い、校舎その他の施設及び教具その他の設備の整備、教育関係職員の研修、教職員・児童生徒の保健・安全・厚生福利、教育機関の環境衛生、学校給食、社会教育、スポーツ、文化財の保護、ユネスコ活動、教育に関する法人、教育に関する調査・統計、広報、行政相談、およびこれら各号に掲げるもののほか区域内における教育に関する事務を管理し、執行する。

②教育委員会の組織体制

教育委員会は、教育長及び委員をもって組織することとし、教育委員会の会

議は教育長が招集し、会議の議事は出席者の過半数で決し、可否同数の場合は
教育長の決するところによる。

　教育長は委員定数の 3 分の 1 以上の委員から会議に付議すべき事項を示し
て会議の招集を請求された場合には、遅滞なく招集しなければならず、また、
教育委員会規則で定めるところにより、教育委員会から委任された事務又は臨
時に代理した事務の管理執行の状況を委員会に報告しなければならない。

　教育長及び委員は、その職務の遂行に当たっては、地教行法第 1 条の 2 に
規定する基本理念及び大綱に則して、かつ児童、生徒の教育を受ける権利の保
障に万全を期して当該地方公共団体の教育行政の運営が行われるよう意を用い
なければならない。

　法改正により、教育委員会の委員による教育長に対するチェック機能の強化
を図るとともに、会議の透明化が求められており、議事録の作成と公表は努力
義務であるが、原則として議事録を作成し、ホームページなどを活用し公表す
ることが強く求められている。さらに、教育委員会議の開催時間や開催場所を
工夫してより多くの住民が傍聴できるようにすることが望ましい。

　委員の資格要件は従前通りであるが、委員には教育に対する深い関心や熱意
が求められるところであり、例えば PTA や地域の関係者、コミュニティ・スクー
ルにおける学校運営協議会の委員、スポーツ・文化の関係者を選任したり、教
育に関する高度な知見を有する者を含めるなど、教育委員会の委員たるにふさ
わしい幅広い人材を得ることが必要である（初等中等教育局長通知）。

　教育委員の数については、町村では条例で 2 人以上とすることが可能であ
るが、教育長の事務執行をチェックするという委員の役割に鑑み、可能な限り
4 人とすることが望ましい。また、条例で委員を 5 人以上にすることが可能で
あり、多様な民意を幅広く反映させるためには 5 人以上とすることも積極的
に考慮すべきとされている。

（4）影響力の大きくなった首長の職務権限

　新しい制度では、教育行政について首長の影響力をこれまでより強めるこ
とに力点が置かれている。すなわち、教育行政の責任の所在を明確にし、危

機管理や緊急時の対応を適切に行い、地域の教育について地方公共団体の政策全体の中で明確な長期的方向性を打ち出すためには、教育行政について首長の関与をより強めるべきだとの意見が多かった。

　具体的な職務権限としては、議会の同意を得て、新しい教育長を直接任命（罷免）するとともに、新たに地教行法第1条の3に定める「大綱の策定」が加わった。すなわち、地方公共団体の長は教育基本法第17条に規定する基本的な方針を参酌し、その地域の実情に応じ、教育、学術及び文化の振興に関する総合的な施策の大綱を定めることとされた。そして同条第2項で大綱を定め、又は変更しようとするときは、予め総合教育会議において協議するものとされている。さらに大綱の策定・変更は遅滞なく公表しなければならない。長の職務権限は大綱の策定の他、大学に関すること、幼保連携こども園、私立学校に関すること、教育財産の取得・処分、契約の締結および予算の執行に関することが第22条で掲げられている。

①首長が大綱を策定する

　首長は教育、学術、文化の振興に関する総合的な施策の大綱を定める必要がある。地教行法第1条の3で地方公共団体の長は、教育基本法第17条第1項に規定する基本的な方針を参酌し、その地域の実情に応じ、当該地方公共団体の教育、学術及び文化の振興に関する総合的な施策の大綱を定めることとされた。大綱を定め、又は変更しようとするときは、予め総合教育会議において協議するものとされており、長は大綱を定め、又は変更したときは、遅滞なく公表しなければならない。従来であれば、このような大綱は教育委員会が定めるべきものであろうが、平成26年の改正で首長が定めることとなった。総合教育会議で教育委員会と協議・調整するにせよ、大綱を首長が策定することとされたことは大きな変更点であり、大綱の策定を通じて首長の意向を教育行政に反映させやすくなったことは事実である。教育行政についてもこれまでより首長の影響力が強まったと言える。

　大綱については、すでに教育委員会が策定している地域の教育振興基本計画の中に盛り込んでいる「目標や施策の根本となる方針」を大綱とみなしても良

いとされている。したがって、すでに教育基本法第 17 条第 2 項により、地域の教育振興基本計画を策定している場合は、首長が総合教育会議において教育委員会と協議・調整して、すでに定められている教育振興基本計画を大綱とみなすと判断した場合には、新たな大綱を定めなくとも良い（施行通知）。

　なお、地教行法第 1 条の 3 第 4 項で大綱を定めることは、長に対して教育委員会が管理・執行する事務を、長が管理・執行する権限を与えるものと解釈してはならないと定められている。大綱は、教育基本法に基づき策定される国の教育振興基本計画における基本的な方針を参酌して定められるが、その対象となる期間は 4 〜 5 年程度と想定されている。

　大綱の主たる記載事項は、地方公共団体の判断に委ねられているが、主として、学校の耐震化、学校の統廃合、少人数教育の推進、総合的な放課後対策、幼稚園・保育所・認定こども園を通じた幼児教育・保育の充実、予算や条例などの地方公共団体の長の有する権限に係る事項についての目標や根本となる方針が考えられるとされている（局長通知[※15]）。

　大綱は教育行政に混乱を生じさせないため、総合教育会議で長と教育委員会が十分に協議・調整を尽くすことが求められる。大綱は長及び教育委員会双方に尊重義務がかかるものである。なお、仮に、長が教育委員会と調整がついていない事項を大綱に記載したとしても、教育委員会は尊重義務を負うものではない。大綱には教科書採択の方針、教職員の人事の基準など長の権限に関わらないことについても、教育委員会が適切と判断して記載することは可能である。

　平成 26 年の地教行法の改正は、従来教育委員会まかせであった地方公共団体の「教育、学術、文化の振興に関する総合的な施策について、その目標や施策の根本となる方針を定める」ことを首長が行うというものである。もちろん大綱の内容は総合教育会議で長と教育委員会が十分に協議するものであるが、策定権限は長にあるので、実際上は長の意見が通りやすいと思われる。

　教育長及び教育委員の任免権を持つ首長の意向は、法律、条例、学習指導要領や国の明確な方針、公正性、公平性や一般的な妥当性、合理性、バランス感

15　「地方教育行政の組織及び運営に関する法律の一部を改正する法律について（通知）」
　　26 文科初第 490 号　平成 26 年 7 月 17 日

覚、社会通念、常識などに反しない限り教育委員会としても正面切って反対できない場合が出てくるのではないか。選挙で地域住民の信頼を得て当選してきた首長としては、住民の意向を踏まえ、自らの信念や考え方にのっとり大綱の方向性を総合教育会議で主張してくることが想定され、教育関係者の意見と異なる場合も想定されるのである。

　ただし前述したように教育委員会として調整のついていない事項を大綱に記載しても教育委員会はそれを尊重する義務はない。執行権限は教育委員会にあるので、調整出来ていないことの事務の執行は教育委員会が判断することとなる。

②首長が主宰する総合教育会議

ⅰ）総合教育会議は首長と教育委員会で構成される

　地方公共団体の長は、長と教育委員会により構成される総合教育会議を設ける。総合教育会議は長が招集するが、教育委員会も協議の必要があると思料するときは、長に会議の招集を求めることができる。総合教育会議は、教育に関する予算の編成・執行や条例提案など重要な権限を有する長と教育委員会が十分な意思疎通を図り、地域の教育の課題やあるべき姿を共有して、より一層民意を反映した教育行政の推進を図ることをねらいとしている。

　総合教育会議は、地方公共団体の長と教育委員会という対等な執行機関同士による協議・調整の場であり、地方自治法上の附属機関には当たらない。構成員は教育委員会であるから、教育委員会からは教育長及び全ての教育委員が出席することが基本であるが、緊急の場合には長と教育長のみで総合教育会議を開くことも可能である。このような場合、事前に教育委員会の方向性が意思決定されていたり、教育長に一任されている場合を除き、総合教育会議では、教育長は一旦態度を保留し、教育委員会で再度検討した上で、改めて長と協議・調整を行うことが必要であるとされている（施行通知[※15]）。

ⅱ）総合教育会議で協議・調整すべき事項

　総合教育会議で協議・調整すべき事項は次のような事項が考えられる。

①大綱の策定に関する協議

②教育を行うための諸条件の整備その他の地域の実情に応じた教育、学術及び文化の振興を図るため重点的に講ずべき施策についての協議（重点施策の協議）

③児童生徒などの生命、身体に現に被害が生じ、又はまさに被害が生ずるおそれがあるなどの緊急の場合に講ずべき措置についての協議（緊急措置の協議）

④これらに関する構成員の事務の調整

　ここでいう「調整」とは、教育委員会の権限に関する事務について、予算の編成・執行や条例提案、大学、私立学校、児童福祉、青少年健全育成などの地方公共団体の長の権限に属する事務との調和を図ることを意味し、「協議」とは、調整を要しない場合も含め、自由な意見交換として幅広く行われるものを意味するとされている。会議は長又は教育委員会が、特に協議・調整の必要があると判断した事項について協議・調整するものであり、教育委員会の所管する事務の重要事項を全て総合教育会議で協議し、調整するという趣旨で設置するものではない。また、教科書採択、個別の教職員人事など、特に政治的中立性の要請が高い事項については、協議題とすべきではないし、日常の学校運営に関する些細なことまで協議・調整出来るという趣旨でもない。

　総合教育会議において調整が行われた場合、合意事項についてはお互いに尊重義務がある。また会議の公開と議事録の作成・公表については、いじめなどで個別案案において関係者の個人情報を保護する必要がある場合や情報公開することで公益を害する恐れがある場合などを除き原則として公開すべきであるとされる。また、総合教育会議は、協議を行うに当たって必要があると認めるときは、関係者又は学識経験者から、協議事項に関し、意見を聴くことができることとされている。

iii) 総合教育会議は首長が招集する

　長が招集するが、教育委員会の側から総合教育会議の開催を求めることもできる。会議の事務局は長の部局で行うことが原則であるが、教育委員会事務局

に委任又は補助執行させることも可能である。

iv）　総合教育会議は原則公開で議事録も作成される

　総合教育会議は原則公開であり、協議・調整の結果や大綱について、民意を代表する議会に対する説明等を通じ、住民への説明責任や議会によるチェック機能が果たされることは重要である。

v）　総合教育会議の設置で変わったこと

　従来の地教行法では、長は第24条各号に掲げる大学および私立学校に関する事務、教育委員の任命や教育委員会の所管事項に関する予算の編成・執行、条例の提案などの権限を有しており、一方で教育委員会は第23条で学校の設置・管理、教育課程、教職員人事など同条各号に掲げる教育に関する事務を管理・執行することとされており、地方公共団体の長と教育委員会の意思疎通が十分でないため、地域の教育の課題やあるべき姿を共有できていないという課題があった。

　また、首長が教育委員会の所管事項について意見を述べたり、批判すると教育の政治的中立性の面から問題とされる惧れがあり、首長としては遠慮して控えている場合が多かったが、いじめや体罰の結果、児童生徒が自殺に追い込まれるような事件が起こり、首長と教育委員会の事務の分担関係による弊害が事件を深刻化させてきたのではないかという批判が起きていた。

　総合教育会議は選挙で住民に選ばれた首長の政治的リーダーシップを教育行政に活かすための方策として創設されたものである。一方で、教育は、教育基本法にも定められているように、人格の完成を目指し、学問の自由を尊重し、教育の政治的中立性を守りながら、個人の価値を尊重して、その能力を伸ばし、創造性を培い、自主、自律の精神を養っていく、極めて精神的かつ崇高な営みであり、一地方政治家である首長の主張や意見で簡単に左右されてはならない側面を有している。首長の側もこの点を十分念頭に置きつつ、教育委員会と十分な意思の疎通を図り、教育の政治的中立性、継続性、安定性に配慮して、この会議を積極的に活用していく姿勢が求められている。

　総合教育会議で協議、調整すべき事柄は大まかに言って①大綱の策定、②重点施策、③緊急措置の3点が挙げられているが、これらの3点は地域の教育行政にとって重要な課題であり、特にいじめや校内暴力、災害の発生など児童生徒の生命・身体に被害が生ずるおそれがある場合など、緊急な課題に対して住民から迅速な対応が求められており、首長と教育委員会が連携・協力して迅速な対応を行うことが極めて重要である。従来から教育委員会は非常勤の教育委員から構成されており、特に緊急時の対応が批判される場合が多かったが、緊急事態が発生した場合、総合教育会議に首長が関わることで迅速な対応が可能となり、より一層民意を反映した教育行政を推進することが可能になったといえよう。

5.　新しい教育委員会制度の課題

（1）レイマンコントロールの変貌

　新しい教育委員会では教育長と教育委員の関係が逆転した。すなわち教育長のプロフェッショナル・リーダーシップが一時的に教育委員のレイマンコントロールに優先する場合も出てくるであろう。いじめや校内暴力、緊急事態への対応において教育長の適切かつ早急な判断が求められることとなる。ただし通常時においては、教育長は複数の教育委員のレイマンコントロールをしっかり受け止め、冷静かつ慎重に教育政策に取り組むべきであろう。

　その意味で、新制度においては教育長のプロフェッショナル・リーダーシップと教育委員のレイマンコントロールの適切な調和を図ることが重要となってくるであろう。

（2）「教育委員会の活性化」から「教育行政の活性化」へ

　新しい教育委員会制度では、教育長の役割は飛躍的に高まったが、一方で教育委員会の役割は教育長へのチェック機能が強化されるとともに、会議の透明化が一層求められることとなる。教育委員会は引き続き、執行機関としての性格は維持されているが、新教育長が教育委員会の会務を総理し、教育委員会の

代表者となったことに伴い、その役割は教育長の行う教育行政へのチェック機能が重要となってきている。

　教育委員の３分の１以上から会議の招集の請求が出来るとともに、教育委員会規則で定めるところにより、教育長に委任された事務の管理・執行状況を教育長が報告する義務を負うこととなる。

　レイマンコントロールの原則は大きく変貌しているが、その基本は維持されており、教育の専門家ではない一般の住民の意向を教育行政に反映させていく仕組みは変わっていない。教育長以外は非常勤の委員で構成される委員会の多数決で意思決定を行う仕組みは従来通りであり、教育委員の職業などに偏りが生じないように配慮すべきことも従来通りである。

　教育委員に有能な人材を確保し、研修の充実などで教育委員の資質・能力の向上を図っていく必要がある。新しい制度では、教育委員会の役割は、むしろ教育長の業務執行をチェックし、レイマンコントロールの仕組を活用して望ましい教育行政の方向を示すことに重点が置かれることとなる。すなわち、改正法の趣旨は、長い間言われ続けてきた「教育委員会の活性化」から、首長の行う教育行政と、教育長及び教育委員会の行う教育行政の活性化に代わっていくものと私は考える。

　すなわち**「教育委員会の活性化」**から地方公共団体の行う**「教育行政の活性化」**に変わったのである。これからは、教育委員会会議の活性化はもちろん重要な課題であるが、非常勤の委員で構成される教育委員会の活性化よりも、地域住民にとっては「教育行政の活性化」が求められているのであり、その方向に明確に舵を切ったのだ。教育長の職務は極めて重要になったものであり、また、首長と協力して「総合教育会議」の議論を実りあるものにし、「大綱」を真に地域の教育を振興できるものにして、地域住民に信頼される地方教育行政が行われることこそが平成26年の教育委員会制度の大改革の目標なのである。

　教育委員会廃止論や教育委員会不要論の意見にも真剣に耳を傾けながら（その厳しい意見は「教育行政の活性化」を目指す上で大いに参考となるのである）、廃止論や不要論が再び出されないように地方「教育行政の活性化」に首長も教育長も教育委員も真剣に取り組んでほしいと願うものである。

6. 学校運営協議会（コミュニティ・スクール）について

　学校運営協議会については、教育改革国民会議の提案、中教審の「今後の学校の管理運営の在り方」答申（平成 16 年 3 月）などを受けて、地教行法の一部改正で、公立学校の管理運営の改善を図るため、地域の住民、保護者等により構成される「学校運営協議会」を設置できることとされていた。さらに平成 29 年、義務標準法の改正に関連して、地教行法の一部が改正され、学校運営協議会を設置することが教育委員会の努力義務化され（平成 29 年 4 月施行）、「学校運営への支援」が協議事項に位置づけられ、委員に地域学校協働活動推進員を加えるなどの改正が行われた。

　コミュニティ・スクールは、学校運営に地域の声を積極的に生かし、地域と一体になって特色ある学校づくりを進めていくための組織である。主な役割としては、

　　①校長が作成する学校運営の基本方針を承認する。

　　②学校運営について、教育委員会や校長に意見を述べることができる。

　　③教職員の任用に関して、教育委員会に意見を述べることができる。

ものであり、学校運営協議会の委員には、保護者代表・地域住民、地域学校協働活動推進員などの他、校長、教職員、関係機関の職員などが挙げられる。教職員の任用に関する意見については、都道府県教育委員会は尊重するものとされている。また協議の結果については、情報を地域住民に提供することが努力義務とされた。

　学校運営に地域住民の意見を反映させることは、父母に信頼される学校づくりにとって、とても重要なことであり、学校・家庭・地域が連携協力しながら一体となって子どもの健やかな成長を担っていくことが望まれる。

第8章　臨時教育審議会と黒船来襲

1. 臨時教育審議会の設置

　臨時教育審議会は昭和59年8月、中曽根康弘総理大臣のもとで「戦後教育の総決算」の実を上げるべく臨時教育審議会設置法により内閣に設置され、4次にわたる答申を内閣総理大臣に提出して昭和62年8月終了した。

　中曽根総理は**「戦後教育の見直し」を掲げて首相直属の臨時教育審議会を設置した**。中曽根総理は「戦後政治の総決算」を高く掲げ、その中で教育についても教育基本法の見直しをはじめ戦後のGHQの指令などに基づく戦後教育を根本から見直し、「国家」や「民族」、「祖国」を重視し、占領政策の悪影響を排除したいとの強い願いを抱いていた。

　行政改革で第2臨調が効果を上げていく中で、「教育臨調」のようなものを意識し、「戦後教育は個人、自主性の尊重に重点を置いて成果を上げた。しかし、人間として成長する基本型を欠いている。思いやりの心を育て、国を愛し、国家の発展に尽くす世界的人間を育てたい。」(昭和58年施政方針演説)としている。

　中曽根総理は文部省や中央教育審議会に不信感を抱いていて、わが国の教育について「小刻みの改善」でなく、首相の直属機関による「教育大臨調」のようなものをつくり、財界人や企業関係者の意見を聴いて6・3制の学制改革をはじめとした抜本的な教育改革を断行したいとの強い思いを抱いていたのである。

　これに対し、当初、文部省では局長などの幹部が中教審を中心に教育関係者の意見を聴きながら、与党と連携しつつ教育改革を進めたいと考えていた

のであり、省内には「**大変だ、黒船来襲だ！**」とばかりに慌てる雰囲気があったのも事実である。

　最終的には「教育の政治的中立性」が脅かされるとの反対もあり、野党の批判を和らげるため**臨教審設置法第 1 条**に「**教育基本法の精神にのっとり**」の文言が加えられ設置法が成立したのである。私はその後 20 年以上経った時点で中曽根総理にお目にかかった際に、中曽根総理が「あの時、教育基本法を改正しておけばよかった」と悔やんでおられたことを思い出した。

　臨教審については、設置が決まった後で、当時の文部省幹部は、まず第 1 に委員に文部省の立場を理解してくれる人材を送り込むこと、第 2 に臨教審事務局に優秀な人材を送り込んで、出来るだけ情報を集め、審議の内容に文部省や教育現場の意見を反映させようとの立場を取ったのである。当時の文部省には「臨教審事務局にあらざれば（優秀な）人にあらず」的な雰囲気があったことも確かであり、官房総務課副長であった筆者などは臨教審事務局との折衝でとても忙しかったのである。

2.　教育の自由化論について

　中曽根総理は「文部省は教育の現状に執着するきらいがあり、文部省の言いなりになっていたら教育改革はできない。今の教育制度は硬直化しており、規制、統制が多すぎる。学校の民営化や自由化を進めるべきだ。」[16] といった考えを強く持っていて、教育の自由化論者を多数委員に選んでいる。

　当時の文部省の施策が「教育の機会均等」「教育水準の維持向上」といった全国的に画一的で平等な教育制度を目指すものであって、エリート教育を認めない、画一的、硬直的な教育を目指しているとして批判されていたのである。

　ここで**教育の自由化論**について触れてみたい。

　アメリカの経済学者のミルトン・フリードマンは新自由主義の経済学者であるが、教育の面では「教育バウチャー制度」を提唱し、公立学校を減らし、又は廃止し民営化を目指すべきだとした。教育の自由化論は昭和 58 年松下

16　大森和夫『臨時教育審議会 3 年間の記録』光書房、昭和 62 年、P122 など

幸之助氏を座長として「世界を考える京都座会」（主な委員：天谷直弘、石井威望、牛尾治郎、加藤寛、高坂正堯、堺屋太一、広中平祐氏など）が発表した「学校教育活性化のための7つの提言」で述べられている。

そのポイントは、

　①学校の設立を自由にし、多様化する。

　②通学区域の制限を大幅に緩和する。

　③教員免許を自由にする。

　④学年制、教育内容、教育方法を弾力化する。

　⑤6・3・3・4制を自由にする。

　⑥偏差値偏重を是正する。

　⑦規範教育を徹底する。

学校教育の様々な規制を撤廃し公立学校に競争原理を導入することを求めたのである。文部省が主張する初等中等教育における「教育の機会均等」「全国的な教育水準の維持向上」がそんなに大切なのかとの主張である。

臨教審は元京都大学総長の岡本道雄氏を会長にして4つの部会を置いたが、この教育の自由化論は第1部会（部会長 天谷直弘元通産審議官）で香山健一氏を中心に議論されたものであり、特に義務教育での画一・硬直性が批判されたのである。しかし、第3部会の有田一寿部会長（若築建設会長）は自由化や競争原理が急速に学校現場に導入されたとすれば非常な混乱を招く、義務教育段階では地域の教育力を失い、住民と学校の一体感を損ない、百年にわたって積み上げてきたわが国の教育の重要な長所が失いかねないとして強く反対したのである。

文部省は、わが国の学校教育が国際的にも高く評価されているのは、教育の機会均等が確保され、教育水準の維持向上が図られ、調和のとれた人間形成を重視し、教育の公共性、継続性が確保されているからだ。公教育は国が責任を負っており、公共性、継続性、安定性を満たしながら現代国家を支える重要な制度となっていると主張した。

自由化論で学校の設置を自由にすれば、営利を目的とする学校が出てきて学校教育の公共性や継続性が確保できなくなる、学校選択の自由を認めれば特定校に子どもが集中し、競争が激化してしまうと主張し、子どもにとって1回

限りの教育の場を混乱させ、弱者切り捨てにならないようにすべきだとの主張である。ただし、現在の学校教育が画一的で硬直化しているとの批判には、弾力的、漸進的に改革を進めるべきだとして、学校制度の弾力化を検討するとしている。

　自由化論者は、自由化に反対する文部省の考え方を「教育の荒廃に対する危機意識を欠いている」「文部省も日教組も含めてわが国の教育界が、個性や意見の相違を恐れる画一至上主義に陥っている」とし、「教育の自由化は、教育の全分野で個性の尊重、多様性の尊重、選択の自由を拡大することだ」と定義付けた[17]。

　自由化論に対しては、第3部会の他、学校現場の校長会、日教組なども強い反対と懸念を示している。

　その後、審議の過程で第1部会では「自由化」という言葉で争うより、具体的課題で論議すべきだとして、自由化に代わる**「個性主義」**という用語を使うこととした。

　臨教審は昭和60年6月、「教育改革に関する第1次答申」を総理大臣に提出しているが、そこでは、改革の基本的考え方として「個性重視の原則」を取り上げている。そして「今次教育改革において最も重要なことは、これまでのわが国の教育の根深い病弊である画一性、硬直性、閉鎖性、非国際性を打破して、個人の尊厳、個性の尊重、自由・自律、自己責任の原則、すなわち個性尊重の原則を確立することである。」としている。第1次答申では、生涯学習の組織化・体系化と学歴社会の弊害の是正を打ち出し、受験競争の過熱の是正と大学入学者選抜制度の改革と機会の多様化・進路の拡大を打ち出し、大学入学資格の自由化・弾力化、6年制中等学校や単位制高校の創設を取り上げている。

3. 臨教審の基本答申と最終答申 （臨教審の答申概要については図表13参照）

　臨教審は昭和61年4月、第2次答申を提出している。第2次答申では21世紀に向けての教育の基本的な在り方を議論し、「危機に立つ学校教育」とし

17　大森和夫『臨時教育審議会3年間の記録』P133など参照

図表 13　臨時教育審議会答申の概要

(1) 概要
　　設置：昭和 59 年 8 月 21 日
　　　　　～　62 年 8 月 20 日

```
┌─ ※　教育改革の基本的考え方 ─────┐
│　　〇　個性重視の原則　　　　　　　　　│
│　　〇　生涯学習体系への移行　　　　　　│
│　　〇　国際化・情報化等変化への対応　　│
└────────────────────────┘
```

教育改革に関する第一次答申 （昭和 60 年 6 月 26 日）	改革の基本的考え方として個性重視の原則等 8 項目を挙げるとともに、当面の具体的提言として、学歴社会の弊害の是正、大学入学者選抜制度の改革、大学入学資格の自由化・弾力化、6 年制中等学校、単位制高校などについて提言
教育改革に関する第二次答申 （昭和 61 年 4 月 23 日）	生涯学習体系に移行するための家庭、学校、社会を通じる基本方策を示すとともに、初等中等教育の教育内容の改善、初任者研修制度の導入、教員免許制度の弾力化、ユニバーシティ・カウンシルの創設、大学設置基準等の大綱化・高等専門学校の分野拡大・学位授与機構の創設・大学院の飛躍的充実と改革等高等教育の個性化・高度化、大学における基礎的研究の推進・学術の国際交流の推進等学術研究の積極的振興、国際化・情報化への対応のための諸改革、教育委員会の活性化などについて提言
教育改革に関する第三次答申 （昭和 62 年 4 月 1 日）	生涯学習体系への移行のための評価の多元化と基盤整備、教科書制度の改革、就学前教育・障害者教育の振興、高校入試の改善、スポーツの振興、教育費・教育財政の在り方などについて提言
教育改革に関する第四次答申 （昭和 62 年 8 月 7 日）	教育改革の視点として個性重視の原則、生涯学習体系への移行、変化への対応の 3 項目を示し、これまで逐次答申してきた具体的改革方策を整理するとともに、文部省の政策官庁としての機能の強化、秋季入学制への移行の条件整備などについて提言

て教育荒廃の要因を分析、教育における「不易」と「流行」、21 世紀のための教育の目標について議論している。個別の課題としては、「生涯学習体系への移行」を打ち出し、教員研修について「初任者研修制度」の創設、高等教育の高度化・個性化を打ち出し、ユニバーシティ・カウンシル（大学審議会）の創設（大学改革についての臨教審の指摘については図表 14 参照）、国際化・情報化への対応、教育委員会の使命の遂行と活性化などを提言している。

　第 3 次答申（昭和 62 年 4 月）では、教科書制度の改革、後期中等教育の多様化、塾など民間教育産業への対応、教育費・教育財政の在り方などが議論さ

れている。

　第 4 次答申（最終答申
昭和 62 年 8 月）では**教育
改革の視点**として大きな視
点を 3 つにしぼり、「**個性
重視の原則**」「**生涯学習体
系への移行**」「**変化への対
応**」を謳い、国際社会への貢献、情報社会への対応を打ち出している。

図表 14　大学改革についての臨教審の指摘

臨教審（1984-87）は大学審議会の新設を提言
＜大学審議会（S62〜H13 年）による大学改革＞
①教育研究の高度化　　　　　　　　　　1987-2001
②高等教育の個性化
③組織運営の活性化

・臨時教育審議会→大学審議会→省庁再編→中教審
　　1984-87

4. 臨時教育審議会の果たした役割

（その後の教育改革の流れについて図表 15 参照）

　わが国の教育改革の歴史を紐解いてみると、臨教審の果たした役割は極めて
大きい。

　臨教審終了後も、中央教育審議会において教育関係者の意見を聴きながら、
文部省が中心となって様々な教育改革が進められてきたが、その後の改革は基
本的に臨教審が指摘した路線に沿って進められてきたといっても過言ではな
い。臨教審の示した①個性尊重の原則、②生涯学習体系への移行、③変化への
対応の方針、に従って、その後の教育改革は進められた。

　臨教審の評価としては、内閣全体で教育改革を進めたことが高く評価され、
教育界の外からの意見や経済界や政治家からの教育界への批判も含まれてお
り、まさに戦後教育の総決算に踏み込み始めたと言っても過言ではない。

　臨教審が火をつけたその後の教育改革は、教育の荒廃現象（いじめ、不登校、
校内暴力）や青少年非行への対策、詰め込み教育と受験地獄の解消、学歴偏重
社会を何とかしなければならないとの意識を高め、教育界の中央依存体質、学
校・教育委員会の閉鎖体質の打破、戦後の 6・3 制の単線型教育の改革、日教
組などの教職員組合への批判、地方分権・規制緩和の流れなど、その後の教育
改革の大きな道筋を示したものと言えよう。

図表 15　臨時教育審議会以降の教育改革の流れ

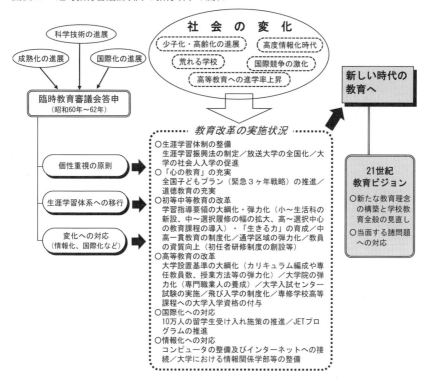

5. 生涯学習体系への移行など

　臨教審が示した、生涯学習体系への移行については、文部省に筆頭局として
生涯学習局を設置し、「いつでも、どこでも、誰でも学ぶことのできる社会」
にするため、生涯学習体制の整備が行われた。従来の「社会教育」から学習者
を主体とする「生涯学習」への転換が図られ、平成2年に生涯学習振興法の
制定が行われ、生涯学習審議会が設置された。これに関連して放送大学の全国
化、大学の社会人入学の促進、単位制高校や学位授与機構の設置などが行われ
ることとなった。

　初等中等教育については、まず学習指導要領の大綱化・弾力化が行われ、教
科書検定制度についても検定の簡素化・重点化が行われ、検定結果の公開が進

められた。さらに初等中等教育の多様化・弾力化として 6 年制の中等教育学校が設置され、通学区域の弾力化が図られた。さらに教員の資質向上について、専修免許制度及び初任者研修制度の創設が図られた。

　高等教育については、平成 3 年に大学設置基準の大綱化が図られ、平成 2 年から大学入試センター試験が実施されることとなり、大学への飛び入学制度の導入や専修学校から大学への入学資格が付与され、ユニバーシティ・カウンシルの創設として**大学審議会**が創設された。大学審議会はこの後、文部省に対して様々な大学改革の筋道を示して行くこととなった。さらに科学研究費補助金の充実などが図られることとなった。

　臨教審の示した教育改革の基本的方向は、この後中央教育審議会に引き継がれることとなったが、その後内閣全体で教育改革を進めていくため平成 12 年、小渕内閣で「教育改革国民会議」が開かれ、平成 18 年安倍内閣で「教育再生会議」が開かれることとなった。さらに第 2 次安倍内閣以降では「教育再生実行会議」が開かれ内閣全体で教育改革の議論が行われることとなった。

第9章　学習指導要領の役割

1. 学習指導要領とは

(1) 教育課程

　教育課程とは、学校教育の目的や目標を達成するために、教育の内容を児童・生徒の心身の発達に応じ、授業時数との関連において総合的に組織した学校の教育計画をいう。

　学校教育法第33条では、「小学校の教育課程に関する事項は、第29条（小学校の目的）及び第30条（小学校の目標）の規定に従い、文部科学大臣が定める」とされている。この規定を受けて、学校教育法施行規則第50条で、「小学校の教育課程は、国語、社会、算数、理科、生活、音楽、図画工作、家庭、体育及び外国語の各教科、特別の教科である道徳、外国語活動、総合的な学習の時間並びに特別活動によつて編成するものとする」と定められている。また、第51条で小学校の授業時数は別表一に定める時数を標準とするとされている。さらに第52条で、小学校の教育課程については・・教育課程の基準として文部科学大臣が別に公示する小学校学習指導要領によるものとすると定められている。学習指導要領は教育課程の基準である。

　各学校では、この学習指導要領や、それぞれの教科の年間の標準授業時数などを踏まえ、地域や学校の実態に応じて、教育課程（カリキュラム）を編成している。

（2）教育課程の編成

　教育課程は誰が編成するのか。教育課程は学校の教育計画であり、編成権は学校にある。ということは校長に編成権があるということだ。

　日教組や一部の教育学者は教師に教育権があり、専門職である教師集団が各学校の教育課程を編成すべきだとの考えから、教育課程の自主編成運動が行われていた経緯がある。小学校や中学校の教育課程をどのように定めるかは国家にとって極めて重要な課題である。教育内容を国家が決められないとなると大問題であろう。国家の将来を担う子供たちの教育内容を国が定めていくのは当然のことであり、教育行政の内的事項オフリミット論はとても認められない議論である。教師集団が教育内容を決めて、もし問題が起きた場合、だれが責任を取れるというのか。

　戦前の教育について、「教育は国の事務」であるとした極端な中央集権主義、国定教科書、上意下達の軍国主義教育は反省しなければならないが、だからと言って、政府が教育内容に全く関与できないと言う考え方は間違っている。教育は国家百年の大計であり、国がしっかりした学校教育を国民に提供することは極めて重要である。

（3）なぜ国が教育課程の基準を定めるのか

　学校教育について国が教育課程の基準を定める理由は何か？

　次のような必要性があるからなのだ。

　①**学校教育の公共性** ⇒ 公教育として、国民に必要な知識・教養を教える必要がある。

　②**教育の機会均等の保障** ⇒ 全国どこでも均質なレベルの高い教育を保障する必要がある。

　③**適切な教育内容の確保** ⇒ 法律に定める学校の目的、教育目標の実現が必要である。

　④**教育水準の維持向上** ⇒ 公教育として一定の教育水準の維持向上が必要である。

　⑤**教育の中立性の確保** ⇒ 教育の政治的・宗教的中立の確保が必要である。

(4) 学習指導要領の法的拘束力

　学習指導要領については、従来から指導助言としては有効だが法的拘束力はないとする指導助言説と、学習指導要領には基準性があり、法的拘束力があるという法的拘束力説が存在していた。昭和30年代から日教組は教育課程の自主編成運動を行っており、組合や一部の教育学者は、学習指導要領が教師の教育の自由や教育権を侵害し、教師をがんじがらめにしていると非難していた。

　最高裁の旭川学テ判決（S51.5.27）では、「学習指導要領は、教育における機会均等の確保と全国的な一定の水準の維持という目的のために必要かつ合理的な基準の設定として是認することができる」としている。また伝習館高校事件最高裁判決（H2.1.18）では、「学習指導要領は法規としての性質を有するとした原審の判断は正当であり、学習指導要領の性質をそのように解することが憲法23条、26条に違反するものでないことは旭川学テ判決の趣旨とするところである」として、学習指導要領の法的拘束力を認めている。

(5) 学習指導要領は最低基準か

　学習指導要領には、すべての子どもに指導すべき内容が示されている。学習指導要領が最低基準だという意味は、各学校において学習指導要領に示されている共通に指導すべき内容は最低限、確実に子どもたちに指導しなければならないと言う意味である。その上で子どもたちの実態を踏まえ、進んでいる子供には指導要領に示されていない内容を加えて指導する（発展的学習）ことができるものである。

　平成15年の学習指導要領の一部改正以前には、いわゆる「はどめ規定」があり、それぞれの教科の内容について、共通に指導すべき内容の範囲や程度を明確にしたり、学習内容が網羅的・羅列的にならないようにするため「〜は扱わない」というはどめ規定が置かれていた。はどめ規定は、もともとあくまで学習指導要領に示されている内容を全ての子どもに共通に指導する場合の留意事項であったので、特別な必要があれば、進んでいる子どもたちに「はどめ規定」にかかわらず指導しても良かったのである。ただ、いわゆる「ゆとり教育」においては、教育内容の3割削減などが強調されていたため、「〜は教えてはな

らない」と誤解されたり、「〜は教えないこと」が新指導要領の方針なのだと理解されていた。平成15年の一部改正ではこの「はどめ規定」をなくし、発展的学習ができることを明らかにしたものである。

　私は、**「学習指導要領は最低基準である」**ということを文部科学省の事務次官時代、明確に主張していた。平成15年改訂以前の学習指導要領においては、総則で「各教科の内容に関する事項は、特に示す場合を除き、いずれの学校においても取り扱わなければならない。学校において特に必要がある場合には、・・・示していない内容を加えて指導することもできるが、・・・各学年の目標や内容の趣旨を逸脱したり、児童生徒の過重負担とならないようにしなければならない」とされていた。この趣旨は、「全国すべての学校でこれだけは教えなければならない」としているのであり、まさに学習指導要領が「最低基準」であることを示しているのである。

　しかし、いわゆる「ゆとり教育」の時代においては、学習指導要領の「基準性」や「はどめ規定」の趣旨についての周知が不十分であったため、各学校では、学習指導要領に示されていない内容については指導に消極的であった。

(6) ゆとり教育の実質的な見直し

　いわゆる「はどめ規定」はゆとり教育の最も不合理な部分であった。すなわち「台形の面積」や「イオン」は学習指導要領では特定の学年について「その学年では教えてはいけない」こととされていたのである。台形の面積については、少し進んだ学習をしている子どもにとって、対角線を引けば台形は2つの三角形に分かれることが分かる。そうだとすると、台形の面積は2つの三角形の面積の合計であることが分かる。しかしそのことを「教えてはいけない」とされていたのであり、全く不合理であったのだ。

　ゆとり教育の見直しをするためには、発展的学習を可能にし、「伸びる子は伸ばす」教育をすることが必要であった。そのため「はどめ規定」を廃止することで、習熟度別指導や「補充的な学習」も積極的にできるようにする必要があったのである。

　平成15年の学習指導要領の一部改正では、この「はどめ規定」をなくし、

子どもの実態に応じて、必要に応じ学習指導要領に示されていない内容についても指導できるようにした。すなわち習熟度別指導や発展的学習を取り入れた指導など個に応じた指導を柔軟かつ多様に導入することとした。同時に「総合学習」について、それぞれの時間をそれぞれの教科と関連付けることを明確にし、各学校で指導に必要な時間をきちんと確保し「わかる授業」で「確かな学力」を育むこととしたのである。

　また平成14年7月には、ゆとり教育で教科書が「薄くなりすぎた」との批判が強かったことから、教科書検定基準についても改善し、教科書に発展的な内容の記述を可能にし、教科書の記述をより公正でバランスの取れたものに改善したのである。以前は「学習指導要領に照らし不必要なものは取り上げていないこと」とされていたものを、「本文以外の内容で・・学習指導要領に示していないことを取り上げることができる」こととし、この発展的学習について「教科書に取り上げるときは、その分量が適切であること」とした。

　「ゆとり教育の見直し」については、私は文部科学省事務次官として積極的にその方向性を打ち出したつもりであるが、いわゆる「学びのすすめ」だけでなく、学習指導要領の一部改正と教科書検定基準の一部改正で、制度的にも「ゆとり教育」の見直しを積極的に進めたのである。

2. 学習指導要領改訂の変遷

(1) 学習指導要領改訂の経緯　（学習指導要領の変遷については図表16参照）

　学習指導要領は教育課程審議会の答申を受けて、ほぼ10年ごとに改訂されてきている。

　昭和22年の学習指導要領は「試案」として出されており、占領下において取り急ぎ作成されたものであった。具体的には、①修身、公民、地理、歴史がなくなり、新しく社会科が設けられた、②家庭科が新しい名前で加わった、③自由研究の時間が設けられたことが挙げられる。その後昭和26年の改訂も一般編と各教科編に分けて試案の形で出されていた。

　昭和33年の改訂では、改訂に先立ち、学校教育法施行規則が改正され、**学**

習指導要領は教育課程の基準として文部大臣が公示するものとされた。学校教育法、同法施行規則、文部大臣告示という法体系が整備されたのである。昭和33年の改訂では、小学校の教育課程は各教科、道徳、特別教育活動及び学校行事等によって編成するものとされた。道徳の時間を新設したほか、系統的な学習を重視し基礎学力の充実を図った。

図表16　学習指導要領の変遷

昭和33〜35年改訂
　教育課程の基準としての性格の明確化
　（道徳の時間の新設、基礎学力の充実、科学技術教育の向上等）
　（系統的な学習を重視）

昭和43〜45年改訂
　教育内容の一層の向上（「教育内容の現代化」）
　（時代の進展に対応した教育内容の導入）
　（算数における集合の導入等）

昭和52〜53年改訂
　ゆとりある充実した学校生活の実現＝学習負担の適正化
　（各教科等の目標・内容を中核的事項にしぼる）

平成元年改訂
　社会の変化に自ら対応できる心豊かな人間の育成
　（生活科の新設、道徳教育の充実）

平成10〜11年改訂
　基礎・基本を確実に身に付けさせ、自ら学び自ら考える力などの「生きる力」の育成
　（教育内容の厳選、「総合的な学習の時間」の新設）

平成15年　学習指導要領の一部改正　はどめ規定の削除

平成20〜21年改訂
　「生きる力」の育成、基礎的・基本的な知識・技能の習得、思考力・判断力・表現力の育成のバランス
　（授業時間数の増、指導内容の充実、小学校外国語活動の導入）

平成27年一部改正　道徳の「特別の教科」化

平成29〜30年改訂
　知識の理解の質を高め資質・能力を育む「主体的・対話的で深い学び（アクティブ・ラーニング）」「何ができるようになるか」を明確化
　（教科横断的な学習を充実、カリキュラム・マネジメントを確立）
　（小学校高学年で「外国語科」の導入、道徳教育の充実）
　（言語能力の確実な育成、理科教育の充実、プログラミング教育）

出典：文部科学省「新学習指導要領関係資料」を基に作成

昭和 43 年の改訂では戦後のめざましい経済発展に伴い、「教育の現代化」が図られ、時代の進展に応じた教育内容の充実が進められた。

　昭和 52 年の改訂では、児童生徒の学習負担の適正化を目指し、ゆとりのある充実した学校生活の実現を図ることとし、各教科等の目標・内容を中核的事項にしぼることとされた。

　「ゆとり」という言葉がはじめて登場したのである。

　平成元年の改訂では、科学技術の進歩と経済の発展に伴い、情報化、国際化、価値観の多様化、核家族化、高齢化などが社会の各方面に大きな変化をもたらした。このような社会の変化に自ら対応できる心豊かな人間の育成を目指すため、生活科の新設、道徳教育の充実等が図られた。

　平成 10 年の改訂では、「ゆとり」の中で「生きる力」をはぐくむ観点から、完全学校週 5 日制を提言し、年間総授業時数を各学年で週当たり 2 単位時間削減し、総合的な学習の時間を新設するとともに、各教科の教育内容を授業時数の縮減以上に厳選し、基礎的・基本的な内容に絞り、ゆとりの中でじっくり学習しその確実な定着を図ることとした。

　多くの知識を教え込むことになりがちな教育の基調を転換し、子どもたちに自ら学び自ら考える力を育成することを重視した。教育内容の 3 割削減が叫ばれ、教科書も内容が大幅に減少し薄くなったと言われている。

　平成 15 年の学習指導要領の一部改正では、学習指導要領が最低基準であることを明らかにし、「個に応じた指導」の充実のため習熟度別授業や課題学習、発展的学習、補充的学習などができることを明示し、いわゆる「はどめ規定」を廃止した。

　平成 20 年の改訂では、教育基本法の改正で明確になった教育の理念を踏まえ、「生きる力」を育成することとし、ゆとり教育への反省から授業時間の増加を図り、国語、社会、算数・数学、理科、外国語、体育・保健体育の授業時数を約 10％増加し、週当たりコマ数も 1 コマ増加した。言語活動、理数教育、伝統や文化に関する教育、道徳教育、外国語教育などをそれぞれ充実することとした。小学校に外国語活動（5、6 年）を導入、中学校英語の語数を 900 語から 1,200 語に増加させた。知識・技能の習得と思考力・判断力・表現力な

どの育成のバランスを重視した。また「はどめ規定」を削除した。

　参考までに学習指導要領の改訂による小学校及び中学校の授業時数の推移を図表17で示しておきたい。

（2）平成29年改訂の新しい学習指導要領

　新しい学習指導要領は、小学校は令和2年4月から、中学校は令和3年4月から全面実施となり、高等学校は令和4年4月から学年進行で実施される。

①改訂の基本的考え方

　改訂の基本的考え方は以下のとおりである。

図表17　授業時間の推移

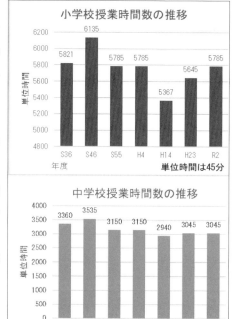

出典：平成14年度文部科学省委託研究「学校の授業時間に関する国際比較調査」を基に作成

・子どもたちが未来社会を切り拓くための資質・能力を一層確実に育成する。その際、求められる資質・能力を社会と共有し、社会に開かれた教育課程を重視する。
・知識・技能の習得と思考力・判断力・表現力などの育成のバランスを重視する今までの学習指導要領の枠組みや教育内容を維持した上で、知識の理解の質をさらに高め、確かな学力を育成する。
・道徳教科化の充実や体験活動の重視、体育・健康に関する指導の充実により、豊かな心や健やかな体を育成する。

②知識の理解の質を高め資質・能力を育む「主体的・対話的で深い学び」（アクティブ・ラーニング）を推進

ⅰ）「何ができるようになるか」を明確化

　知・徳・体にわたる「生きる力」を子供たちに育むため、「何のために学ぶのか」という学習の意義を共有しながら、授業の創意工夫や教科書などの教材の改善を引き出していけるよう、すべての教科などを

　①知識及び技能。

　②思考力・判断力・表現力など。

　③学びに向かう力、人間性など。

の３つの柱で再整理し、「何ができるようになるか」を明確化する。育成すべき資質・能力の３つの柱については図表18を参照されたい。

ⅱ）わが国の教育実践の蓄積に基づく授業改善

　わが国の教育実践の蓄積に基づく授業改善の活性化により、子供たちの知識の理解の質の向上を図り、これからの時代に求められる資質・能力を育んでいくことが重要である。

　これまでと全く異なる指導方法を導入しなければいけないと、浮足立つ必要はなく、これまでの教育実践をしっかり引き継ぎ、授業を工夫・改善する必要がある。

図表18　育成を目指す資質・能力の３つの柱

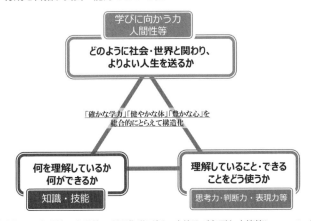

出典：「幼稚園、小学校、中学校の学習指導要領の改善及び必要な方策等について」補足資料 P7

ⅲ）各学校のカリキュラム・マネジメントの確立

　教科横断的な学習を充実し、言語能力、情報活用能力、問題発見・解決能力など、学修の基盤となる資質・能力を育成し、現代的な諸課題に対応して求められる資質・能力を育成する。

　「主体的・対話的で深い学び」の充実には単元など数コマ程度の授業のまとまりの中で、習得・活用・探求のバランスを工夫することが重要である。

　学校全体として、教育内容や時間の適切な配分、必要な人的・物的体制の確保、実施状況に基づく改善などを通して、教育活動の質を向上させ、学習の効果の最大化を図るカリキュラム・マネジメントを確立する必要がある。

ⅳ）教育内容の主な改善事項

　言語能力の確実な育成、理科教育の充実、伝統や文化に関する教育の充実、道徳教育の充実、体験活動の充実、外国語教育の充実などが掲げられている。言語活動の充実では実験レポートの作成や立場や根拠を明確にした上で議論することの重要性が挙げられている。また、理科教育では必要なデータを収集・分析し、その傾向を踏まえて課題を解決するための統計教育の充実などが挙げられている。外国語教育については小学校中学年での「外国語活動」、高学年での「外国語科」の導入や、小・中・高校一貫した学びを重視し、外国語能力の向上を図る目標の設定などが挙げられている。

　その他の重要事項として情報活用能力の育成としてプログラミング教育の重要性が指摘され、コンピュータなどを活用した学習活動の充実が挙げられている。

（3）アクティブ・ラーニング（主体的・対話的で深い学び）の課題

　新しい学習指導要領ではアクティブ・ラーニング（主体的・対話的で深い学び）が重要だと指摘されている。「主体的・対話的で深い学び」には子供たちの知識の理解の質の向上を図り、これからの時代に求められる資質・能力をはぐくんでいくことが重要だとされる。これまでと、全く違う指導方法を導入すべきだとして、基本的な知識・技能を教え、覚えさせるような学習方法でなく、子

どもたち自身が授業に参画して、子どもたち同士の議論・対話を重視し、教師はその議論・対話を見守りつつ、アドバイスしていくべきだとの考え方もあるようだ。私はこの考え方に疑問を持っている。教育関係者は今までも、学習指導要領が変わる度に、新しい指導要領では従来の教え方でなく、新しい指導方法としてこうすべきだと従来型の指導方法を軽視し、浮足立って新しい指導方法を熱心に説いてきた。

しかし、授業の改善工夫は必要だとしても、全く新しい指導方法などあるはずもないのだ。地道に基本的な知識・技能を習得させるためには、教師が地道に授業で教えていく必要があると私は考える。しかし、アクティブ・ラーニングでは教師は指導すべきでなく、子どもたちに自由に自主的な議論をさせ、その中で子どもたちが自分から学び取っていくやり方をすべきだという人もいる。本当にアクティブ・ラーニングで子どもたちに学力がついていくだろうか。ゆとり教育の時代にも、「知識はいらない」「教え込みはいけない」「教師は支援者である」などと言った考え方が一部に提唱されていた。「これからは習得でなく探求だ」といった意見も出始めている。私はこのような議論に懐疑的である。「ゆとり教育」についても、私は３つの条件が整っていれば、ゆとり教育で良かったと思っている。

その条件とは、①優秀な教師がいて、授業の準備をしっかり行い、子どもたちに素晴らしい授業を行っている、②子どもにやる気があり、予習復習をしっかり行い、向学心に燃えている、③家庭でも保護者が子どもの教育に熱心で良い教育条件を整えている、の３つである。

アクティブ・ラーニングについても私は同じだと考えている。この３つの条件が整っていなくて、アクティブ・ラーニングに走ってしまったらどうなるか。教師が十分な準備をしないで、子どもたちの議論に任せっぱなしにする、子どもたちもやる気がなく、ただだらだら議論をするだけになる。

家庭でも子どもの教育に全く関心がないような条件の下で、アクティブ・ラーニングばかり行っていたらどうなるか、子どもたちはキチンとした知識が得られず、ただだらだら議論するだけで、良い結論も得られず、本来教えられるべき知識が身につかない結果となるのではないか。習得・活用・探求のバランス

をとることなど到底できずに、ただ学力低下を招いてしまう恐れがあるのだ。令和 2 年度からの学習指導要領においても、教師は基礎的・基本的知識や技能はしっかり教えていく必要があると私は思う。

　苅谷剛彦氏は、前述した著書『コロナ後の教育へ』において、アクティブ・ラーニングについて、小学校から大学までアクティブ・ラーニングが主要な教授原理として提唱されているが、受け身のパッシブな学びから、学生が自ら参加する主体的（アクティブ）な学びに変えると言うだけで、本当に「深い学び」になるのかと問いかけている。苅谷氏はオックスフォード大学の経験から、学生に多くの図書を読ませ、多くの文章を書かせる多大なインプットとアウトプットを要求しないで、話し合いや発表の機会を与えても、深い学びにはならず、思考力を育てるのは困難ではないかと疑問を呈している。

第 10 章　教科書と教科書検定

1.　教科書について

　教科書とは、小学校、中学校、高等学校などで、**教育課程の編成に応じて組織排列された教科の主たる教材として、教授の用に供される児童、生徒用図書であって文部科学大臣の検定を経たもの**又は文部科学大臣が著作の名義を有するものをいう（教科書発行法第 2 条）。小学校、中学校、高等学校などにおいては、文部科学大臣の検定を受けた教科書又は文部科学省著作の教科書を使用しなければならない（学校教育法第 34 条、第 49 条、第 62 条）。

　教科書は、学習指導要領・教科用図書検定基準を基に、民間の教科書発行者が創意工夫し、著作・編集した図書を、発行者が検定申請するものである。申請された図書は、文部科学省の教科書調査官が調査し、教科用図書検定調査審議会に諮問し、審議会での専門的・学術的な審議を経て答申が行われ、文部科学大臣はこの答申に基づき検定を行うものである。教科書として適切かどうかの審査は、教科用図書検定基準に基づき行われる。検定済教科書は、公立学校にあっては所管の教育委員会が採択を行い、国立・私立については学校長が採択を行う。

2.　教科書の検定

　文部科学省は教科書検定基準を定め、これを告示しており、教科書の審査

は検定基準に基づいて適正かつ公正に行われている。検定基準は、基本方針である総則のほか、各教科共通の条件と各教科固有の条件から構成され、それぞれの条件は「基本的条件」「選択・扱い及び構成・排列」「正確性及び表記・表現」などの観点に整理して示されている。文部科学大臣の諮問機関である「教科用図書検定調査審議会」では、申請された図書が教科書として適切であるかどうかについて、検定基準に基づいた専門的・学術的な調査・審議が行われる。

　審議会から答申が行われると、文部科学大臣はこの答申に基づいて検定の決定又は検定審査不合格の決定を行う。審議会委員や臨時委員は、大学教授や小・中・高校の教員などの中から選ばれ、調査審議に当たる。また専門の事項を調査する上で必要があれば、審議会に専門委員が置かれ調査に当たるものである。さらに教科書調査官は大学の教授などから選ばれて文部科学省の常勤職員として調査に当たるものである。このように、審議会における調査は多くの専門家による、様々な角度からの調査の積み重ねが反映されるようになっている。

＜なぜ教科書検定が必要なのか＞

　教科書検定は、国民の教育を受ける権利を実質的に保障するため

　　①全国的な教育水準の維持向上

　　②教育の機会均等の保障

　　③適正な教育内容の維持

　　④教育の中立性の確保

などの要請に応えるため実施しているものである。

　教科書検定は、教科用図書検定基準に基づき行われている。

（1）教科用図書検定基準について

（構成）

　　①各教科共通の条件

　　　・教科書で扱う範囲や程度についての条件

・題材の選択や扱い及び構成についての条件

・内容の正確性及び表記・表現についての条件

②各教科固有の条件

・特に各教科固有の条件

（例）社会科

・近隣のアジア諸国との間の近現代の歴史的事象の扱いに国際理解と国際協調の見地から必要な配慮がなされていること。

（主な内容）

・学習指導要領に基づいた記述であること。

・図書の内容に誤りや不正確な記述がないこと。

・発展的な学習内容は学習指導要領に示す内容と適切な関連を有すること。

・児童・生徒の発達段階に適応していること。

・漢字などの表記は適切で、不統一がなく表記の基準に沿っていること。

(2) 教科書検定の観点

教科書検定は、教科用図書検定基準に基づき、①学習指導要領の内容に照らして適切か（**準拠性**）、②政治・宗教の扱いや取り上げる題材の選択・扱いが公正か（**公正性**）、③客観的な学問的成果や適切な資料等に照らして事実関係の記述が正確か（**正確性**）といった観点から、記述の欠陥を指摘することにより行われている。

3. 教科書検定訴訟について

教科書検定をめぐっては、高校社会科の『新日本史』執筆者である家永三郎氏が教科書検定は違憲・違法である、また検定には裁量権の逸脱・濫用の違法があるとして国・文部大臣に対して3次にわたり損害賠償、検定不合格処分の取り消しを求めて争った訴訟がある。

(1) 昭和45年東京地裁・杉本判決

昭和41年度改訂検定での不合格処分の取り消しを求めて争った第2次訴訟では、昭和45年、第1審東京地裁判決（杉本判決）があり、文部省は敗訴し

た。杉本判決の要旨は次の通り。

- 子どもを教育する責務を担うものは親を中心とした国民全体である。国家はこの国民の教育の責務（自由）を助成するためにもっぱら責任を負うものであり、そのために国家に与えられる権能は、教育を育成するための諸条件を整備することであり、国家が教育内容に介入することは基本的に許されない。下級教育機関においても教師の教育（教授）の自由を否定するのは妥当でない。

- 教科書検定が執筆者の表現行為の事前抑制になるとしても、執筆者側に受忍を相当とする特段の合理的理由がある場合に当たり、検定制度が憲法第21条に違反するとはいえない。

- 国の教育行政は教育の外的事項についての条件整備の確立を目標として行う責任を負うが、教育課程その他の教育の内的事項については一定の限度を超えて権力的に介入することは許されない。国が学習指導要領をその細目にわたって法的拘束力のあるものとして教師に強制するなどは妥当でない。教科書検定における審査は、誤記、誤植その他の客観的な誤り、造本その他の技術的事項及び内容が教育課程の大綱的基準の枠内にあるかの諸点にとどめられるべきであり、審査が右の限度を超えて、教科書の記述内容の当否にまで及ぶ時には、教育基本法第10条に違反する。

(2) 平成5年最高裁判決

　これに対して、第1次訴訟の最高裁判決（H5.3.16）では**検定制度は合憲**であり、本件検定処分に裁量権の逸脱の違法はないとして、国側が勝訴している。この判決の要旨は次の通りである。

- 憲法上、国は、子ども自身の利益の擁護、又は子どもの成長に対する社会公共の利益と関心にこたえるため、必要かつ相当と認められる範囲において、子どもに対する教育内容を決定する権能を有する。憲法第26条は、教育の自由の一環として国民の教科書執筆の自由を規定したものではない。

- 本件検定は、教科書として不適切な図書のみを、教科書という形態において発行を禁ずるにすぎないから、憲法第21条第1項に反しない。また、

検定は一般図書としての発行を妨げず検閲に当たらない。
・教育行政機関が教育の内容等に関して必要かつ合理的な規制を施すことは、教育基本法第10条の禁止するところでない。本件検定による審査は、申請図書の実質的な内容、すなわち、教育内容に及ぶものであるが、普通教育の場においては、児童、生徒の側にはいまだ授業の内容を批判する能力は備わっていないことなどから、教育内容が正確かつ中立・公正で全国的に一定の水準であることが要請される。検定は、この要請を実現するために行われるものであり、その審査基準も、右目的のための必要かつ合理的な範囲を越えているものとはいえず、子どもが自由かつ独立の人格として成長することを妨げるような内容を含むものではない。

　この最高裁判決は、旭川学力テスト最高裁判決と同趣旨の判決である。
　第3次訴訟でも最終的に国側が勝訴しているが、一部の記載について裁量権の逸脱・濫用が認められている。

4. 教科書検定手続きなどの改善

　教科書検定については、いわゆる「密室検定ではないかとの批判」に応えて文部科学省は様々な改善を行ってきている。

＜検定手続きの改善＞
・できるだけ検定関係資料を公開し、国民の関心に応える。
・不合格の場合、事前にその理由を通知、申請者に反論の機会を与える。
・検定意見に異議ある場合、申請者は意見の申し立てができるようにする。
・必要な修正を行って再度審査が適当な場合、合否決定を留保して検定意見を通知することとし、申請者は修正表を提出し、再度審議会の審査に付することとした。
・検定済教科書に誤記、誤植、客観的事情の変更があった場合、大臣の承認を受けて訂正出来るようにした。

・ゆとり教育への批判に対し、教科書に発展的な内容の記述を可能にするとともに、発展・補充学習の分量制限を撤廃した。

・バランス良く教えられる教科書となるよう、検定基準を見直し

　・通説的な見解が無い場合、特定の事柄や見解を特別に強調している場合など、よりバランスの取れた記述にするための条項を新設・改正。

　・政府の統一見解や確定した判例がある場合の対応に関する条項を新設。

　・教育基本法の目標等に照らして重大な欠陥がある場合を検定不合格要件として明記。

・検定手続きの透明化

　・検定関係文書をより具体化、HP で公開 ⇒ 検定を通じ、バランスを欠いた教科書記述の修正を図る。

　・検定手続きの透明性を向上させた。

（教科書検定の流れについては図表 19 参照）

図表 19　教科書検定の流れ

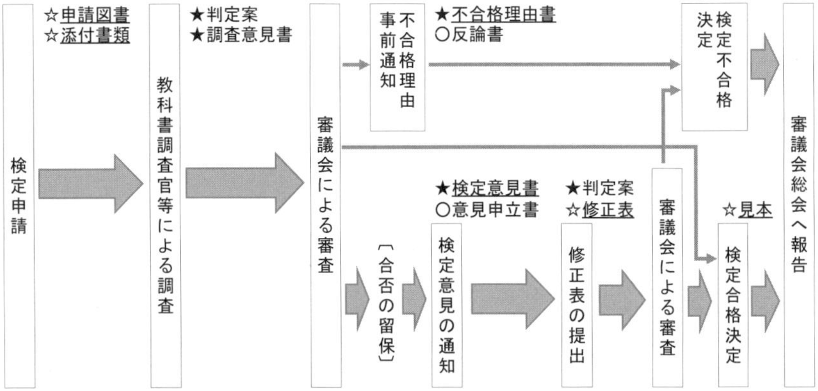

注　☆印は、申請者提出資料、★印は、文部科学省作成資料
　　〇印は、不合格判定や検定意見に不服がある場合に、申請者から提出される資料
　　＿＿＿は、現在、検定結果の公開事業において公開している資料

出典：文部科学省「教科書の改善について～教科書の質・量両面での充実と教科書検定手続きの透明化

第11章 ゆとり教育とは

1. 平成10年改訂の学習指導要領

いわゆる「ゆとり教育」について考えてみたい。**文部科学省は「ゆとり教育」とは言っていないが、**平成10年の学習指導要領の改訂にあたって、文部科学省は「ゆとりの中で生きる力をはぐくむ、授業時数の縮減以上に教育内容を厳選する」という方向を打ち出していた。

完全学校週5日制の実施のため、土曜日の授業時数を削減しなければならず、各学年で年間70単位時間、週あたりにして2単位時間削減することとし、いわゆる詰込み授業を解消してゆとりの中で特色ある教育を展開し、子どもたちに豊かな人間性や基礎・基本を身に付け、個性を生かし、自ら学び自ら考える力などの「生きる力」を培うことを基本的なねらいとしていた。

総合的な学習の時間を作ったことで、結果的に教科の時間は削減され、また詰込み教育の反省から教育内容の大幅削減が求められ、文部科学省も教育内容の大幅削減、教育内容の3割削減などと主張していたのである。

いわゆるゆとり教育は、中教審の議論から始まっている（図表20参照）。

平成7年中教審に「21世紀を展望したわが国の教育の在り方」が諮問され、第1次答申で有馬朗人会長（元東京大学総長）から、これからの学校教育の在り方は、子どもに「生きる力」の育成を基本とし、知識を教え込むことになりがちであった教育から、自ら学び自ら考える教育への転換を目指すこととし、学校はその実現のため、「**ゆとり**」のある教育環境で、一人ひとりの子どもを大

図表 20　いわゆる「ゆとり教育」とは

＜平成 8 年（1996）の中教審答申＞
・子どもに「生きる力」と「ゆとり」を
・次の教育課程の改訂にあたって①教育内容の厳選②基礎基本の徹底③完全学校週五日制の実施

＜平成 10 年（1998）教育課程審議会の答申（小・中）＞
・学校五日制（H14 年度から）のもとで
・ゆとりある教育を展開し、豊かな人間性や自ら考える力などの「生きる力」を育成する

切にした「**ゆとり**」のある教育活動を展開すべきだとした。

　そして、次の教育課程の改訂に当たっては、教育内容を基礎・基本に厳選し、授業時間を縮減するとして、単なる知識や暗記に陥りがちな内容を減らし、学校段階・学年間・教科間で重複する内容を精選することとした。また過度の受験競争の緩和とゆとりの確保を提言した。さらに学校週 5 日制に伴い土曜日の塾通いなどについて親の理解や塾関係者の節度ある行動を要請した。教育課程審議会は平成 10 年 10 月に答申を出し、小・中学校の学習指導要領は同年 12 月に改訂された。

　学習指導要領の基本的なねらいとしては、平成 14 年度から実施される完全学校週 5 日制のもとで、**ゆとりの中で特色ある教育を展開し、子どもたちに豊かな人間性や自ら考える力などの「生きる力」を育成する**こととされた。

　また、そのための 4 つの方針が示されている。

　　①豊かな人間性や社会性、国際社会に生きる日本人としての自覚を育成する。

　　②自ら学び、自ら考える力を育成する。

　　③ゆとりのある教育を展開する中で、基礎・基本の確実な定着を図り、個性を生かす教育を充実する。

　　④各学校が創意工夫を生かし特色ある教育、特色ある学校づくりを進める。

2. ゆとり教育についての3つの誤解

　私はゆとり教育については、3つの誤解があると思っている（図表21参照）。

　第一は、小学校で円周率πを3で教えるのかという疑問である。これはある塾がキャンペーンを張ったものであるが、ゆとり教育で、「学校ではπが3になる」「さようなら台形くん」「文部科学省はこんなバカなことをしている。これからは塾で学ばないと、大変なことになる」といった宣伝がなされたのである。事実は、実際には教室では円周率3.14で教えているのであるが、「例えば公園に池がありました。この直径は約3mです。池の周りは大体どれくらいになるでしょうか」といった問題にはπを3で使ってよいとしているだけなのである。

　第二は教育内容の3割削減である。これは文部科学省も大幅削減した、3割削減したと言っていたのだが、**私が検証したところ実際には1割程度の削減であった**。当時マスコミも大幅削減を支持していて3割削減と大見出しをつけていたのだ。これは私の考えであるが、3割削減については国語や英語、社会などの人文社会系の教科については、削減するものの3割までは削減していない。しかし理科については、教科調査官などの先生たちが理科系だけあって忠実に「3割削減」を実施し、大幅な削減を行っているのだ。

　実は教科調査官の先生たちは、自分の担当する教科について教育内容を削減することには常に抵抗がある。視学官や教科調査官のバックには教育委員会の指導主事がいて、またそのバックには学校の同じ教科の先生たちの大きな集団がいる。自分の教科を必修でなくするようなことがあると、全国にいるその教科の先生たちの仕事の場がなくなってしまう。それは困るため、各教科の教科調査官の先生たちは自分の教科をどうしても守ろうとする圧力がかかるのである。

　ゆとり教育のもう1つの問題点は、各教科全てを一律に3割削減としたことで

図表21　「ゆとり」教育についての3つの誤解

①小学校では円周率を3で教えるのか？
②教育内容の三割削減は事実か？
③ゆとり教育で文部科学省は学力向上を放棄した？
・大手学習塾によるキャンペーン
　→「3.14が3になる」「さようなら台形君」
・文部科学省として明確な反論が必要だった？

ある。教科調査官の先生たちに納得してもらうためには、すべての教科を一律に 3 割削減とする案が一番通りやすい。なぜ国語を減らして英語を増やすのか、社会を減らして理科を増やすのかなどと議論を始めるとハチの巣をつついたような議論になり結論が出なくなってしまう。

　しかし、ゆとり教育の問題点は、各教科を一律に減らしたことであろう。科学技術が進歩し、グローバル化が進む中、教科によって削減率を変えるとか、必修でなく、選択科目にするとか、より合理的な削減策を取るべきではなかったのかと思う。

　第三は「ゆとり教育で文部科学省は学力向上を放棄した」という誤ったメッセージが流れたことである。

　私は平成 14 年正月、新しい文部科学省がスタートするときに、事務次官として読売新聞の取材に答えて「ゆとり教育の見直し」について言及した。この記事は 1 面トップで報道された。学校現場で「ゆとり」が「ゆるみ」になっている。ゆとりは、「学校生活」や「心」のゆとりであって、「ゆとり教育」ではない。このままでは、文部科学省は「学力向上をあきらめた」と取られてしまうと危惧したのである。

　私は「ゆとり教育」が成立するためには、次のような 3 つの条件が必要だと考えていた。①教育熱心で指導力のある教師がいて、授業の準備をしっかり行っている、②親や家庭が教育熱心で子どもの教育を十分支援している、③子どもも勉学意欲に燃え、やる気に満ちている、の 3 つである。しかし、日本中がこのような 3 つの条件がそろっている学校や子どもばかりだろうか。子どものお弁当を準備できない家庭も多く、勉学意欲がなくやる気のない子どももいる、教師も忙しくて授業の準備が十分でない先生もいる。中教審の有馬朗人会長は元東京大学総長であられたが、世の中は将来東京大学に進学するような子どもたちばかりではないのだ。

　文部科学省の後輩の寺脇研氏は「ゆとり教育で、これからはみんなが 100 点を取れるようになる」という発言をしているが、私は、これは間違っていると思う。これからは「子どもたちみんなが、一生懸命に勉強して、頑張れば 100 点取れる可能性がある」というなら良いが、勉強に努力しなくて全員が 100 点取れる

と言うことは、教育内容の大幅削減により学習内容を低下させたということの証明になってしまう惧れがあるからだ。

3. 3割削減で薄くなった教科書

　ゆとり教育に対応した教科書では、教育内容が大幅に削減されすぎて、教科書が薄くなりすぎていた。発展的学習を盛り込んだ教科書が検定で認められなかったからである。

　3割削減は言いすぎだし、本当に教育内容を3割も削減して良いのだろうか。科学技術の進歩や、国際化、情報化が進む中で、社会は大きく変化して複雑化しており、学校で学ぶべき事柄も増えてきている。こういった中で、教育内容を一律に削減すべきだったかどうか、私は考えなければならないと思う。前述したように、特に理科や算数・数学の教科において内容の削減が顕著に表れていたのである。一律に減らすのでなく教科・科目を選択制にするとか、削減の割合を教科・科目ごとに考えるなどの方法もあったのではないか。

　私の手掛けたゆとり教育見直しの第2弾としては、教科書については、教科書検定の基準において発展的学習に関する記述を許容することで、あまりにも薄すぎる教科書の改善に努めたのである。

4. 「学びのすすめ」─確かな学力向上のための 2002 アピール─

　平成14年1月、新学習指導要領の4月からの実施を控え、遠山敦子文部科学大臣は、教育内容の大幅削減で学校現場の学力低下の不安を解消するため、「学びのすすめ」を発出した（図表22参照）。

　「学びのすすめ」では、「確かな学力」という考え方を示している。「確かな学力」とは、これからの子どもたちには基礎的・基本的な「知識や技能」はもちろん、これに加えて「学ぶ意欲」や「思考力・判断力・表現力」などを含めた幅広い学力を育てることが必要であり、これを「確かな学力」と言っている。大学や企業の人事担当者も、今の子どもたちについて論理的思考力や問題発見力、行

図表 22　確かな学力向上のための 2002 アピール「学びのすすめ」

確かな学力の向上のための 2002 アピール　「学びのすすめ」　（抄）

平成 14 年 1 月 17 日
文部科学省

　（中略）新しい学習指導要領の全面実施を目前に控えた今、文部科学省としては、新しい学習指導要領のねらいとする「確かな学力」の向上のために、指導に当たっての重点等を明らかにした 5 つの方策を次のとおりお示しすることとしました。

　各学校においては、この趣旨をご理解いただき、各学校段階の特性や学校・地域の実態を踏まえ、新しい学習指導要領のねらいとする「確かな学力」の向上に向けて、創意工夫を活かした取組を着実に進めていただきたいと思います。
　また、各教育委員会においては、このための各種の支援策を講ずるとともに、各学校に対する適切な指導・助言を行っていただきますようお願いします。

1　きめ細かな指導で、基礎・基本や自ら学び自ら考える力を身に付ける
　少人数授業・習熟度別指導など、個に応じたきめ細かな指導の実施を推進し、基礎・基本の確実な定着や自ら学び自ら考える力の育成を図る
2　発展的な学習で、一人一人の個性等に応じて子どもの力をより伸ばす
　学習指導要領は最低基準であり、理解の進んでいる子どもは、発展的な学習で力をより伸ばす
3　学ぶことの楽しさを体験させ、学習意欲を高める
　総合的な学習の時間などを通じ、子どもたちが学ぶ楽しさを実感できる学校づくりを進め、将来、子どもたちが新たな課題に創造的に取り組む力と意欲を身に付ける
4　学びの機会を充実し、学ぶ習慣を身に付ける
　放課後の時間などを活用した補充的な学習や朝の読書などを推奨・支援するとともに、適切な宿題や課題など家庭における学習の充実を図ることにより、子どもたちが学ぶ習慣を身に付ける
5　確かな学力の向上のための特色ある学校づくりを推進する
　学力向上フロンティア事業などにより、確かな学力の向上のための特色ある学校づくりを推進し、その成果を適切に評価する

出典：文部科学省「確かな学力の向上のための２００２アピール「学びのすすめ」」平成 14 年 1 月 17 日 文部科学省 HP より

動力・実行力などについて問題があると指摘している。また全国的・国際的な学力調査では、今の日本の子どもたちについて学ぶ意欲や判断力、表現力に課題があることが指摘されている。各学校では、子どもたち一人ひとりに応じて指導するなど「わかる授業」を行い「確かな学力」をはぐくむことが必要になっている。「学びのすすめ」では次の 5 つが示されている。

　①きめ細かな指導で、基礎・基本や自ら学び自ら考える力を身に付ける。

　②発展的な学習で、一人一人の個性などに応じて子どもの力をより伸ばす。

図表 23　学習指導要領の理念

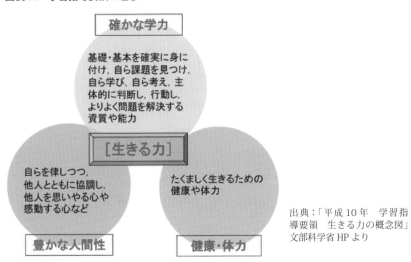

出典：「平成 10 年　学習指
導要領　生きる力の概念図」
文部科学省 HP より

③学ぶことの楽しさを体験させ、学習意欲を高める。

④学びの機会を充実し、学ぶ習慣を身に付ける。

⑤確かな学力の向上のための特色ある学校づくりを推進する。

　学習指導要領の「生きる力」と「確かな学力」については図表 23 を参照し
ていただきたい。

5.　平成 15 年の学習指導要領の一部改正

　ゆとり教育の行き過ぎを是正するため、平成 15 年 10 月中教審の答申を経
て 12 月に学習指導要領の一部を改正した。

　学習指導要領が最低基準であることを明らかにし、学校では特に必要がある
場合、学習指導要領に示していない事項も指導できることを明示した。また、「個
に応じた指導」の充実のため習熟度別授業や課題学習、発展的学習、補充的学
習などができることを明示した。

　いわゆる「はどめ規定」を見直し、発展的学習が円滑にできるよう措置した。
さらに教育課程を適切に実施するため必要な指導時間を確保するとともに、「総

合的な学習の時間」の一層の充実を図ることとした。

6.　ゆとり教育の検証

　ゆとり教育で本当に何が問題だったのか。私の考えでは、基本的理念は間違っていなかったが、私が前述した 3 つの条件が整っていなかったことが問題だった。また、過度の受験競争が子どもたちの「ゆとり」を奪っているという認識は、昔の話であり、現状に合っていなかった。さらに学校週 5 日制の完全実施で、授業時数を絶対的に減らさなければならないという固定観念にとらわれすぎていた。月曜日から金曜日の授業に上乗せすることも検討して良かったのではないか。

　知識基盤社会は世界的大競争の時代となっており、このような時期に教育内容の大幅削減を行うことは危険な発想ではなかったか。さらに「ゆとり教育」というイメージが悪すぎて、教科書が薄くなりすぎた、絵や図ばかりでは考える力が育たないとの批判もあった。高校生や大学生の学力低下は日本の国力に影響するものであり、子どもたちの学習意欲の低下にどう対応すべきか、真剣に考えなければならない。

第12章 国旗・国歌について

1. 日の丸・君が代の歴史

　わが国の**国旗**が「**日の丸**」であることは、長い歴史の中で自然に成立してきたものであるが、古くは文武天皇の時代に、元旦朝賀の議において「日像」の旗を掲げたとされている。また、江戸時代、御朱印船に日の丸の旗を掲げていたとされ、幕末の嘉永7（1854）年日本の船である印に日の丸を掲げたとされている。明治3年には太政官布告の商船規則において、日の丸が商船用の国旗として定められた。また、同年に軍艦旗として日の丸が国旗となり、在外公館等において日の丸が国旗として掲げられることとなった。明治6年には民間でも日の丸が国旗として掲揚されるようになった。

　国歌「**君が代**」については、古今和歌集に「読人しらず」として「我が君は千代に八千代にさざれ石の巌となりて苔のむすまで」として収められた古歌に由来するものとされている。君が代は慣習法的に国歌として定着してきたものである。

　学校教育に関しては、明治26年の文部省告示で「君が代」を祝日、大祭日の儀式の際に唱歌用に供することを定めている。戦後、昭和25年に文部大臣が国民の祝日に国歌を斉唱することが望ましいという談話を出し、それを通達している。昭和33年改訂以降の学習指導要領においては卒業式・入学式などにおいて「国旗を掲揚し、国歌の斉唱をさせることが望ましい」とされていたが、平成元年の改訂から「**国旗を掲揚するとともに、国歌を斉唱するよう指導**

するものとする」とされ、国旗掲揚、国歌斉唱の指導を一層重視することとしている。これは、児童生徒が日本人としての自覚を養い、国を愛することを育てるとともに、すべての国の国旗や国歌に敬意を表する態度を育てる観点から、国旗を掲揚し、国歌を斉唱することを明確にしたものである。

　国際化の進展する時代において、自国の国旗や国歌を大切にするとともに、他国の国旗や国歌を尊重する態度を育てるよう配慮したものである。

2.　国旗・国歌法の制定 （図表 24 国旗及び国歌に関する法律参照）

　国旗・国歌については、平成 11 年に「国旗及び国歌に関する法律」が定められ、第 1 条で「国旗は、日章旗とする」、第 2 条で「国歌は、君が代とする」と定められた。従来慣習法で国旗・国歌と認められていたものを、成文法の形で明らかにしたものである。

　国歌「君が代」について、政府の解釈は次のとおりである。すなわち、「日本国憲法下においては、国歌君が代の『君』は、日本国及び日本国民統合の象徴であり、その地位が主権の存する日本国民の総意に基づく天皇のことを指しており、君が代とは、日本国民の総意に基づき、天皇を日本国及び日本国民統合の象徴とするわが国のことを指す。戦前は「天皇の御代がいつまでも続きますように」という意味で解釈されてきたものであるが、戦後、新憲法が定められた。憲法の規定はあらゆるものに優先して適用されるものであり、「君が代」の意味も変わってきたと言わざるを得ない。すなわち、**新憲法の下で象徴天皇制をとり、民主主義、平和主義をとる「わが国」がいつまでも永遠に続きますように**という意味であると解釈すべきなのである。一部の人たちは、昔のように「天皇の御代がいつまでも続くように」という意味であるから、君が代には賛成できないと主張しているが、間違いであろう。

　また国旗「日の丸」についても、第 2 次世界大戦を戦った時に「日の丸」を掲げて戦ったことから、「戦争のにおいがする。だから日の丸にも賛成できない」と言う。しかし、**「旗」**や**「歌」**が戦争をしたのではない。軍国主義者や全体主義者が戦争を指導したのであり、軍国主義者や全体主義者こそが非難

図表 24 国旗及び国歌に関する法律（平成 11 年法律第 127 号）

（国旗）

第一条 国旗は、日章旗とする。

2 日章旗の制式は、別記第一のとおりとする。

（国歌）

第二条 国歌は、君が代とする。

2 君が代の歌詞及び楽曲は、別記第二のとおりとする。

別記第一（第一条関係）

日章旗の制式

一 寸法の割合及び日章の位置

　　横　　　　縦の三分の二

　　日章

　　　直径　縦の五分の三

　　　中心　旗の中心

二 彩色

　　地　　白色

　　日章　紅色

別記第二（第二条関係）

君が代の歌詞及び楽曲

一 歌詞

　　君が代は

　　千代に八千代に

　　さざれ石の

　　いわおとなりて

　　こけのむすまで

二 楽曲

林 広守 作曲

きみがー　よーは　　ちよにーー　やちよに

さざれ　いしの　　いわおと　なりて

こけの　　むーすー　まーで

されるべきであり、旗や歌には罪はないのである。オリンピックなどのスポーツ大会をはじめ様々な分野で国旗・国歌は定着してきている。

3. 卒業式・入学式における国旗掲揚と国歌斉唱

　学習指導要領において、各学校における特別活動の学校行事などにおいて「国旗を掲揚し、国歌を斉唱するよう指導するものとする」と定められている。また、

社会科においても、「国旗及び国歌の意義並びにそれらを相互に尊重することが国際的な儀礼であることを理解させ、それらを尊重する態度を育てるよう配慮する」(中学校)とされている。国際化の進む今日、自国の国旗・国歌だけでなく、他国の国旗・国歌についても尊重する態度を育てていくことは重要である。

　卒業式などでの国旗掲揚・国歌斉唱に反対する組合などの考え方もあり、教職員が校長の指導に従わず、国旗掲揚・国歌斉唱の指導を拒否する教員の行動が問題になっている。

　基本的には、公立学校の教員は、学校行事としての卒業式や入学式においては、学習指導要領にしたがって国旗の掲揚、国歌の斉唱の指導をすべき立場にあるものであり、仮に個人的に国旗や国歌に対して反対の気持ちを持っていても、校長の職務命令には従わなければならない。休日に自分の家に国旗を掲げるかどうかの問題とは異なるものである。マスコミでは「思想・信条の自由」に抵触するような報道がなされることがあるが、公立学校の教師は公務員であり、職務命令には従わなければならない。また子供たちに自国の国旗・国歌だけでなく他国の国旗・国歌も尊重すべきことはきちんと教える必要があるので、**個人の思想・信条の自由とは無関係である。**

　校長が教員に国歌のピアノ伴奏の職務命令を出したことについて、職務命令を拒否した音楽教師が戒告処分を不服として思想・良心の自由を保障した憲法19条に違反するとして教育委員会を訴えた裁判について、最高裁 (H19.2.27) は「校長の職務命令は思想及び良心の自由を保障した憲法19条に違反しない」としその職務命令は「特定の思想を持つことを強制したり、特定の思想の有無を告白することを強要したりするものでなく、児童に一方的な思想を教え込むことを強制することにもならない」として教師側が敗訴した。

　また、校長が国歌斉唱時に教職員に起立を求めた職務命令について、教員が「思想・良心の自由」を保障した憲法19条に違反すると主張したことについて、最高裁 (H23.5.30) は「憲法に違反しない」とした。ただ、最高裁も裁量権の範囲を超えた重すぎる処分については一部取り消しを認めている (最高裁 H24.1.16)。

第13章　教育基本法の改正

1．教育基本法を改正すべきだとの議論について

　旧教育基本法は、憲法とともに戦後民主主義の教育現場への普及に大きな貢献をしてきた。

　一方で占領下の立法であり、根強く改正すべきだとの議論が続いていたが、逆に絶対に改正すべきでないと言う強い意見も存在していた。

(1) 改正すべきとの意見

　改正すべきだとの議論は、次の5つに分類される（市川昭午氏の分析※18）。

　①**押し付け論** ⇒ 占領下の立法であり、純粋に日本人の育成を目指したものでない。日本の歴史や伝統、文化に言及がない。

　②**規定不備論** ⇒ 第1条や第10条、規程が不備で誤解され混乱を招いた。特に教育の条件整備について、教育行政の役割を教育の外的事項に限定する意見や教育行政の行為を不当な支配だとして排除する意見などが出ていた。

　③**規範欠落論** ⇒ 旧法には国民が遵守すべき徳目が欠けている。公共の精神、道徳心、自律心、規範意識、郷土や国を愛する心など。そのため教育の荒廃現象が起きている。

　④**時代対応論** ⇒ 時代や社会の変化に対応できていない。生涯学習の理念、

18　市川昭午『教育基本法改正論争史─改正で教育はどうなる』教育開発研究所 2009

環境問題、男女共同参画、特別支援教育、国際化・情報化への対応、教育振興計画の欠落など。

⑤**原理的見直し論** ⇒ 制定後半世紀以上たっており、新しい時代や社会への対応が必要である。

(2) 改正反対の意見

改正反対の意見には、概ね次のようなものがあった。

①戦後民主主義の基本である憲法、教育基本法は不磨の大典であり、絶対に改正すべきでない。愛国心、国旗・国歌の強制、伝統文化など復古主義やナショナリズムの高揚であり、右翼化に反対する。

②教育目的を法律で規定することや子どもの心を法律で縛ろうとすることは危険だ。個人の内心、家庭や地域社会にまで国家が介入することとなる。

③新自由主義・市場原理主義的な教育改革に反対。社会的不平などを不問にして能力主義と選択の自由にゆだねる政策に反対する。

④教育振興基本計画の策定で行政の権限が拡大し、政府・文部科学省の介入が強化される。

⑤**改正当面不要論** ⇒ 教育基本法は完全ではないが、当面急いで改正する必要はない。山積している教育課題を地道に解決することが先決だ。

2.　新しい教育基本法

旧教育基本法は憲法の理念を受け、戦後教育改革の基本理念を示したものである。教育法における基本法としての役割を持ち、戦前の教育勅語体制から法律による教育基本法体制に移行し、教育憲法的な役割を持つとともに、戦後民主主義の教育現場への普及に貢献し、教育行政の中央集権から地方分権への移行や、教育の政治的・宗教的中立の原則を定着させ、教育への不当な支配・介入の排除を定めていた。教育界には憲法と教育基本法は一体であり、教育基本法は絶対に変えてはならないとの意見も強かった。

小淵内閣の下に設置された「教育改革国民会議」は平成12年12月、「教育

を変える 17 の提案」を打ち出し、その中で教育施策の総合的推進のための教育振興基本計画を策定すべきことを提言した。また新しい時代にふさわしい教育基本法を考えていくべきだとして、3 つの観点を指摘した。

第 1 は新しい時代を生きる日本人の育成である。

第 2 は伝統、文化など時代に継承すべきものを尊重し、発展させていくことであり、自然、伝統、文化の尊重、そして家庭、郷土、国家などの視点が必要であるとした。

第 3 は教育基本法の内容に理念的事項だけでなく教育振興基本計画に関する規定を設けることが必要であるとした。

さらに中央教育審議会は「新しい時代にふさわしい教育基本法と教育振興基本計画について」答申を平成 15 年 3 月に出した。この後、さらに 3 年近くにわたり与党の協議会で検討が行われ（平成 18 年 4 月、最終報告）、長期間にわたり慎重な検討が行われ、改正法案が立案され、平成 18 年 4 月に政府提案として国会に提出された。第 164 通常国会から第 165 臨時国会にわたり約 190 時間に及ぶ国会審議を経て成立したものである。

3. 新しい教育基本法の規定について

第 1 条で教育の基本的な目的を規定しており、「教育は、人格の完成を目指し、平和で民主的な国家及び社会の形成者として必要な資質を備えた心身ともに健康な国民の育成を期して行われなければならない。」とした。

第 2 条は「教育の目標」であるが、これは、第 1 条の教育の根本的な目的を実現するために、重要と考えられる事柄を「目標」として 5 つ掲げたものである。

1　幅広い知識と教養を身に付け、真理を求める態度を養い、豊かな情操と道徳心を培うとともに、健やかな身体を養う

2　個人の価値を尊重して、その能力を伸ばし、創造性を培い、自主及び自律の精神を養うとともに、職業及び生活との関連を重視し、勤労を重んず

　る態度を養う

　3　正義と責任、男女の平等、自他の敬愛と協力を重んずるとともに、公共
　　の精神に基づき、主体的に社会の形成に参画し、その発展に寄与する態
　　度を養う

　4　生命を尊び、自然を大切にし、環境の保全に寄与する態度を養う

　5　伝統と文化を尊重し、それらをはぐくんできたわが国と郷土を愛すると
　　ともに、他国を尊重し、国際社会の平和と発展に寄与する態度を養う

　第 3 条で生涯学習の理念を掲げ、第 4 条で教育の機会均等を定め、第 5 条
では義務教育の規定を置き、旧法は義務教育 9 年の規定を置いていたが、削
除し柔軟に対応できるようにした。義務教育は、各個人の有する能力を伸ばし
つつ社会において自立的に生きる基礎を培い、国家及び社会の形成者として必
要とされる基本的な資質を養うことを目的として行われるものとした。

　第 6 条で学校教育の目的が定められ、第 7 条で大学の役割の重要性から大
学に関する規定を新設し、第 8 条では私立学校の規定が新設された。第 9 条
で学校の教員について、自己の崇高な使命を深く自覚し、絶えず研究と修養に
励むべきことと、身分の尊重、待遇の適正、養成と研修の充実が規定された。
一方で「全体の奉仕者」の規定は削除された。

　第 10 条で家庭教育、第 11 条で幼児教育の規定が新設され、第 12 条には
社会教育の規定が置かれ、第 13 条で学校・家庭・地域の連携についての規定
が新設された。

　第 14 条の政治教育はほぼ従来通り、第 15 条の宗教教育については旧法の「宗
教的情操の涵養」は規定せず、宗教に関する一般的な教養は教育上尊重されな
ければならないとした。

　第 16 条について、旧法 10 条の「不当な支配」の規定は様々な議論を呼ん
でいた。教育行政の条件整備についても、一部の教育関係者は「教育行政は教
育の内的事項に関わるべきでない」との主張を繰り返していたが、最高裁学テ
判決（S51.5.21）でこのような主張は排除されている。教育行政については、
教育行政は国と地方公共団体との適切な役割分担及び相互協力の下、公正かつ

適正に行われるべきことが規定され、国の教育に関する施策の総合的実施と国及び地方公共団体の財政上の措置についての規定が置かれている。第17条では政府が教育振興基本計画を策定し国会に報告すべきことが定められ、地方公共団体にも努力義務が規定された。

4. 新教育基本法制定以後

　平成19年、中央教育審議会は教育基本法の改正を受けて、緊急に必要とされる制度改正について答申した。これを受けて学校教育法が改正され、義務教育の目標を新設するとともに、義務教育の年限を学校教育法で9年と定めた。さらに幼稚園から大学までの各学校段階の目的・目標の見直しと学校種の規定順番を幼稚園から始めることとした。また学校評価及び情報提供の規定の新設が行われた。

　この平成19年改正の学校教育法では、第21条に教育基本法の改正を受けて義務教育の目標が掲げられ、第1号から第10号にわたり義務教育の目標が規定されている。さらに小学校について、第30条第2項で、学校教育においては「生涯にわたり学習する基盤が培われるよう、基礎的な知識及び技能を習得させるとともに、これらを活用して課題を解決するために必要な思考力、判断力、表現力その他の能力をはぐくみ、主体的に学習に取り組む態度を養うことに、特に意を用いなければならない」と規定された。この規定は、小学校、中学校、高等学校などすべての教育について適用ないし準用されている。

　新教育基本法の制定とこれに伴う学校教育法の改正を受けて、学習指導要領における目標・内容などの改正が具体的に行われ、新しい学習指導要領が定められている。

5. 教育振興基本計画について

　教育基本法第17条の規定を受けて第1期の教育振興基本計画が策定された。基本計画では、わが国の教育をめぐる現状と課題を踏まえ、新教育基本法の教

育の目標、理念の実現に向け、改めて「教育立国」を宣言し、教育を重視し、その振興に向け社会全体で取り組むことが必要だとしている。そして今後10年間を通じて目指すべき教育の姿を展望し、義務教育修了までに、すべての子どもに、自立して社会で生きていく基礎を育てることと、社会を支え、発展させるとともに、国際社会をリードする人材を育てることとし、このような教育の姿の実現を目指し、必要な予算について財源を確保し、教育投資を確保していくことが必要だとしている。

　その上で、今後5年間に総合的かつ計画的に取り組むべき施策についてその基本的考え方を示している。取組全体を通じて重視することとして、

　　①横の連携 ⇒ 教育に対する社会全体の連携の強化。

　　②縦の接続 ⇒ 一貫した理念に基づく生涯学習社会の実現。

　　③国・地方それぞれの役割の明確化。

を挙げ、さらに特に重点的に取り組むべき事項として次の事項を挙げている。

　　④確かな学力の保証。

　　⑤豊かな心と健やかな体の育成。

　　⑥教員が子ども一人ひとりに向き合う環境づくり。

　　⑦手厚い支援が必要な子どもの教育の推進。

　　⑧地域全体で子どもたちをはぐくむ仕組みづくり。

　　⑨キャリア教育・職業教育の推進と生涯を通じた学び直しの機会の提供の
　　　推進。

　　⑩大学などの教育力の強化と質保証。

　　⑪卓越した教育研究拠点の形成と大学等の国際化の推進。

　　⑫安全・安心な教育環境の実現と教育への機会の保障。

　教育振興基本計画は、その後第2期、第3期と策定されてきている。

　第3期（平成30年〜令和4年）の基本計画では、基本的な方針が5つ示されている。

　方針1　夢と志を持ち、可能性に挑戦するために必要となる力を育成する。

　方針2　社会の持続的な発展を牽引するための多様な力を育成する。

方針3　生涯学び、活躍できる環境を整える。

方針4　誰もが社会の担い手となるための学びのセーフティネットを構築する。

図表25　教育振興基本計画　第3期　目標　抜粋

方針1「夢と志を持ち、可能性に挑戦するために必要となる力を育成する」の目標例

目標1　確かな学力の育成
　指　　標　（例）・OECDのPISA調査等の各種国際調査を通じて世界トップレベルを維持
　施策群　（例）・全国学力調査・学習　状況調査の実施・分析・活用
　　　　　　　　　・新学習指導要領の着実な実施等
　　　　　　　　　・高等学校教育改革の推進

目標2　豊かな心の育成
　指　　標　（例）・自分には良いところがあると思う児童生徒の割合の改善
　施策群　（例）・子供たちの自己肯定感・自己有用感の育成
　　　　　　　　　・道徳教育の推進

目標3　健やかな体の育成
　指　　標　（例）・子供の体力水準を平成33（2021）年度までに昭和60（1985）年頃
　　　　　　　　　の水準まで引き上げる。
　施策群　（例）・学校保健・学校給食、食育の充実等
　　　　　　　　　・学校や地域における子供のスポーツの機会の充実

目標4　問題発見・解決力の修得
　指　　標　（例）・学修時間の充実等、学生の学修に対する取組・態度の改善（測定指標）
　施策群　（例）・高大接続改革の着実な推進
　　　　　　　　　・学生本位の視点に立った教育の実現

方針2「社会の持続的な発展を牽引するための多様な力を育成する」の目標例

目標7　グローバルに活躍する人材の育成
　指　　標　（例）・英語力について、中学校卒業段階でのCEFR ※のA1レベル相当以上、
　　　　　　　　　高校卒業段階でA2レベル相当以上を達成した中高生の割合を5割
　　　　　　　　　以上にする。
　　　　　　　　※ヨーロッパ言語参照枠
　施策群　（例）・伝統や文化等に関する教育の推進
　　　　　　　　　・英語をはじめとした外国語教育の強化
　　　　　　　　　・日本人生徒・学生の海外留学支援

目標8　大学院教育の改革等を通じたイノベーションを牽引する人材の育成
　指　　標　（例）・修士課程修了者の博士課程への進学率の増加
　施策群　（例）・大学院教育改革の推進
　　　　　　　　　・IT・データ割譲能力の育成

出典：「教育振興基本計画　第3期今後5年間の教育政策の目標と施策群」　文部科学省パンフレット

　　方針 5　教育政策推進のための基盤を整備する。

　これらの方針を受けて第 3 期基本計画では、いくつかの「目標」が定められているが、その一部を図表 25 で示しておきたい。

　私見であるが、私は教育改革国民会議の議論の中で、教育界で反対論の強かった教育基本法の改正をしていくためには、国を愛する心や伝統文化を大切にすることを強調するだけでなく、もっとメリットの大きい教育振興基本計画を内閣全体で策定し、教育にしっかりと投資していくという姿勢を示すべきだと主張したのである。

　多くの教育界の人々が喜ぶ計画を示して、それならば教育基本法の改正が必要だなと思えるような計画を作りたいと言うのが私の願いであった。この時私が考えていた教育振興基本計画はもっと骨太の計画であり、例えば「今後 10 年間で少人数学級を全国に実施していく」とか、「大学の教育研究を振興するため国の投資を 10 年間で OECD 諸国並みのレベルに引き上げる」とか、「わが国の児童生徒の学力の水準を世界トップレベルに引き上げるため全国学力テストを悉皆で行っていく」などの積極的な教育政策を打ち出すのが望ましいと考えていたのである。

　もちろん厳しい財政状況もあり、私が主張するような本当の意味で骨太の計画を作るのは大変難しいことであろう。ただ、文部科学省の職員の方々は皆さん真面目で、役人の習性というか、それぞれ各課の実施している事業を何とか教育振興基本計画に盛り込みたいと考えるので、どうしても総花的な教育白書のようになってしまうのである。もっと事柄を徹底的に重要事項に絞って、本当の意味での教育政策の基本方針を書き込んでいただければというのが、文部科学省を離れて 20 年近くになる私の願いである。

第 14 章　学力論争と学力テスト

1. ゆとり教育の反省

　いわゆる「ゆとり教育」については、平成 14 年度から学校週 5 日制が実施されることとなり、学習指導要領では、ゆとりの中で特色ある教育を展開し、子どもたちに豊かな人間性や自ら考える力などの生きる力を育成することが目標とされた。

　完全学校週 5 日制を実施するためには、土曜日を休みにする必要があり、当時は月 2 回の学校週 5 日制であったため、土曜日月 2 回 8 コマ分の授業時数（全体の約 7％）を減らす必要があった。仮に土曜日は休みにするが、土曜日の授業のコマ数を月曜日から金曜日までの授業時数に上乗せして 1 日の授業時間を伸ばしたとしたら、どうだっただろうか。国民の多くの人たちから、先生を土曜日に休ませるため、児童生徒の月曜から金曜までの授業を増やすのは本末転倒だとして、社会的に大きな非難を浴びたに違いない。

　したがって、学校週 5 日制のために授業時数を減らすことはやむを得ない選択であったと私は考えている。ただ、この時点で詰め込み教育への批判からマスコミは教育内容の大幅削減に賛成しており、3 割削減は当然のこととして受け入れられていたのである。

　冷静に考えれば、科学技術の進歩や社会の複雑化などに伴い、学校で教えるべき内容は増えてきており、また国際化の進展で外国語の重要性も増しており、教えるべき内容を授業時数とともに一律に大幅削減することが、本当に教育政

策としてよかったと言えるのだろうか。基本となる教科という言い方は問題があるかもしれないが、国語、数学（算数）、理科、外国語、社会などの重要な教科の教育内容を大幅に 3 割も削減して本当に良かったのだろうか。

2.　大学生の学力低下の議論

　大学生の学力が低下している、特に分数の計算ができない大学生がいるとして京都大学の西村和雄教授が指摘し[19]、大学入試センターの柳井春夫教授[20]のグループの調査（平成 15 〜 16 年）では、大学教員のうち 6 割の教員が学生の学力低下を問題視している。特に理、工学部で理科・数学教育が問題だとされていた。学力低下の背景には、①自主的に課題に取り組む意欲が低い、②論理的に表現する力が弱い、③日本語力、基礎科目の理解が不十分であるといった問題点が指摘されている。

3.　新しい学力観（昭和 62 年）

　新しい学力観とは、従来の知識偏重の教育を改め、「**自ら学ぶ意欲と社会の変化に主体的に対応できる能力を育成するとともに、基礎的・基本的な内容を重視し、個性を生かす教育を充実すること**」だとされる。

　この考え方は、昭和 62 年の教育課程審議会の答申で示されており、これを受けて文部省は、平成元年告示の学習指導要領において「新しい学力観」を提唱した。従来の学力観は受動的に学習内容を理解したり、知識を暗記したり、形式的に技能を習得したりすることを重視していた。これに対し、新しい学力観は従来の詰込み型の学力でなく、学習や生活に生きて働く力、すなわち自己実現に役立つ力を身に着けることを重視する。

　評価の観点としては、自ら学ぼうとする意欲や思考力、判断力、表現力など

19　岡部恒治, 戸瀬信之, 西村和雄 編 『分数ができない大学生』 東洋経済新報社 1999 年
20　鈴木 規夫, 荒井 克弘, 柳井 晴夫『大学生の学力低下に関する調査結果について』大学入試フォーラム / 大学入試センター総務企画部情報課 編

の育成に重点を置くものである。各科目の評価に当たっては、「関心・意欲・態度」「思考・判断」「知識・理解」といった観点別に学習状況を評価することを目指すこととされている。

　一方で、新しい学力観を身に付けさせるためには、教師の役割は児童生徒に対して指導するのでなく、支援すれば良いのであり、子どもの活動を見ていれば良いとし、教師は指導してはいけない、宿題を出してはいけないなどと行き過ぎた動きも見られたのである。これに対しては、知識や技術の習得が軽視されすぎているとの批判もなされていた。

4. 生きる力

　これに対して中央教育審議会の平成 8 年の「21 世紀を展望したわが国の教育の在り方について」（第 1 次答申）においては「生きる力」が示されている。**「生きる力」**とは、わが国の子供たちに最も必要なものであり、「学力」の面では、いかに社会が変化しようと、自分で課題を見つけ、**自ら学び、自ら考え、主体的に判断し、行動し、よりよく問題を解決する資質や能力**のことである。

　また、「人間性」の面では、自らを律しつつ、他人とともに協調し、他人を思いやる心や感動する心など、豊かな人間性を備えることであり、「健康・体力」の面では、たくましく生きるための健康や体力を身に付けることである。

　この「生きる力」を育むことこそ、わが国の教育が目指すべきものであるとされ、学校は、生涯学習の基礎としてこの「生きる力」を育む場にならなければならない（「生きる力」については、→P105 図表 23 参照）。

　さらに、学力の評価についても、知識の量の多少による評価から「生きる力」を身に付けているかどうかによる評価に転換する必要があるとされている。

　平成 18 年に改正された新しい教育基本法では、第 2 条で新たに教育の目標が規定されており、第 1 号で知・徳・体の育成、第 2 号で個人の創造性、自主・自立の精神を養い、第 3 号で自他の敬愛と協力、公共の精神、主体的に社会の形成に参画、第 4 号で生命、自然を大切にし、環境の保全に寄与し、第 5 号で伝統・文化の尊重、郷土や国を愛し、他国を尊重し国際社会の平和と発展

に寄与することなどが掲げられている。

　さらに教育基本法の改正を受けて、学校教育法も改正され、第 21 条で義務教育の目標が 10 項目にわたり掲げられている。さらに小学校について第 30 条第 2 項で、生涯にわたり学習基盤が培われるよう、基礎的な知識・技能の習得とこれらを活用して課題を解決するために必要な思考力、判断力、表現力などを育み、主体的に学習に取り組む態度を養うことに特に意を用いなければならないこととされている。この規定は、中学校、高等学校などに適用ないし準用されている。

　このように法律的にも、**学力の概念**が規定され、**①基礎的・基本的な知識・技能、②知識・技能を活用して課題を解決するために必要な思考力・判断力・表現力、③主体的に学習に取り組む態度の 3 つの要素**が定められている[※21]。

　生きる力については、平成 10 年改訂の学習指導要領でも「**生きる力**」という目標が明示され、自ら学び自ら考える力の育成が掲げられている。

5.　確かな学力

　ゆとり教育による学力低下や学習時間の減少の批判や学校現場で、過度に子どもの自主性を尊重しすぎることへの懸念から、文部科学省は平成 14 年「学びのすすめ」（確かな学力の向上のための 2002 アピール）を発出し、教育内容の厳選を図った上で、繰り返し指導や体験的・問題解決的な学習などきめ細かな教育活動を展開することで「**確かな学力**」を身に付けることを提唱し、児童生徒が主体的、創造的に生きていくために、一人ひとりの児童生徒に「確かな学力」を身に付けることを求めた。

　「学びのすすめ」では、①きめ細かな指導で、基礎・基本や自ら学び自ら考える力を身に付ける、②発展的な学習で個性に応じ子どもの力を伸ばす、③学ぶ楽しさを体験させ、学習意欲を高める、④学びの機会を充実し、学ぶ習慣を身につける、⑤特色ある学校づくりを推進すること、などを掲げている（生きる力と確かな学力については、→ P105 図表 23 参照）。

21　斎藤孝『新しい学力』岩波新書、平成 28 年、P4

平成 20 年改訂の学習指導要領では「基礎的・基本的な知識及び技能を確実に習得させ、これらを活用して課題を解決するために必要な思考力、判断力、表現力その他の態度をはぐくむ」「主体的に学習に取り組む態度を養い、個性を生かす」「学習習慣が確立するように配慮」することとされている。

　ゆとりとは、本来学校生活のゆとりや心のゆとりを目指したものであって、授業時間を減らしすぎることにより、実際の授業が駆け足になり、先生がゆっくり説明することができず、反復練習などが出来なくなってしまう。また、教科書も薄くなってしまっているので、児童生徒は授業内容が分からなくなってしまうこととなる。すると自宅学習では十分学校の教育についていけなくなり、塾通いが必要になり、子どもたちが忙しくなってしまい、当初の狙いとは全く逆の方向になってしまう。

　私は「ゆとり教育」を実現するためには 3 つの条件が必要だと主張してきた。繰り返しになるが、その条件とは①研究熱心で、充実した授業ができる素晴らしい教師がいること、②教育熱心で、家庭教育も素晴らしい保護者の存在、③子供たちも勉学意欲に燃え、自ら勉強しようとする勉強熱心な子どもであることの 3 つである。この条件がそろえば、ゆとり教育のままでも素晴らしい教育成果が期待できると思うのだ。

　しかし、現実の社会を見ていると、この 3 条件が揃っている学校や家庭は少ないのではないか。東京大学総長であった有馬朗人先生はゆとり教育の推進者であったが、将来、東京大学に入学してくる学生のような、勉強熱心で予習や復習をしっかりやってくるような児童生徒ばかりであればゆとり教育でも十分だったのである。しかし現実には、この 3 条件を満たしている子どもたちは多くない。理想論としては間違っていなくても、現実はそうはいかないのである。

6. 平成 15（2003）年の PISA ショック

　OECD は義務教育修了段階の 15 歳児を対象に、知識や技能を実生活の様々な場面で直面する課題にどの程度活用できるかを評価する PISA 調査を、平成

12（2000）年以降3年ごとに行っている。読解力、数学的リテラシー、科学的リテラシーの3分野について調査を実施するものであり、平成15（2003）年調査では世界で41か国約28万人の高校生が参加し、わが国では無作為抽出で高校1年生（相当）約4,700人が参加した。平成12（2000）年調査と比べて読解力が498点で8位から14位に下がり、数学的リテラシーも534点で1位から6位に下がり、科学的リテラシーは548点で平成12（2000）年と同じ2位であった。平成18（2006）年調査でも読解力498点15位、数学523点10位、科学531点6位とわが国の高校生の学力は大幅に低下した。

　これらの結果について、ゆとり教育で日本の生徒の学力が低下したことが明らかにされたといわざるをえない。

7. 文部科学省の学力向上に向けた取組

　前述したように、ゆとり教育については、私は平成13年1月、読売新聞に対して「ゆとり」が「ゆるみ」になっている、新しい学習指導要領自体はすでに取組が進行しているので変更はできないが、可能な範囲で学力向上を目指さなければならないと考え、事務次官の判断でゆとり教育の一部修正を決断した。

　新しく始めた総合学習については座学でなく教室を離れて自然に触れあったり、社会に出て企業訪問をすることなどが推奨されていたが、私は**総合学習も**国語や理科などの**教科と関連付けた指導が必要である**と主張して、教科・科目との連携を強調すべきだとした。また基礎・基本の徹底を強く主張し、学習指導要領は最低基準を示すものであり、学習指導要領に示す内容を十分理解した児童・生徒に対してはより広く、より深く進んだ内容を指導しても良いとして発展的学習を奨励したのである。また理解が十分でない子供については、補充的指導に努めてほしいとした。

　基礎学力向上への戦略として「教育改革国民会議」でも指摘された小人数学級の推進や習熟度別学級なども視野に入れたのである。

　また、教科書検定についても、当時、新しい指導要領に基づく小中学校の教科書検定については、学習内容の大幅削減というキャッチフレーズ通りに3

割削減が現実になったような教科書が検定を通過したのである。私は学習指導要領が最低基準と言うのは、指導要領の記載自体から明白な事であったが、指導主事の人たちや学校現場の先生たちは、学習指導要領は到達基準あるいは標準基準であると考えてきたのである。

教科書検定基準においては次のような定めがあった（平成 11 年当時）。

①学習指導要領の目標、内容、内容の取扱いに示す事項を「不足なく取り上げている」こと。

②「不必要なものは取り上げていないこと」、ただし、内容の趣旨を逸脱せず、児童生徒の過重負担とならない範囲で内容の取扱いに示す以外の事項を取り上げることができる。

③図書の内容は、程度が高すぎる又は低すぎることがないこと。

④図書の内容は、厳選されており、網羅的、羅列的になっていないこと、全体の分量、配分が適切であること。

⑤学習指導要領に示していない内容を取り上げる場合、その分量は適切であること、またそれ以外の内容と区別され、学習指導要領に示していない内容であることが明示されていること。

すなわち、教科書の上では、学習指導要領の内容などが不足なく取り上げられており、不必要な内容は取り上げていないことが原則であり、内容の趣旨を逸脱せず、児童生徒の過重負担にならない範囲で学習指導要領以外の内容も取り上げることができるが、図書の内容は程度が高すぎても低すぎてもいけないこととされている。

学校現場の先生たちは、学習指導要領に加えて、これらの教科書検定基準の規定があることで、教科書を使用して授業を行う上で、学習指導要領自体についても標準基準又は到達基準と考えていたものと思われる。

8. PISA 型読解力とは

読解力については、従来、文章や資料を読んで、その内容を分析し、解釈し、理解する能力であると考えられてきたが、PISA 型の読解力は自らの目標を達

成し、自らの知識と可能性を発展させ、効果的に社会に参加するために、書かれたテキストを理解し、利用し、熟考する能力であるとされる。読解力とは、文章や資料から情報を取り出すことに加えて、解釈、熟考・評価、論述することを含むものである。

OECD の PISA（Programme for International Student Assessment）はキー・コンピテンシーを測るために設計されたものであり、この「キー・コンピテンシー」は、個人の「人生の成功」と「正常に機能」する社会を目的とする 21 世紀に必要な「鍵」となる「資質能力」であり、次の 3 つのカテゴリーに分類されるとする。

①言語、知識、情報、テクノロジーなどの「ツールを相互作用的に用いる」カテゴリー。

②展望の中で行動する、プロジェクトを設計し実行する、権利を主張するなどの「自律的に行動する」カテゴリー。

③他者と良好な関係をつくる、チームで協力するなどの「異質的な集団で交流する」カテゴリー。

文部科学省は学力向上を図るため、平成 14 年 1 月「学びのすすめ」（→ P104 図表 22 参照）を公表し、平成 15 年 12 月学習指導要領の一部改正を行い、子どもの実態に応じた、発展的内容の指導を充実させることとした。問題となっていた学習指導要領の「はどめ規定」をなくし、教科書に発展的な学習内容の記述を容易にし、学習指導要領が最低基準であることを明確化させた。さらに、平成 17 年に「読解力向上プログラム」を作り、PISA 型読解力の向上を図るため学校での取組として次のような 3 つの重点目標を立てた。

①テキストを理解・評価しながら「読む力」を高めるための取組として建設的な批判を伴う読み（クリティカル・リーディング）を導入する。

②テキストに基づいて自分の考えを「書く力」を高めるため、テキストの内容を要約、紹介する取組や授業の最後に自分の考えを簡潔に書かせるなどの機会を充実させる。

③様々な文章や資料を読む機会や自分の意見を述べたり書いたりする機会の充実を図る。

国や教育委員会の取組としては学習指導要領の見直しを中教審で議論することとし、特に国語力を向上させるため、授業改善・教員研修の充実を図るとともに読書活動の充実支援のため学校図書館の蔵書の充実などを行うこととした。

さらに文部科学省は約40年ぶりに教育課程実施状況調査（いわゆる学力調査）を始めることとし、抽出調査として平成13年度から小学校5、6学年、中学校1～3学年について、高校は平成14年度から学力調査を始めることとした。これらは平成元年度の学習指導要領についてのものである。

9. 全国学力・学習状況調査の実施

さらに平成19年からは**悉皆調査として「全国学力・学習状況調査」を実施する**こととし、調査結果を踏まえた、学校、国、教育委員会での取組による検証改善サイクルを構築することとしたのである。全国学力・学習状況調査の目的は義務教育の機会均等と教育水準の維持向上の観点から、各地域における児童生徒の学力・学習状況を把握・分析して教育及び教育施策の成果と課題を検証し、その改善を図ろうとするものである。

各教育委員会や学校が、全国的な状況との関連において、自らの教育・教育施策の成果と課題を把握し、その改善を図るとともに、継続的な検証改善のサイクルを確立するものであり、各学校は児童生徒の学力や学習状況を把握し、児童生徒への教育指導や学習状況の改善に役立てることとしている。当初は国語と算数（数学）については、「知識」に関する問題と主として「活用」に関する問題を出題し、生活習慣や学習環境などに関する質問紙調査も実施し、教育委員会や学校が、それぞれの状況に応じ教育改善に必要な結果資料を提供するものであった。決して序列化や過度の競争を煽るものではない。

民主党政権の時代には一時中断されていたが平成24年度から再開されている。平成24年度から理科を追加し、3年に一度程度実施することとし、令和元年度から英語を追加し、英語も3年に一度程度実施することとされている。また令和元年度から「知識」と「活用」を一体的に問う問題形式で実施されている。

　この全国学力・学習状況調査については、各道府県別の小学校及び中学校の都道府県別平均正答率が出されていたため、各都道府県の平均点によるランキングが話題を呼んでいた。

　学力日本一は○○県だとか、逆に○○県は最下位だとか、この平均点が議会や父母の間で問題になり、過度の競争を呼び、点数の低い都道府県では議会で教育委員会や学校が批判されるなどの状況も見出されていた。また「市町村別の平均点を公開せよ」とか「学校ごとの平均点を公開せよ」といった地方議会での議論もなされたのである。もとより悉皆調査であるから市町村や学校ごとの学力に状況をより正確に把握し、地域や学校の学習指導の改善に役立ててほしいことは、その通りであるが、いたずらに地域格差を前面に押し出したり、点数が高いことから優越感を持つなどの行為は望ましくない。首長や政治家は市町村ごとや学校ごとの結果をオープンにしろと教育員会や学校長にせまる場面も見られたのである。

　学校や教育委員会は地域格差や学校格差が明らかになることから、公開することを極端に嫌がっているところもあるが、個人の成績を公開するのでなく、学校全体や市町村全体の点数なので、本当に秘密にするのが良いことかどうか判断の分かれるところである。仮に平均点が良くなかったとしたならば、学力向上のための施策を打ち出して、次の年に上向くように頑張ればよいのであって、教員の研修、学力向上のために予算をつけるとか、いろいろ対応することができるのではないか。児童生徒が可哀そうだからと、ただひたすら公表しないという判断はどうかと思われる。

10. PISA2018 及び TIMUSS2019 の結果

　最新の PISA2018 によれば、数学的リテラシー及び科学的リテラシーは引き続き世界トップレベルを維持できており、調査開始以降の長期トレンドとしても安定的に世界トップレベルであると OECD は分析している。読解力については、OECD 平均レベルより高得点のグループに位置するが、前回より平均得点・順位が統計的に有意に低下している。読解力の問題で、テキストから情

報を探し出す問題や、テキストの質と信憑性を評価する問題などの正答率が低く、また自由記述問題で自分の考えを他者に伝わるように根拠を示して説明することができていない。生徒のICTの活用状況については、学校の授業での利用時間が短く、学校外でもチャットやゲームに偏っている傾向があるとされた。

PISAの結果では、平成15（2003）年及び平成16（2006）年で日本の平均得点は下がっていたが、文部科学省が学力向上に力を入れた結果、平成21（2009）年及び平成24（2012）年では学力の回復傾向がみられていた。

TIMSSは国際教育到達度評価学会（IEA）が児童生徒の教育到達度を国際的な尺度によって測定し、児童生徒の教育上の諸要因との関係を明らかにするため、平成7（1995）年から4年ごとに実施しているものである。小学校4年生、中学校2年生がIEAの示した基準により調査に参加している。TIMSS2019においては、小学校・中学校のいずれも算数・数学、理科ともに引き続き高い水準を維持しているが、前回調査に比べて小学校理科は平均得点が有意に低下しており、中学校数学は平均得点が有意に上昇している。TIMSSにおいても平成15（2003）年、平成19（2007）年は平均得点が下がっていたが、平成23（2011）年調査では平均得点が上昇していた。

学力向上は世界共通の課題であり、先進国すべての課題でもある。

学力問題はわが国にとっても重要な課題である。特に近年心配なのは、国民の経済的格差がそのまま低学力の子供を生み出しているのではないかという疑問である。豊かな家庭の子どもは学習塾に通い、家庭教師をつけたり、参考書を買って勉学に励んでいるが、貧しい家に生まれた子どもは塾にも行けず、家庭教師にもつけられず、仕事を手伝わせられたりして勉学に励むことが出来ない。その結果が学力に反映しているのだ。

また、わが国が経済発展を遂げた結果、豊かになった日本において、国民の勤勉性に陰りが出てきている。さらに追いつけ追い越せ時代のようにみんなで頑張ろうという気持ちが薄れていることや、GDPが30年以上伸びないことや少子高齢化が進んでいるため、将来への明るい展望を失っていることなど心配な要素は多い（PISA2018及びTIMSS2019のポイントについては図表26及び27参照）。

図表 26

文部科学省・国立教育政策研究所
令和元年12月3日

OECD　生徒の学習到達度調査2018年調査（PISA2018）のポイント

結果概要

＜PISA2018について＞

OECD（経済協力開発機構）の生徒の学習到達度調査（PISA）は、義務教育修了段階の15歳児を対象に、2000年から3年ごとに、読解力、数学的リテラシー、科学的リテラシーの3分野で実施（2018年調査は読解力が中心分野）。平均得点は経年比較可能な設計。前回2015年調査からコンピュータ使用型調査に移行。日本は、高校1年相当学年が対象で、2018年調査は、同年6～8月に実施。

＜日本の結果＞

三分野
- ◆数学的リテラシー及び科学的リテラシーは、引き続き世界トップレベル。調査開始以降の長期トレンドとしても、安定的に世界トップレベルを維持しているとOECDが分析。
- ◆読解力は、OECD平均より高得点のグループに位置するが、前回より平均得点・順位が統計的に有意に低下。長期トレンドとしては、統計的に有意な変化が見られない「平坦」タイプとOECDが分析。

読解力
- ◆読解力の問題で、日本の生徒の正答率が比較的低かった問題には、テキストから情報を探し出す問題や、テキストの質と信ぴょう性を評価する問題などがあった。
- ◆読解力の自由記述形式の問題において、自分の考えを他者に伝わるように根拠を示して説明することに、引き続き、課題がある。
- ◆生徒質問調査から、日本の生徒は「読書は、大好きな趣味の一つだ」と答える生徒の割合がOECD平均より高いなど、読書を肯定的にとらえる傾向がある。また、こうした生徒ほど読解力の得点が高い傾向にある。

質問調査
- ◆社会経済文化的背景の水準が低い生徒群ほど、習熟度レベルの低い生徒の割合が多い傾向は、他のOECD加盟国と同様に見られた。
- ◆生徒のICTの活用状況については、日本は、学校の授業での利用時間が短い。また、学校外では多様な用途で利用しているものの、チャットやゲームに偏っている傾向がある。

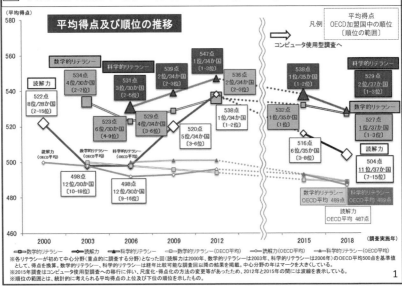

出典：「OECD 生徒の学習到達度調査 2018 年調査（PISA2018）のポイント」国立教育政策研究所

図表 27

国際数学・理科教育動向調査（TIMSS2019）のポイント

ティムズ

【調査概要】

○TIMSSは、国際教育到達度評価学会（IEA）が、児童生徒の算数・数学、理科の教育到達度を国際的な尺度によって測定し、児童生徒の教育上の諸要因との関係を明らかにするため、1995年から4年ごとに実施。

○2019年調査には、小学校は58か国・地域、中学校は39か国・地域が参加。

○我が国では、IEAの設定した基準に従い、小学校4年生約4200人（147校）、中学校2年生約4400人（142校）が参加し、平成31（2019）年2月から3月に実施。
（今回から、筆記型調査とコンピュータ使用型調査を選択することができ、日本は筆記型調査により参加。）

【結果概要】

○教科の平均得点（標準化されており、経年での比較が可能）については、小学校・中学校いずれも、算数・数学、理科ともに、引き続き高い水準を維持している。前回調査に比べ、小学校理科においては平均得点が有意に低下しており、中学校数学においては平均得点が有意に上昇している。

○質問紙調査については、小学校・中学校いずれも、算数・数学、理科ともに、算数・数学、理科の「勉強は楽しい」と答えた児童生徒の割合は増加している。小学校理科について「勉強は楽しい」と答えた児童の割合は、引き続き国際平均を上回っているが、小学校算数、中学校数学及び中学校理科について「勉強は楽しい」と答えた児童生徒の割合は、国際平均を下回っている。

※500点は1995年調査の平均点（TIMSS基準値）であり、それ以降の各調査の国際平均得点は公表されていない。

【平均得点の推移】 ※小学4年生は1999年調査実施せず

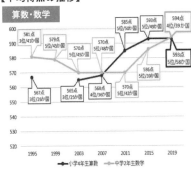

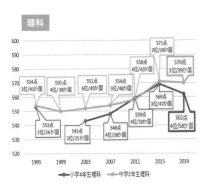

【「算数・数学の勉強は楽しい」、「理科の勉強は楽しい」と答えた児童生徒の割合の推移】

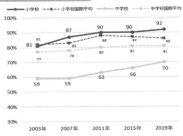

※数値は「強くそう思う」「そう思う」と回答した児童生徒の小数点第1位までの割合を合計し、さらにその小数点第1位を四捨五入したもの。
※国際平均については、調査参加国・地域が毎回異なる点に留意する必要がある。
※質問紙調査は1995年から実施されているが、項目の変化等により経年で比較できるのは2003年以降の調査結果になる。

1

出典：「国際数学・理科教育動向調査（TIMSS2019）のポイント」国立教育政策研究所

第15章　学校の教職員と働き方改革

1. 教師の役割

「教育は人なり」とよく言われる。学校の教員すなわち教師の役割は何か。

（1）教師聖職論

　教師をとらえる視点として、「教師聖職論」があるが、教師は神聖な職務であり、天から与えられた天職であるという考え方である。「順良・信愛・威重」の気持ちを持つことを要求され、献身的な職務態度を求められ、営利を追ってはならず、奉仕的実践をすることが理想とされる。

　明治14年文部省は「小学校教員心得」を公布し、国家の盛衰は小学校教員の良否にかかっており、その任務は極めて重大であるとし、16項目にわたり教員の心得を述べている。

　例えば「人を導いて善良にならしむることは、多識にならしむるより緊要である、皇室に忠にして国家を愛し父母に孝に長上を敬し、朋友に信し・・等人倫の大道に通暁せしめ、己が身をもって模範となり徳性に薫染し善行に感化せしめん」「智心教育の目的は専ら人をして知識を広め才能を長じもってその本分を尽くすに適当ならしむるにある」等々である。

　のちに師範学校令では第1条で「生徒をして順良信愛威重の気質を備えしむることに注目すべきものとす」と定めている。

(2) 教師労働者論

　教師労働者論は、昭和26年日教組の教師の倫理綱領が採択されたが、労働組合を中心に広がり、教師も人間としてその生活を充実、向上させる要求をすることは当然であり、教師も労働者として基本的に労働3権（団結権、団体交渉権、争議権）を持つとしている。

(3) 教師専門職論

　教師は、高い教養と能力の上に、特殊な専門的知識や技術が積み上げられた職業であるとする考え方であり、昭和41年のILO・ユネスコの「教員の地位に関する勧告」では「教師は専門職でなければならない」とされている。
昭和24年「教育職員免許法」が制定され、免許状主義と開放性の原則が定められた。

　免許状主義とは、教員は教育職員免許法により授与される各学校種別、各教科別の教員免許状を有する者でなければならないこととされたことをいう。

　開放性の原則とは、戦前の師範学校教育の閉鎖性や天皇の権威を背負う「絶対的権威」の担い手としての教師像が教え子を戦争に導いたとして批判されていたことから、教員養成を教員養成大学に限定せず、一般の大学でも免許状が出せることとしたことをいう。教員免許は大学における養成が基本であり、学士の学位プラス教職課程の履修（教科に関する科目、教職に関する科目）により教員免許状が出されることとなっている。

2. 学校に置かれる教職員

　学校教育法によれば、第37条第1項で小学校には、校長、教頭、教諭、養護教諭及び事務職員を置かなければならないとされ、第2項で副校長、主幹教諭、指導教諭、栄養教諭その他必要な職員を置くことができるとされている。特別の事情があるときは、教諭に代えて助教諭又は講師を、養護教諭に代えて養護助教諭を置くことができる（図表28参照）。

（1）校長の権限と職務

校長は、校務をつかさどり、所属職員を監督する。

　校務とは、学校の教育目標を達成するために必要なすべての業務をさし、一般的には、①教育課程の運営、②教職員の人事管理、③児童・生徒の教育・指導、④施設・設備の運営管理、⑤その他学校運営に関するすべての事務の管理などが挙げられる。

　教諭の職務である「児童生徒の教育をつかさどる」こととの関連で教師の教育権が主張され、児童生徒への教育指導は教諭の専管事項であり、校長の校務をつかさどることには含まれないとの主張がなされたこともあったが、校長は学校の責任者として学校の行うすべての業務について掌握し責任を負う立場であり、教諭のつかさどる「教育」を含めて学校運営上必要な仕事はすべて「校務」に含まれるものである。

（2）副校長と教頭

　副校長は「校長を助け、命を受けて校務をつかさどる」とされ、校長に事故があるときはその職務を代理し、校長が欠けたときはその職務を行うものである。すなわち副校長は、校長から命を受けた範囲で、校務の一部を自らの権限で処理することができる。

　教頭は「校長（及び副校長）を助け、校務を整理し、及び必要に応じ児童の教育をつかさどる」ものであり、「校長及び副校長に事故があるときは校長の職務を代理し、校長及び副校長が欠けたときは校長の職務を行うものである。教頭は、校長を

図表 28　学校の教職員組織

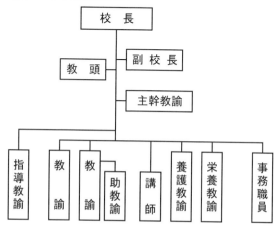

助けることの一環として校務を整理するものである。

　教頭は、明治以来学校に置かれている職であるが、戦後は法令上の位置づけはされていなかった。昭和32年、学校教育法施行規則で教頭の職が置かれたが、このときは「教頭は教諭をもってあてる」とされていて、身分の安定が期待できなかった。昭和43年、教頭を学校教育法上明確に位置づけするための教頭法制化の法案が国会に提出されたが、日教組は強く反対し、与野党の対決法案となり容易に成立せず、昭和49年になってようやく成立した経緯がある。

　副校長は平成19年主幹教諭、指導教諭とともに学校教育法に規定されたものである。

(3) 主幹教諭と指導教諭

　主幹教諭は、命を受けて担当する校務について、一定の責任をもって取りまとめ、整理し、他の教諭などに対して指示することができる。一方、主任は、校長の指導を受け、担当する校務に関する事項について連絡調整及び指導、助言に当たるものである。

　指導教諭は、学校の教員として自ら授業を受け持ち、所属する学校の児童生徒などの実態などを踏まえ、他の教員に対して教育指導に関する指導、助言を行うものである。指導教諭を置くことで、個々の教員の授業力が向上し、各学校において優れた教育実践が行われることが期待されている。

　主幹教諭を置く学校で、教務主任、学年主任、保健主事、進路指導主事、生徒指導主事の担当する校務を整理する主幹教諭を置くときは、それぞれの主任を置かないことができることとされている。

(4) 教諭の職務

　学校教育法第37条第11項で「**教諭は、児童の教育をつかさどる**」とされ、教諭の職務が児童生徒の「教育」にあることは明白である。しかしこの規定を根拠に教員の教育権限の独立ないしその権限を幅広く認める考え方が主張されてきた。「教師の教育権」については、この学校教育法の規定を基に「教育の自由」、憲法第23条の「学問の自由」、旧教育基本法第10条の不当な支配の禁止、

免許状制度などを根拠として様々な説が唱えられてきた。親権委託説、自由権説、専門職説、教育権限独立説、真理代理者説などである。

　学問の自由に基づき、初等中等教育についても教師に教育の自由が認められるかどうかについては、学テ最高裁判決[22] において、普通教育の場においても一定の範囲で「教授の自由」が保障されるべきことを肯定できないではないが、児童生徒に教授内容を批判する能力がなく、教師が強い支配力、影響力を有すること、教育の機会均等を図り、全国的に一定の水準を確保すべき強い要請があることなどを考えれば、教師に完全な教授の自由を認めることは到底許されないとしている。

　教育権限独立説は学校教育法第 37 条第 11 項の規定から、教師に教育内容を決定する権限があるとする説であるが、同じ法律で校長には「校務をつかさどり、所属職員を監督する」権限が定められており到底この説は認められない。逆に教諭は「教育」をつかさどるのであって、学校の仕事の中で、保護者への連絡や学校施設の管理など「教育」以外のことは教諭の仕事ではないとする主張も、到底認められないものである。

(5) 校務分掌と主任制度（図表 29 参照）

　校務分掌とは、校務を処理するための組織を整え、個々の教員に校務を分担させることをいう。校長の職務について述べた「校務」については幅広い分野の業務があり、学校という組織体においては、これらの校務を教職員に適切に分担してもらう必要がある。

　主任の制度化については、学校において調和のとれた学校運営が行われるためにふさわしい校務分掌の仕組みを整える必要があることから、昭和 51 年に、従来から各学校に配置されてきた主任などのうち、基本的なもので、かつ全国的に配置されているものにつ

図表 29　学校主任制（管理職ではない）

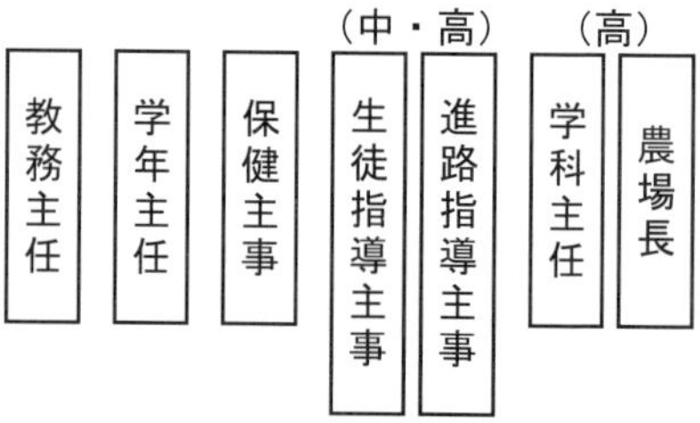

（中・高）　　　（高）

教務主任　学年主任　保健主事　生徒指導主事　進路指導主事　学科主任　農場長

22　前掲 P36　　旭川学力テスト事件　最高裁判所 昭 51.5.21 大法廷　判決最高裁大判

いて、小学校については学校教育法施行規則（現在の第43条、第44条）に規定を置いて定めたものである。**主任の職務は連絡調整、指導、助言**であり、教務主任は、校長の監督を受け、教育計画の立案その他の教務に関する事項について連絡調整及び指導、助言に当たるものである。学年主任は、同じく校長の監督を受け、当該学年の教育活動に関する事項について連絡調整及び指導、助言に当たるものである。保健主事は、同じく校長の監督を受け、小学校における保健に関する事項の管理に当たるものである。

中学校及び高等学校については、これらの主任の他、生徒指導主事、進路指導主事が置かれている。

組合関係者からは、学校の教職員組織については、いわゆる鍋ぶた式で、民主主義が導入された戦後当初は、校長が管理職として存在するほかは新任の教諭も教諭歴30年のベテラン教諭も教諭としては同格であり、フラットな組織として職員会議で民主的に物事を決定していくことが望ましいと主張されていた。学校に管理職は不要だ、職員会議が学校の意思決定機関であり、民主的な話し合いで校務を運営すべきだとの意見である。

したがって、教頭法制化や主任の制度化に日教組は強硬に反対したのである。主任の制度化については、文部省も主任は中間管理職ではないとして、一般の教諭に対して職務命令を出せるものではないとした。一方で、組合は誰を主任にするかについて、職員会議で話し合って決めるべきだとして、校長や教育委員会が任命することについて強く反対していたのである。

(6) 主任手当

主任について、文部省は主任などの職務は、教諭の職務に「連絡調整、指導、助言」の職務を付加したものであり、その負担に見合う適切な処置が図られる必要があるとして、主任などのうち、学校の教育活動の中核的な仕事をしており、その職務の困難性が高いものについて、教育業務連絡指導手当（いわゆる主任手当）を支給することとした。主任手当は職務の困難性を給与上評価し、主任が職務の重要性を自覚し、誇りをもって仕事に当たれるように支給したのである（1日200円、月5,000円）。これに対して、日教組は主任手当を

拠出して、教育委員会にまとめて返還するという主任手当拠出闘争を行っていた。わざわざ千円札にしてトラックで教育委員会に返還するなどして反対行動を行っていたのである。

（7）職員会議の位置づけ

　学校における職員会議は、従来、大学における教授会のような法令上の位置づけがなく、その性格について、①決議機関であるとか、②校長の諮問機関であるとか、③校長の職務を助ける補助機関であるなどの説が述べられていた。条理解釈を唱える学者からは学校の最高決議機関であるなどと主張されていた。そのため卒業式で国旗掲揚・国歌斉唱をするかどうかなどについて、職員会議で決めるべきだとの意見も出されていたのである。

　これについては平成 12 年、学校教育法施行規則の改正により、職員会議の規定が定められた。現行の学校教育法施行規則では、第 48 条第 1 項で、「小学校には、設置者の定めるところにより、**校長の職務の円滑な執行に資するため、職員会議を置く**ことができる」とし、第 2 項で「職員会議は、校長が主宰する」とされている（中学校、高校等にも準用されている）。

3.　県費負担教職員制度について

　公立学校の教職員については県費負担教職員制度があり、この制度は一般の地方公務員とはかなり異なっている。すなわち、指定都市を除く市町村立の小中学校の教職員は、身分は市町村の地方公務員であり、服務監督権者は市町村教育委員会であるが、任命権者は都道府県の教育委員会であり、その給与費は都道府県の負担となっている。なお都道府県の給与費負担については、国から 3 分の 1 の国庫負担が行われている。

　市町村の財政規模が小さくとも、給与費は都道府県が負担するので一定の給与水準を確保することができるし、教員採用も都道府県が行うので一定水準の教職員が確保できることとなり、結果的に零細な市町村であっても、教育水準の維持向上を図ることができるものである。身分は市町村の職員としつつ、都

道府県が人事を行うことで、広く市町村をこえて人事を行い、教職員の適正配置と人事交流を図ることができる制度となっている（県費負担教職員制度については図表30参照）。

なお政令指定都市の小中学校の教職員の給与負担は、平成28年度以前は都道府県の教育委員会であったが、このままだと都道府県は人事権がないのに給与負担だけさせられていた状況であり、改善が求められていた。平成29年度から都道府県と指定都市間で財源移譲の協議が整い、指定都市の教職員については指定都市が給与負担することとなった。

図表30　県費負担教職員制度

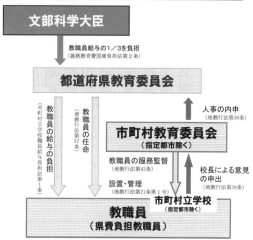

① 市（指定都市除く）町村立小・中学校等の教職員は市町村の職員であるが、設置者負担の原則の例外として、その給与については都道府県の負担とし、給与水準の確保と一定水準の教職員の確保を図り、教育水準の維持向上を図る。

② 身分は市町村の職員としつつ、都道府県が人事を行うこととし、広く市町村をこえて人事を行うことにより、教職員の適正配置と人事交流を図る。

文部科学大臣

教職員給与の1／3を負担
（義務教育費国庫負担法第2条）

都道府県教育委員会

人事の内申
（地教行法第38条）

教職員の給与の負担
（市町村立学校職員給与負担法第1条）

教職員の任命
（地教行法第37条）

市町村教育委員会
（指定都市除く）

教職員の服務監督
（地教行法第43条）

設置・管理
（地教行法第21条第1号）

校長による意見の申出
（地教行法第39条）

市町村立学校
（指定都市除く）

教職員
（県費負担教職員）

（注）地教行法…地方教育行政の組織及び運営に関する法律

※指定都市は、教職員の任命、給与負担、服務監督及び学校の設置・管理を一元的に行い、教職員給与費の1／3を国が負担。

出典：文部科学省「県費負担教職員制度」

4. 公立学校教職員の人事異動

県費負担教職員である公立学校教職員の人事異動は、都道府県教育委員会が行う。全県的視野に立って採用、転任、昇任、退職などの人事を行い、教職員組織の活性化を図る。

公立小中学校の教員の人事異動は、校長が服務監督権者である市町村教育委員会に対し、意見の申出を行い、市町村教委は校長の申出を参考にして都道府

県教育委員会に対し内申を行うが、平成 13 年から内申の際に「校長の意見を付する」こととされた。都道府県教育委員会はこれを受けて、全県的視野に立って教員の人事異動を行うこととなる。平成 16 年からは「学校運営協議会」が設置されている場合、学校運営協議会は任命権者に意見を述べることができることとされ、任命権者はこの意見を尊重するものとされた。これらは、教員の普段の勤務状況を良く知っている校長の意見を、人事異動において尊重することとし、学校運営協議会も同様にその意見を人事異動に反映させることとしたものである。

　一般公務員の採用は競争試験によるものであるが、校長及び教員の採用、昇任については競争試験でなく、任命権者である教育委員会の教育長の行う選考による（教育公務員特例法第 11 条）。

　教職員の人事異動は、各都道府県教育委員会が定める人事異動基本方針によって行われる。**人事異動基本方針**としては 1 つの例であるがおおむね次のような方針が示されている。

　　①教育水準・教育効果の向上のため人事異動を推進する。

　　②適材適所の配置を基本とする。

　　③年齢、性別、経験年数に配慮し、教職員組織の適正化を目指す。

　　④都市部・農村部・僻地間の移動など全県的視野に立って広域人事を推進する。

　　⑤同一校長期在勤者の移動を促進する。

　　⑥小・中・高校・特別支援学校など学校種別間の移動を促進する。

　教員の人事異動は、父母や保護者の関心も高く、厳正公平・信賞必罰を貫き、適材適所の原則にのっとり公正に行われなければならない。教職員のやる気を引き出し、教育効果が上がるような人事を心掛けなければならない。

5.　教員の新採用

　採用とは、現に職員でない者を職員の職に任命することをいい、教員の採用については、学校教育法第 9 条の欠格事由に該当せず、教育職員免許法第 3

条の相当する教員免許状を有することが必要である。公立学校の場合には地方公務員法第16条の欠格条項に該当しないことが必要である。

公立学校の教員の採用は、任命権者である教育委員会の教育長が行う選考による。児童生徒数の減少により、新規採用は減少傾向が続いてきたが、近年退職者の増加により新採用は増えてきている。一方で教員の勤務条件の厳しさから、教職を希望する人が減少する傾向にあり、教員の働き方改革の必要性が高まっている。任命権者は出来るだけ多様な能力・適性を把握できるよう、選考方法の多様化が進められている。

採用試験では、筆記試験、実技テスト、適性試験、面接などに工夫を凝らし、各都道府県でさまざまな改革が進められている。

6. 管理職の登用

校長や教頭の登用については、各都道府県でいわゆる管理職登用試験が行われている。能力・適性・経験などを勘案し厳正公平な選考を行うことが基本となっている。特に優秀な若手、女性教員の登用が求められており、将来を見越した積極的な人事計画が大切である。

管理職の登用では校長と副校長・教頭のコンビネーションが重要であり、指導力のある、リーダーシップを発揮できる校長を登用する必要がある。さらに学校内の人間関係にも配慮すべきであり、学校全体としてカリキュラムの充実、生徒指導の充実、いじめ・校内暴力の防止、地域社会との連携、スポーツや文化・芸術活動の活性化など、様々な観点から学校全体の教育力の向上を図っていかなければならない。「**校長が変われば学校は変わる**」ことも事実であり管理職の登用は重要な課題である。

民間人校長の登用も教育界に新風を吹き込む意味でメリットは大きいが、一代限りで元に戻ってしまうとか、教育界の経験が少ないための軋轢も多く、地道に教育に取り組んでいる教務主任や教頭を経験している実績ある管理職の登用も重要である。

7.　教職員定数について

(1) 義務教育費国庫負担制度について

　公立の小中学校教職員の給与費を国庫負担することは、義務教育無償の原則に則り、教育の機会均等と教育水準の維持向上を図るため実施されてきた。大正7年に市町村義務教育費国庫負担法ができ、義務教育費に対する国の負担責任を明確化した。昭和15年義務教育費国庫負担法ができ、実支出額の2分の1負担とし、市町村への負担から都道府県に対する負担とされた。昭和25年に地方財政平衡交付金に吸収され、一時廃止されたが地方格差の拡大と教育条件の低下を招き、昭和28年義務教育費国庫負担法が復活された。

　この制度は市町村が小中学校を設置・運営、都道府県が教職員を任命し給与を負担するもので、国は給与費の2分の1を原則負担していた。国庫負担教職員数は約70万人、予算額は約2兆5千億円（平成16年度）であった（義務教育費国庫負担制度については図表31参照）。

(2) 県費負担教職員制度

　学校の経費は設置者が負担することが原則である（設置者負担主義）が、市町村立小中学校の教職

図表31　義務教育費国庫負担制度

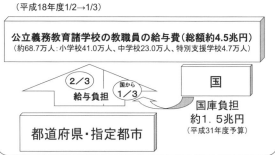

出典：文部科学省「義務教育費国庫負担制度」

員給与費は額が大きく、財政力格差の大きい市町村の負担とすると、教育水準の格差につながってしまう惧れがある。そのため、設置者負担主義の例外として都道府県が市町村に代わって給与費を負担することとされている（県費負担教職員）。県費負担教職員の人事は都道府県教育員会が行っており、広域人事を可能にするとともに、給与負担者と任命権者の一致を図っている（県費負担教職員制度については図表30参照）。

(3) 公立の小学校・中学校における学級編制及び教職員定数について

「**教育は人なり**」と言われるが、学校において優れた資質を持つ教員が子ども一人ひとりに目を配り、適時適切な教育指導ができる仕組みを整え、改善していくことは初等中等教育の基本であり、国は公立の小学校・中学校および高等学校について法律で学級編制および教職員定数の基準を定め、その改善に努めてきた。義務教育については、国は地域間格差が生じないよう、前述した義務教育費国庫負担法により公立義務教育諸学校の教職員の給与費について、給与費の3分の1を原則負担している（平成18年度から国の負担率を2分の1から3分の1に引き下げ）。

学級編制および教職員定数の基準については、義務標準法及び高校標準法の制定以来、数次にわたる教職員定数改善計画を実施し、学級規模の縮小や複式学級の解消などに取り組み、教育の機会均等と教育水準の維持向上に大きな成果を上げてきている（学級編制、教職員定数に関する制度の目的、意義については図表32参照）。

具体的には昭和39年からの第2次定数改善計画において45

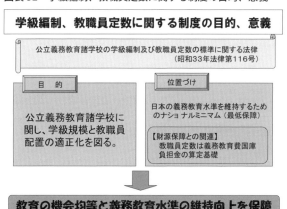

図表32　学級編制、教職員定数に関する制度の目的、意義

出典：文部科学省「学級編制及び教職員定数に関する資料」

143

図表 33　これまでの教職員定数等の改善の経緯

(1) 公立小中学校の学級編成の標準

区　　分	第1次 S 34'～38'	第2次 39'～43'	第3次 44'～48'	第4次 49'～53'	第5次 H 55'～3'	第6次 5'～12'	7次 13'～17'
学級編制の標準	50人	45人			40人 →		→

(2) 公立高等学校の学級編成の標準

区　　分	第1次 S 37'～41'	第2次 半数県 42'～46' 半数県 44'～48'	第3次 49'～53'	第4次 H 55'～3'	第5次 5'～12'	第6次 13'～17'
学級編制の標準	50人	45人			40人 →	→

出典：文部科学省「これまでの教職員定数等の改善経緯」

人学級を実施し、昭和 55 年からの第 5 次定数改善計画において 40 人学級をスタートさせてきた。また 35 人学級については平成 23 年度から小学校 1 学年について実施してきたところである（図表 33　定数改善計画の経緯）。

　なお、令和 3 年義務標準法の一部改正が成立し、4 月から小学校の学級編制基準を現行の 40 人（第 1 学年は 35 人）から 35 人に引き下げることとされた。学級編制の基準を計画的に一律に引き下げるのは昭和 55 年以来、約 40 年ぶりのことであり、少人数学級の実現は、教育現場からの長きにわたり、強い要望であった。改正法の附則で少人数学級の計画的整備として、第 2 学年から第 6 学年まで学年進行で段階的に 35 人とする計画が示されている（令和 3 年は小 2、令和 4 年は小 3、令和 5 年は小 4、令和 6 年は小 5、令和 7 年は小 6）。

　いわゆる義務標準法において、国が義務教育についての学級規模と教職員定数の標準を法律で定めているのは、義務教育の教育水準を維持向上させるため、都市部、農村部、僻地・離島など全国どこでも一定の基準を持って教職員を配置できるよう財政措置を講じ、教育の機会均等の理念を実現するためである。

　また、教職員定数の加配措置については、学習指導要領の改訂に応じて、その時々の必要に応じ外国語教育の充実、習熟度別指導、ティーム・ティーチング、いじめ・不登校への対応、生徒指導への対応など様々な理由から加配する

ことでその時々の教育課題に対応するためである。

　40人学級といっても、これは1クラスの児童生徒の上限が40人ということであり、現実の学級人数はその時々の児童生徒数によって決まる。したがって、現実の学級規模は平均で比較することが現実的であろう。わが国の小学校の1クラスの子どもたちの平均は、小学校で27.2人、中学校で32.1人である（平成30年OECD調査）。OECDの平均では小学校21.1人、中学校23.3人であることから、わが国の1クラス平均人数は国際比較でもかなり多いことが分かる。

8. 三位一体改革（平成17年）について

(1) 三位一体改革のねらい

　国家財政が急激に悪化し、毎年の予算で国と地方の長期債務残高が増大している中で、地方分権を推進し、地方の自主性を尊重するためにも国庫補助金・負担金の削減が大きな課題となっていた。

　小泉内閣において、「地方にできることは地方に」という考え方の下で**国庫補助金の削減、地方への税源移譲、地方交付税の見直しを三位一体で行うべき**だとの方針が示された。この中で、その目玉として文部科学省の約3兆円の義務教育費国庫負担金がターゲットに挙げられたのである。国の関与を縮小し、地方の権限・責任を拡大して、地方分権を一層推進することを目指し、大幅な国庫補助負担金改革を行うべきだとの考えである。

　文部科学省関係では義務教育費国庫負担金について、従来2分の1であった負担率を3分の1に引き下げるべきだとの議論である。文部科学省は強い危機感を抱き、平成16年11月の政府・与党合意では、中教審で結論を得ることとされた。

　文部科学省では負担率を引き下げることで、地方の教育費の負担が大きくなり、結果的に教育の機会均等が失われ、教育水準の維持向上が図れなくなる惧れがあるとの危機感から、地方の教育委員会や知事・市町村長などに2分の1を維持すべく働きかけなどを行った。

(2) 中教審の議論

　義務教育は国全体を通じた重要事項であり、義務教育に必要な財源は確実に確保する必要がある。国はその責務として義務教育の根幹である ①教育の機会均等、②教育水準の維持向上、③義務教育無償性を保証し、国家・社会の存立基盤を維持すべきである。国、都道府県、市町村の協力で学校を支える必要がある。義務教育の基盤整備の重要性を主張し、教職員の養成、配置、給与負担の在り方は基盤整備の中で最も重要だとして、2分の1国庫負担は優れた保証方法であり、維持されるべきだとした。

　地方公共団体の意見は、地方分権の時代であり、地方が自主的・自律的な教育を実現すべきだとして、義務教育費国庫負担金を一般財源化すべきだと主張していた。義務教育費については、文部省もなし崩し的に教材費、旅費、図書費などを一般財源化してきたではないかとの意見もあった。一般財源化することで、市町村によっては国の基準を上回った教育への取組も期待できるし、地方独自の取組ができるとの意見もあった。

(3) 総額裁量性の導入

　義務教育国庫負担金については、従来は給料、諸手当（23 種類の期末勤勉手当、管理職手当）ごとに国の水準を超えるごとに国庫負担の対象外としていたが、総額裁量性を導入し、各都道府県が総額の中で自由に使用可能にするなど大幅な弾力化を図ることとした。

(4) 歴史的経緯

　昭和 25 年から、地方交付税平衡交付金に義務教育費国庫負担金が吸収された時期があった。この時には地方の格差が拡大し、都道府県により大きな格差が生じた。実学級当たりの教員数が減少し、教育条件の低下を招いたのである。そのため昭和 28 年、義務教育国庫負担法が復活したのである。

(5) 三位一体改革の決着

　最終的に平成 17 年 11 月、政府・与党が合意して三位一体の改革が行われ

ることとなった。**国庫負担の割合を2分の1から3分の1に引き下げ、**8,500億円の減額と税源移譲を実施することとなった。

　私個人の意見としては、この時に文部科学省予算の構造を改革する大きなチャンスではなかったかと思う。文部科学省から「三位一体改革に積極的に賛成し、初等中等教育予算8,500億円の減少をのむ代わりに高等教育予算を1,000億円増やして大学改革を実行しよう」と財務省に持ち掛け、旧文部省の予算が初等中等教育中心で高等教育予算が少なかったことを改善するきっかけにすべきではなかったかと思うのである。

　ピンチを千載一遇のチャンスととらえ、高等教育予算の拡充を目指すべきではなかったのかと、とても残念に思っている。

9. 教員の給与について

(1) 人材確保法の成立

　教員の給与については、田中角栄首相の時に、いわゆる「**人材確保法（人確法）**」（昭和49年）が制定され、「**義務教育諸学校の教員給与については、一般の公務員の給与水準に比較して必要な優遇措置が講じられなければならない**」とされていた。昭和48年度から53年度にわたり25％引き上げの予算措置が講じられ、一般公務員と比較して大幅な給与改善が行われた。その結果、教育界に優秀な人材が志願し、教員採用試験の競争倍率も上がり、教員の資質向上に大きな役割を果たしてきた。

　しかしその後の財政状況の悪化などから、平成18年の行革推進法（簡素で効率的な政府を実現するための行政改革の推進に関する法律）で人確法の廃止を含めた見直しが指摘され、平成18年の「骨太の方針」の閣議決定で「人確法の優遇措置の縮減とメリハリをつけた教員給与体系の検討」が求められることとなった。

(2) 給特法の成立

　教員の時間外勤務が社会的な問題となる中で、昭和46年5月いわゆる給特

法（国立及び公立の義務教育諸学校等の教育職員の給与等に関する特別措置法）が、教員の職務は自発性・創造性に期待する面が大きく、一般の公務員と同様な時間管理を行うことは必ずしも適当ではなく、とりわけ時間外勤務手当は教員になじまないとの考えの下で、教員の職務と勤務態様の特殊性を踏まえ制定された。

　この法律で、**教員については**

　①勤務時間の内外を包括的に評価して一律の教職調整額（給料月額の 4%）**を支給する**

　②時間外勤務手当（いわゆる超過勤務手当）**は支給しない**

　③時間外勤務命令はいわゆる超勤 4 項目（ア 生徒の実習、イ 学校行事、ウ 職員会議、エ 非常災害、児童生徒の指導に関し緊急の措置を必要とする場合）**に限定する**こととされた。

　すなわち、教員については超勤手当を支給しない代わりに、一律の教職調整額（給料の 4%）を支給するものであった。

　超勤 4 項目及び 4% の教職調整額については、給特法が制定された当時と現在の教職員の勤務の実態は大きく変化しており、後述する令和元年の給特法の一部改正に関連して、文部科学省が教員の勤務実態調査を実施（令和 4 年を目途）し、給特法の法制的な枠組みを含めて検討することとされている。

(3) 教員の給与の見直し

　人材確保法については、行政改革の観点から平成 17 年 12 月、教職員をめぐる雇用情勢の変化などを踏まえ、廃止を含めた教職員給与の在り方について検討を行い、平成 20 年度に所要の制度改革を行うこととされた。平成 18 年いわゆる行革推進法でも人材確保法の廃止を含めた見直しが規定されている。これらを受けて義務教育国庫負担金のうち人材確保法による優遇分を縮減する措置が取られている。

　一方で、平成 19 年 3 月の中教審「今後の教員給与の在り方について」答申では、メリハリのある教員給与の在り方が議論され、人材確保法は優秀な人材の確保に大きな役割を果たしてきたとし、今後、教員の大量退職時代を迎え、

いかに優秀な教員人材を確保していくかを国策として位置づけていくことが必要であり、人材確保法の意義はますます重要になるとしている。

10. 学校における働き方改革

(1) 教員の時間外勤務の状況

　文部科学省は平成28、29年度において、教員勤務実態調査を実施した。この調査で、教員の勤務時間は平成18年度の調査と比較して増加しており、1週間当たりの学内総勤務時間は小学校教諭で57時間29分、中学校教諭で63時間20分であった。また、1週間当たりの学内総勤務時間数の分布から、小学校教諭の約3割、中学校教諭の約6割は、1週間当たりの勤務時間が、60時間以上に上っていることが明らかになった。

　また、平成18年度調査と比べて、学内の勤務時間が増加した理由として、①若手教員の増加、②学習指導要領の改訂に伴い総授業時数の増加（小学校　1.3コマ、中学校1コマ増）、③中学校における部活動時間の増加（平日7分、土日1時間3分）が挙げられている。

(2) 給特法の一部改正（公立の義務教育諸学校等の教育職員の給与等に関する特別措置法の一部を改正する法律）の制定

　令和元年12月、給特法の一部改正が成立した。わが国の教師の業務は長時間化しており、近年の状況は極めて深刻となっている。教師のこれまでの働き方を見直し、子どもたちに対して効果的な教育活動を行うことができるよう条件を整備することが急務であった。

　ただ、夏休みなど子供たちの長期休業期間中は、教師の業務時間も短くなるので、かつて学校週5日制が実施されていなかった時代、教師には夏休みの休日のまとめ取りが行われていたが、1年単位の変形労働時間制を適用して、教師の休日を確保することが必要であるとして、地方公務員法に労働基準法の読み替え規定を定め、1年単位の変形労働時間制を適用できるようにしたのである。

　また、公立学校の教師の行っている勤務時間外の業務の多くは、管理職の超過勤務命令によるものでないことを踏まえ、教育職員の業務量の適切な管理に関する指針を定めることとされた。1 年単位の変形労働時間制に適用については、令和 3 年 4 月 1 日から、指針の策定については、令和 2 年 4 月 1 日から施行されることとされている。

　学校における働き方改革の実現に向け、教師の上限ガイドライン（月 45 時間、年 360 時間）を指針に格上げし、在校時間の縮減を目指すこととした。また休日のまとめ取りに関しては、令和元年 6 月通知を発し、まとめ取りの推進を図ることとした。ただ、すべての教師に画一的に導入するのでなく、個々の事情を踏まえて適用することとしている。

（3）学校における働き方改革

　文部科学省は、学校における業務の適正化に向けて、平成 28 年タスクフォースを省内に設置し、次世代の学校指導体制にふさわしい教職員の在り方と業務改善を検討してきた。また中教審に対し、平成 29 年 6 月、学校における働き方改革に関する総合的な方策を諮問し、同年 12 月、中教審は「学校における働き方改革に関する総合的な方策（中間まとめ）」を提出した。

　これらを受け、文部科学省は平成 29 年 12 月「**学校における働き方改革に関する緊急対策**」を決定した。文部科学省は事務次官通知で教育委員会に対し次のような指導を行ってきた。

　①各教育委員会は、学校におけるこれまでの働き方を見直し、限られた時間の中で、教師の専門性を生かしつつ、授業やその準備に集中できる時間、教師自らの専門性を高めるための研修の時間や、児童生徒と向き合うための時間を十分確保し、教師が日々の生活の質や教職人生を豊かにすることで、自らの人間性を高め、児童生徒に対して効果的な教育活動を行うことができるよう必要な取組をお願いしたい。

　②勤務時間管理については厚生労働省のガイドラインに基づき、適切に対応してほしい。

③それぞれの**業務を適正化するための取組の要旨**は次のとおり。

- **登下校に関する対応** ⇒ 通学路の安全確保について、地方公共団体が中心になって学校・関係機関・地域の連携を強化する。
- **学校徴収金** ⇒ 学校給食費については公会計化を基本とする。
- **調査・統計等への回答** ⇒ 文科省の調査項目の洗い出しを行い、重複排除に向け整理・統合をする。
- **部活動** ⇒ 適切な活動時間や休養日についての基準の設定やガイドラインを作成する。顧問については教師の勤務負担の軽減や適切な部活動指導の観点から部活動指導員や外部人材の積極的参画を促す。
- **授業準備** ⇒ 教材の印刷、物品の準備や理科の実験準備・片付けはサポートスタッフや観察実験補助員の積極的参画を促進する。
- **学習評価・成績処理** ⇒ 補助的業務は非常勤職員やサポートスタッフの参画を促す。新指導要領による学習評価は中教審による検討を踏まえ、指導要録の様式の簡素化も含め、負担の少ない学習評価の在り方を示す。
- **学校行事等の準備・運営** ⇒ 教科の学習の一部と位置づけられるものは授業時数に含める。
- **指導が必要な児童生徒・家庭への対応** ⇒ スクールカウンセラーやスクールソーシャルワーカーなどの積極的な参画を促進する、保護者などの過剰な苦情や不当な要求に対してはスクールロイヤーなどの専門化の配置を進める。

④学校が作成する計画等・組織運営の見直し ⇒ 統合、スクラップ＆ビルドなどの見直し。

⑤勤務時間に関する意識改革と時間外勤務の抑制。

　　厚労省の「労働時間の適正な把握のために使用者が講ずべき措置に関するガイドライン」において、使用者は労働者の労働日ごとの始業・終業時刻を確認し記録することが示されており、教師の勤務時間管理を徹底する必要がある。登下校時刻の設定、部活動、学校の諸会議は教職員の勤務時間を考慮して設定する。保護者の問い合わせなどについて留守番電話や

メールなどを活用する、部活動については、活動時間や休養日の設定についてガイドラインを示すことなどが示されている。

⑥教職員全体の働き方改革に対する意識改革が重要である。

⑦時間外勤務の抑制のための措置。

政府全体の**「働き方改革実行計画」**において、時間外労働の限度について、原則月 45 時間、年 360 時間と示されていることを参考に、上限の目安を含むガイドラインを検討し、提示することとされている。

（4）学校の働き方改革についての中教審の答申

中教審は、平成 31 年 1 月、「新しい時代の教育に向けた持続可能な学校指導・運営体制の構築のための学校における働き方改革に関する総合的な方策について」答申を提言した。

①基本的な考え方

「教師が長時間勤務で疲弊していくことは子どものためにならない」として「学校における働き方改革の目的は、これまでの教師の働き方を見直し、自らの授業を磨くとともに日々の生活の質や教職人生を豊かにすることで、自らの人間性や創造性を高め、子どもたちに対して効果的な教育活動を行うことができるようになること」だとした。

答申では、学校及び教師が行う業務の明確化・適性化を図るため、これまで学校・教師が担ってきた代表的な業務の在り方に関する考え方を次のように整理している。

基本的に、学校以外が担うべき業務： ①登下校への対応、②放課後、夜間の見回り、補導された子供への対応、③学校徴収金の徴収・管理、④地域ボランティアとの連絡調整
学校の業務だが、必ずしも教師が担う必要のない業務： ①調査・統計への回答、②こどもの休み時間の対応、③校内清掃、④部活動
教師の業務だが負担軽減可能な業務： ①給食指導、②授業準備、③学習評価・成績処理、④学校行事の準備運営、⑤進路指導、⑥支援が必要な子ども・家庭への対応

さらに文部科学省・教育委員会・学校の役割分担の考え方を次のように示している。

【文部科学省】

　ⅰ）　学校における働き方改革の趣旨を、わかりやすく明確で強いメッセージを発出する。

　ⅱ）　社会と学校の連携の起点・つなぎ役としての役割を、前面に立って果たす。

　ⅲ）　在校時間の可視化などを把握し、市町村ごとに公表。

　ⅳ）　学校の業務を追加する際は、スクラップ＆ビルドの原則を徹底。

　ⅴ）　業務の役割分担・適正化のための条件整備。

【教育委員会】

　ⅰ）　業務改善計画の策定・フォローアップ、ICTの活用促進を推進。

　ⅱ）　学校業務を仕分けし、他の主体に対応させるための要請、担い手の確保、スクラップ＆ビルド。

　ⅲ）　保護者や地域住民と教育目標を共有し、理解・協力を得て学校運営を行う体制の構築。

【学校】

　ⅰ）　教職員間で削減する業務を洗い出す。

　ⅱ）　校長の権限と責任で業務を大胆に削減。

②学校の組織運営体制の在り方

　校長、副校長・教頭に加えて、主幹教諭、指導教諭、事務職員などのミドルリーダーがリーダーシップを発揮できる体制を構築し、学校事務の適正化、事務処理の効率化を図る。

③給特法の今後の在り方

　教師の専門性や職の特徴を認識した上で検討した場合、超勤4項目の廃止や36協定が必要だとすることは、現状の追認になり、働き方改革の改善につながらない。また、学校において現実的に対応可能であるとは言えない。給特法の基本的枠組を前提に、働き方改革を行うべきであり、教職調整額の4％

については、中長期的な課題として検討すべきであるとしている。

④文部科学省の対応

　中教審答申を受けて、文部科学省は**「学校における働き方改革に関する取り組みの徹底について」事務次官通知を発出**している。

⑤私の考えと意見

　私も若いころ徳島県県教育委員会の管理課長（教員の人事・給与・定数・学校管理）などの仕事をした経験があり、その後北九州市の教育長をさせていただいた経験からも、「教師が忙しすぎる」点については改善が必要だと考えていた。

　その一方で、教員の先生たちが「うらやましい」と思った点があり、先生達には何百人、何千人もの「教え子」がいて、それぞれ社会で活躍しており、その成長を見守っていくと言う「楽しみ」がある。私のような役人には「教え子」はいないし、官庁の部下はいるが、職務上のつながりはあっても、先生と教え子のような関係は存在しないのである。その点で教師は素晴らしい仕事だと本当に思うし、尊敬すべき仕事だとも確信している。しかし忙しすぎるのは問題である。

　どうすれば、本当に先生たちを「忙しすぎる」ことから守ってあげられるのだろうか。

　以下、私の意見であるが、

　まず第1に「会議を徹底的に減らす」ことだ。学校の先生たちには会議が多すぎる。メールで連絡すれば済むようなことは、メールで済ませればよい。教育委員会からの連絡や調査なども出来るだけ少なくして、とにかく会議を減らしてほしい。

　第2は先生が行わなくても良い仕事は、徹底的に外部に依頼することだ。部活動の指導は、出来るだけ地域のボランティアやスポーツ関係者に任せてはどうか。

　第3に児童生徒の保護者との対応も、出来るだけ一斉メールなどで連絡し、印刷物などの紙媒体の連絡を減らすこと。それとモンスターペアレンツのよう

な話は、出来るだけ外部の弁護士や地域のアドバイザーに相談し活用すべきであろう。

　第4に宿題やその指導などについてもタブレットを活用して、教師の労力を出来るだけ減らすことが必要であろう。

　第5に教育委員会との連絡も出来るだけメールや電話を活用し、直接報告するような案件を減らす必要がある。

　第6に教材や授業研究などで、他の学校の資料や指導案などで良いものがあればできるだけ活用し省エネルギーに徹する。

　第7に運動会や卒業式などの予行演習を省略すべきではないか。自分の経験からも、子供たちは予行演習で膨大な無駄な時間を浪費させられている。運動会や卒業式が整然とキチンと行われることに、どれだけの意味があるのか。ざわざわしたり、不手際があっても大したことではないのではないか。**徹底的に簡素化して学校はそんなところだと来賓の人たちにも思ってもらえばよい**。学校は軍隊ではないので、きちんと整列しなくてもいいのではないだろうか。

　教師の仕事をできるだけ軽減し、本来の教育指導に割く時間を増やしていくことが望ましい。そうはいっても、子どもたち相手の仕事なので突然、事件が起きたりして予想できない仕事が入ってくることも多いであろう。しかし**先生たちが元気に明るく仕事できる環境を整えることは極めて重要なことだと思う**。文部科学省も教育委員会もそのための予算の確保や規制緩和、制度設計に努力してほしいと思う。

第 16 章　教員の免許及び研修について

1.　教員の免許制度について　（教員の免許制度については図表 34 参照）

(1)　幼稚園、小学校、中学校、高校の教員免許制度について

　これらの学校の教員になるためには、学校の種類ごとの免許状が必要である。また中学校及び高校の教員については学校の種類及び教科ごとの免許状が必要である。義務教育学校については小学校及び中学校の免許状が、中等教育学校の教員は中学校及び高校の両方の教員免許状が必要となる。

　特別支援学校の教員は特別支援学校の免許状と各部に相当する学校種の両方の免許状が必要となる。養護教諭は養護教諭の免許状が、栄養教諭は栄養教諭の免許状が必要である。

　教員免許状は 3 種類（専修・一種・二種）あり、申請により、都道府県教育委員会から授与される。

　免許状を授与されるためには、

　①所要資格（学位と教職課程における単位修得、又は教員資格認定試験（幼稚園、小学校、特別支援学校自立活動のみ実施）の合格）を得るか、

　②都道府県教育委員会が行う教育職員検定（人物・学力・実務・身体面）に合格した者

である必要がある。具体的な授与基準などの細則は、都道府県ごとに定められている。

図表 34　教員免許制度について

1. 免許状主義と開放性の原則

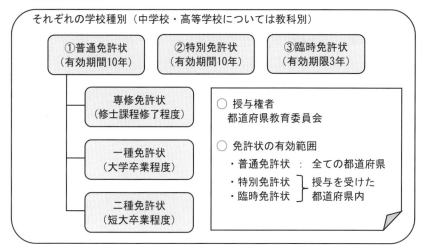

免許状主義

教員は、教育職員免許法により授与される各相当の免許状を有する者でなければならない（免許法第3条第1項）。

開放制の原則

我が国の教員養成は、一般大学と教員養成系大学とがそれぞれの特色を発揮しつつ行っている。

2. 免許状の種類

それぞれの学校種別（中学校・高等学校については教科別）

①普通免許状
（有効期間10年）

②特別免許状
（有効期間10年）

③臨時免許状
（有効期限3年）

専修免許状
（修士課程修了程度）

一種免許状
（大学卒業程度）

二種免許状
（短大卒業程度）

○　授与権者
　　都道府県教育委員会

○　免許状の有効範囲
　　・普通免許状　：　全ての都道府県
　　・特別免許状　┐授与を受けた
　　・臨時免許状　┘都道府県内

出典：文部科学省「教員免許制度の概要」ｐｐｔ

（2）普通免許状

　普通免許状には**専修免許状**（大学の修士課程修了程度）、**一種免許状**（大学の学部卒業程度）、**二種免許状**（短大卒業程度）の３種類がある。

　普通免許状の取得には、基礎資格（修士、学士、短期大学士の学位）とともに、文部科学大臣が認定した「教職課程」において、免許状の種類に応じ、教職専門科目、教科専門科目などの区分ごとに定められた単位の修得が必要である。

　普通免許状は全国の学校で有効であり、すでに教員免許状を有する者については、一定の教員経験を評価し、通常より少ない単位数の取得により、上位区分、隣接学校種、同校種他教科の免許状の授与を受けることができる。有効期間は10年である。

（3）特別免許状

　特別免許状は社会的経験を有する者に、教育職員検定を経て授与されるものであり、任命又は雇用しようとする者の推薦が必要であり、教科に関する専門的な知識又は技能、社会的信望、教員の職務に必要な熱意と識見を有することが求められる。授与を受けた都道府県内の学校でのみ有効であり、期間は 10 年である。

（4）臨時免許状

　助教諭の免許状であり、普通免許状を持つ者を採用することができない場合に限り、教育職員検定を経て授与される。授与を受けた都道府県内でのみ有効であり、期間は 3 年である。

（5）免許状主義の例外

①特別非常勤講師制度

　多様な専門的知識、経験を有する人材を教科の学習に迎え入れることにより、学校教育の多様化への対応や活性化を図るための制度である。教員免許状を有しない非常勤講師が、教科の領域の一部を担当できるものであり、任命・雇用する者が、予め都道府県教委に届出ることが必要である。

②免許外教科担任制度

　中学校・高等学校において、担当する教科の免許状を持つ者を教科担任として採用することができない場合に、他の教科の免許状を有する教諭などが、1 年間に限り、免許外の教科の担任をすることができる制度である。都道府県教育委員会に申請し許可を得ることが必要である。

2．教員免許更新制について

（1）教員免許更新制についての議論

　教員の免許更新制については、「何のために免許更新制を導入するのか」が

議論のあったところである。問題教員や指導力不足の教員に学校現場から離れてもらうためにどうすべきかが議論されていた。

教員の適格性判定のためだとすると、免許状授与時には、本人の教職適格性を判断しておらず、大学の単位を取得しているかどうかのみで免許状を授与しており、教員採用時に採用試験で任命権者や雇用主が教員としての適格性を判断していたのである。したがって免許状の制度として「教員としての適格性を判断」して更新しないとの判断を行うことには無理があると言わざるを得ない。

教育改革国民会議でも議論はあったが、この時には「10年研修の充実」を図ることで対応したのである。

(2) 平成14年2月の中教審答申

中央教育審議会では、平成14年2月「今後の教員免許制度の在り方について」答申がなされている。

ここでは、教員免許更新制の可能性について

　　①教員の適格性確保のための制度としては、免許状は大学において教科、教職などに関する科目について、所要単位を修得した者に対して授与されるものであり、授与の際に人物などについては、適格性を判断しておらず、更新時に教員としての適格性を判断する仕組みは制度上取り得ないとしている。

　　②教員の専門性を向上させる制度としての可能性については、更新のための研修において個々の教員がその力量の維持向上のため日々研鑽に努めることになり、教員の研修全体が活性化する意義があるとしている。

一方で、主な資格についても有効期限を付しているものは存在しないこと、任期制を導入していない公務員制度全般との調整が必要ではないかなど、教員の専門性の向上のためという政策目的を達成するには必ずしも有効な方策とは考えられないとし、**免許更新制にはなお慎重にならざるを得ない**としていた。

(3) 平成18年7月の中教審答申

中央教育審議会は、平成18年7月「今後の教員養成・免許制度の在り方に

ついて」答申で、前回の平成 14 年の答申と異なり**「教員免許更新制について
導入が必要である」**としている。

　この答申では、教員として必要な資質能力は、本来的に、時代の進展に応じ
て更新が図られるべき性格を有しており、教員免許制度を恒常的に変化する教
員として必要な資質能力を担保する制度として、再構築することが必要だとし
ている。教員免許状に一定の有効期限を付し、その時々で求められる教員とし
て必要な資質能力が保持されるよう、必要な刷新（リニューアル）を行うことが
必要であり、このため、教員免許更新制の導入が必要であるとする。

　そのうえで更新制の基本的性格は、不適格教員の排除を目的とするものでな
く、教員が更新後の 10 年を保証された状態で、自信と誇りをもって教壇に立ち、
社会の尊敬と信頼を得ていくという「前向きな制度」であるとする。免許更新
講習の受講により、教員としての専門性の向上も期待できる。

　また、講習を修了できない者の免許状は失効するため、問題のある者は教壇
に立つことができないようにするという効果もある。

　いわゆるペーパーティーチャーは、免許状の再取得が必要となった時点で回
復講習を受講・修了することが適当であるとされた。

（4）教員免許更新制の是非について

　教員免許更新制をめぐっては、中教審でも平成 14 年の答申と平成 18 年の
答申で異なる結論が出されている。平成 18 年の答申では、その時々で必要な
資質能力に刷新（リニューアル）することを目的とするものであり、平成 14 年
の答申で検討した更新制とは、基本的性格が異なるものだとしている。

　学校におけるいじめ、校内暴力、不登校などの増加や指導が不適切な教員の
存在などがマスコミや与党で大きく取り上げられ、指導の不適切な教員に対す
る批判が大きくなっていた。

　教育再生会議の議論においては、当初あった「不適格教員の排除」のためで
はないことを確認した上で、「教員の専門性の向上を図るための制度」として、
教員免許更新制を検討することとした。そして、その時々で教員として必要な
資質能力が保持されるよう、定期的に最新の知識技能の修得を図り、教員が自

信と誇りをもって教壇に立ち、社会の尊敬と信頼を得ることを目的として、**教員免許の更新制を導入することが望ましい**と判断したのである。私も教育再生会議の委員として免許更新制の導入を主張した１人である。

＜教員免許更新制の概要＞（図表35参照）

教員免許更新制の概要は、以下のとおりである。

①平成21年4月1日以降に授与された教員免許状の有効期間は10年間とする。

②免許状の有効期間は、その満了の際、申請により更新することができる。

③都道府県教育委員会は、最新の知識技能の修得を目的とする免許状更新講習を修了した者などについて、免許状の有効期間を更新する。

図表35　教員免許更新制について

免許状の授与	免許状に新たに10年間の有効期限を付す

【趣旨】
その時々で教員として必要な資質能力が保持されるよう、定期的に最新の知識技能の修得を図る制度として、更新制を導入

【具体的な制度設計】
（1）更新要件
有効期限内に免許状更新講習を受講・修了すること（満了前の2年間で30時間）（分割して履修することも可）
（2）講習の開設者
教員養成課程を有する大学を中心として講習を開設（講習内容等について国が認定基準を策定）
（3）講習内容
使命感や責任感等をもって指導を実践できる力、その時々で必要な最新の知識技能を修得するための内容
（4）修了の認定
講習開設者が、国が示す基準に従って、修了を認定する。更新の要件を満たさなかった場合には、免許状は失効するが、更新講習を受講・修了すれば、改めて免許状が授与される

免許状の更新
（1回目）

免許状の更新
（2回目）

出典：文部科学省資料

④免許状更新講習の時間は 30 時間以上とし、講習の内容は

・教育の最新事情（12 時間）⇒ 学校段階や教科にかかわらず共通的な内容を履修。

・教科指導、生徒指導など（18 時間）⇒ 学校段階や教科など、各教員の課題認識に応じた領域を履修。

⑤講習の開設主体は大学や、大学と連携協力して教育委員会などが開設する講習を国が認定する（講習内容などについて国が認定基準を策定）。

⑥講習修了の認定 ⇒ 講習開設者が、国が示す基準に従って終了を認定する。

⑦更新の要件を満たさなかった場合には免許状は失効するが、認定講習を受講・修了すれば、改めて免許状が授与される。

⑧災害その他やむを得ない事由があると認められる場合には、有効期間を延長できる。

⑨施行前に授与された免許状を有している教員などは、10 年ごとに免許状更新講習を修了したことの確認を受けなければならない。講習を修了できなかった者の免許状は、その効力を失う。

（5）教員免許更新制の廃止について

免許更新制については、いくつかの問題点が指摘されている。

①教員の業務が多く、多忙であり、教員の働き方改革が求められる中で 30 時間の講習の受講義務があり、その事前手続き、事後報告など負担が多すぎる。

②更新制で教職についていない人の免許が失効し、教員不足の原因に拍車がかかっている。

③産休や育休代替教員の確保が難しくなっている。

④現職教員が更新を忘れる「うっかり失効」で困っている。

⑤講習の内容について、通常の研修と内容が重複している事例も多い。

⑥免許更新制によって教員の身分が不安定になり、優秀な人材が教職から離れている

ことなどである。

令和3年8月、中教審の小委員会は、「審議のまとめ」で**教員免許更新制の発展的解消**を打ち出している。

　文部科学省は、令和4年の通常国会に免許法改正案を提出する予定であり、令和4年7月1日で免許更新制度を廃止する予定である。教員の働き方改革は重要であり、免許更新制で現職教員の負担が大きいのであれば、10年ごとの研修を充実させ、教科内容のアップツーデートを図ることで免許の更新制を廃止することも1つの選択肢であろう。

3. 教員の研修について

　公立学校の教員については、教育公務員特例法があり、第21条で「教育公務員は、その職責を遂行するために、絶えず研究と修養に努めなければならない」とされ、第22条で「研修を受ける機会が与えられなければならない」とされている。また、授業に支障のない限り、承認を受けて勤務場所を離れて研修を行うことができることや、現職のまま、長期研修を受けることができるとされている。また、任命権者は施設、研修奨励方途その他研修計画の樹立・実施の努力義務がある。

(1) 様々な教員の研修
　研修には、
　①**職務研修** ⇒ 教育委員会が実施する職務として行われる研修
　②**職専免研修** ⇒ 職務専念義務を免除されて行う研修
　③**自主研修** ⇒ 勤務時間外に行われる自主的な研修
　④**その他**、教職経歴に応じた研修、職務・職能に応じた研修、教科指導に関する研修、教職課題に関する研修
　などがある。

(2) 初任者研修
　初任者研修は、新任教員に対して、実践的指導力と使命感を養い、幅広い

知見を身に付けさせるため、新規採用の日から 1 年間実施される研修である。臨時教育審議会の答申を受けて始められた研修である。

　条件付き任用期間を 6 ヶ月から 1 年に延長し、校内研修を週 10 時間以上、年間 300 時間以上行い、校外研修も年間 25 日以上行うものである。また宿泊研修を 4 泊 5 日程度行う（かつては洋上研修として同じ船に乗って日本の周りを航海する研修もあった）。

　教員研修センターでの研修の他、企業・福祉施設での研修、社会奉仕体験活動研修や自然体験活動研修を行うものである。

(3) 10 年経験者研修（教員免許更新制の実施に伴い、現在廃止されている）

　平成 14 年の中教審答申を受けて行われることとなった研修であり、教諭として在職期間が 10 年に達した教員に対して個々の能力、適性に応じた研修を制度化して実施したもの。

　教員一人ひとりの能力、適性等に応じた研修であり、教員研修センターなどで夏休みなど長期休業期間中に研修計画に基づき行われる。事前に授業状況の観察などを通じて個々の教員の能力、適性等について評価し、その結果に基づいて教員ごとに研修計画を作成する。2 ～ 3 学期に夏休みの研修で得た知識・経験をもとに学校内で研修を行うものである。

　この研修は平成 14 年、中教審で教員の免許更新制の検討を行った際に、この時点では 10 年ごとの免許更新制は導入すべきでないとの判断から、10 年経験者研修を実施することとなったものである。

(4) 大学院修学休業制度

　平成 13 年度から、大学院修了程度の専修免許状の取得を促進し、教員の資質の向上を図るため創設されたもの。任命権者の許可を受けて、3 年を超えない範囲で、年単位で専修免許状の取得を目指し大学院で修学するものである。この研修期間中は教員の身分を持つが、職務に従事せず、給与も支給されない。

図表 36　指導改善研修

任命権者は、指導改善研修終了時において、指導の改善の程度に関する認定を行います。
なお指導が不適切であると認定された教員に対しては、免職、教員以外の職への転任、再研修など
の必要な措置を講ずる必要があります。

【指導が不適切な教員の人事管理システムの流れ（イメージ）】

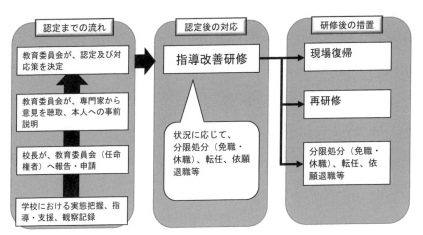

出典：文部科学省資料

(5) 指導力不足の教員に対する対応（指導改善研修）（図表 36 参照）

　教育再生会議の報告を受けて、教育公務員特例法が改正され、「指導が不適切な教員」の人事管理の厳格化が行われた。任命権者は教育や医学、心理学の専門家や保護者の意見を聴いて「指導が不適切な教員」の認定を行う。

　指導が不適切な例としては、

　①教科に関する専門的知識や技術などが不足し、学習指導を適切に行えない。

　②指導方法が不適切で学習指導を適切に行えない、③子どもの心を理解する能力や意欲に欠け、学級経営や生徒指導ができないなどである。

　任命権者は、教育委員会規則で定めるところにより、指導が不適切であることの認定を行うが、精神疾患に基づく場合には医療的観点から分限処分などによって対応する必要がある。認定されれば、原則 1 年の「指導改善研修」を行い、最長 2 年まで延長できる。指導改善研修の後には①現場復帰、②再研修、③分限処分（免職・休職）、転任、依願退職などとなる。

（6）教員研修の重要性

社会の変化、学問の進展に伴い、授業内容のアップツーデートが必要となっており、教員研修は重要な役割を担っている。また教育課程の改訂などにより授業内容の改善、指導方法の改善が必要である他、生徒指導、進路指導、いじめ、不登校などへの対応や、コンピュータ、教育機器の活用や外国語の習得など様々な場面で教員の研修が必要になっている。教員自身の生涯学習の一環としての研修も意義深い。

研修をめぐっては、日教組などが官製研修反対運動を行ってきた経緯がある。教育課程の改訂に伴う研修や初任者研修などについては、組合の反対で妨害行為も行われてきた。また、組合側が自分たちの組合研修に対して職務専念義務の免除を要求するなどの働きかけもあった。

教員研修についての全体像は図表 37 のとおりである。

図表 37　教員研修の実施体系

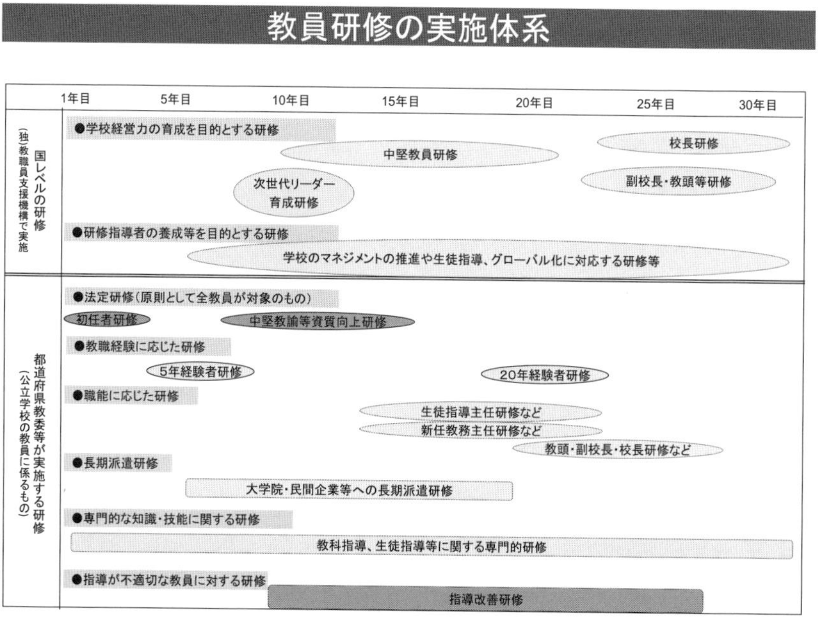

出典：文部科学省教育政策局人材政策課「教員研修の実施体系」

第17章 大学入試改革（高大接続改革）

　大学入試を巡っては、様々な意見があり、すべての人たちから賛成されるような改革は中々難しい。これまでの大学入試改革の歴史を振り返ってみよう。

1. 一期校・二期校制度

　戦後の大学入試改革の足跡をたどってみよう。第2次世界大戦の敗戦後、新制大学が発足したのは旧教育基本法と学校教育法が制定された昭和22年である。

　昭和24年、1県1大学の方針に基づき新設された国立大学の入試制度として、大学を一期校・二期校に分けて入試を行う「一期校・二期校制」が採用された。文部省の大学入学者選抜実施要綱により一期校・二期校のグループ分けが行われたが、その理由は都市部の大学への進学の集中を防ぎ、受験生を様々な地域の大学に分散させることや、東京大学や京都大学などの有名国立大学への複数の受験をさせないなどのねらいがあったと言われている。

　一期校と二期校を区分することについては、学部の偏りが見られることや、一期校の特定の大学で激しい受験競争が行われることとなり、二期校の入試が一期校の合格発表の後であったため欠席者が多かったこと、一期校への優秀な学生の過度の集中や大学の序列化など学歴差別の助長につながるなどとの批判が出ていた。さらに入試問題についても難問・奇問が多いなどの批判が出ていた。

2.　共通一次試験

　昭和 52 年、国立大学共同利用機関として大学入試センターが設立され、良質な問題で高校教育の基礎学力を測ることを目指し、研究を続けてきたが、昭和 54 年、受験地獄を解消し、一度の試験だけでなく面接など多様な面から選考すべきだとの理由などから共通第一次学力試験（以下「共通一次試験」という）が導入された。

　共通一次試験は、国公立大学の入学志願者に対し、全国同一日に同一問題で実施され、試験問題は高校までの一般的かつ基礎的な学習内容を基準に作られており、学力を判断する良質な問題が確保されており、各大学が行う第二次試験との組み合わせで、受験生の能力・適性を多面的・総合的に評価しようとするものであって、1 回限りの学力試験に偏った従来の方法を改め、きめ細かで丁寧な入試の実現を目指したものであった。

　共通一次試験は、原則 5 教科 7 科目のマークシート方式で行われるが、各大学が実施する二次試験では教科数は減少し、面接や小論文、推薦入学、帰国子女・社会人入試などの特別選抜の導入が加速するなど、選抜方法の多様化が図られた。一方で共通一次試験が 5 教科利用を原則としたことなどにより、大学の序列化やいわゆる偏差値輪切りによる進路指導の問題が顕在化したこと、国公立大学のみの入試改革にとどまったこと、各大学の二次試験の改善が必ずしも十分でなく、受験生にとって加重な負担となったこと、などの批判があった。

　昭和 62 年からは、国立大学の試験を 2 つの日程で実施する「受験機会の複数化」が導入されたが、大学によっては大量の入学辞退者が出るなどの問題が出てきた。

3.　大学入試センター試験

　平成 2 年、共通一次試験は大学入試センター試験（以下「センター試験」という）へと名称変更され、国公立大学だけでなく、私立大学も利用できるこ

ととなり、原則5教科でなく、アラカルト方式により、各大学が自由に教科・科目を選択できることとなった。ただ、国公立大学ではセンター試験で大学が指定した教科・科目を受験することが出願資格となっており、多くの大学では5教科7科目を基準としていた。

センター試験の意義としては、

①個別試験との組み合わせにより入試の個性化、多様化が進展した。

②私立大学も含めた入試の改革に役立った。

③難問・奇問が減少した。

④新教育課程の実施に伴う高校教育の多様化を支援できる制度であった。

ことなどが挙げられる。

また平成18年度からは**英語の科目にリスニングテストの導入**を行った。私は事務次官当時、リスニングテストの実施を強く主張したのであるが、それは「多くの日本人が、大学を卒業していても、難しい英語の文章は読めるが話せない」という状況を何とか改善したかったからなのである。当初は反対意見も多く、「リスニングの機器が故障したりして問題が起きる」などの不安があったのだが、私は「何としてでも実現したい」と関係者に強くお願いして何とか実現できたのである。関係者の方々の努力と熱意に心から感謝している。

リスニングテストの実施で、従来から、わが国の大学生は英語の読解や文法はできるが、会話力が諸外国と比べて極端に弱いといった批判に少しでも応えることができたのかなと思っている。**センター試験は平成2年から令和2年まで例年50万人を超える受験者があり、短期間に採点が行われ、精度の高い安定した入試制度として定着してきた**ものであり、私立大学の利用も増加してきており、英語のリスニングテストも含めてわが国の高等学校教育に非常に良い影響を及ぼした入試制度として、高校および大学側からも高い評価を得ていた。

しかしながら、時代の変化に伴い、知識量が重要視されるマークシート式の問題だけでなく、より思考力や問題解決能力が問われる記述式や応用力が求められる問題を追加すべきだとの考えが強くなってきた（大学入試の変遷に

ついて図表 38 参照）。

4.　大学入学共通テスト

（1）　高大接続改革

　教育再生実行会議の第 4 次報告を受けて、**高大接続改革の必要性について、中教審は高校教育の改革と大学教育の改革を一体的に改革することの重要性を強調している。**高校教育について「主体的・対話的で深い学び」（アクティブ・ラーニング）を推進するとともに、**学力の 3 要素**（①知識・技術の習得と、②これを基にした思考力、判断力、表現力、③主体性をもって多様な人々と協働して学ぶ態度）を育成する高校教育の改革と、高校までに培った力をさらに向上・発展させ、社会に送り出すための大学教育の改革を図るとともに、両者を接続する「大学入学者選抜」の改革を連続した 1 つの軸として、一体的に改革することが必要だと

図表 38　大学入学者選抜の変遷について

各大学における入試	課題
昭和 24 年度〜53 年度 ・国立大学 1 期校・2 期校制度 　（1 期校・2 期校より各 1 回受験） 昭和 42 年度 ・推薦入試はじまる	・受験競争による高校教育への悪影響 ・難問・奇問の続出 ・激しい受験戦争

共通一次学力試験	課題
昭和 54 年度〜平成元年度 ・高校の基礎的学習の達成程度を判定 ・難問・奇問を排する ・二次試験との組合わせで多様な入試	・画一的利用で大学の序列化 ・偏差値輪切り ・1 回限りの受験機会 ・私立大学の参加なし

大学入試センター試験	課題
平成 2 年度〜令和 2 年度 ・国公私立大学で利用 ・アラカルト方式（各大学が自由に利用） ・多様な入試資料の 1 つ 平成 2 年度 ・AO 入試はじまる 平成 18 年度 ・英語リスニングテスト導入	・多様な利用で大学序列化・輪切りを是正 ・受験機会の複数化 ・私立大学も参加 ・大学全入時代へ ・AO・推薦入試で入学時学力不問の問題

出典：文部科学省資料

図表 39 「高大接続改革」の必要性

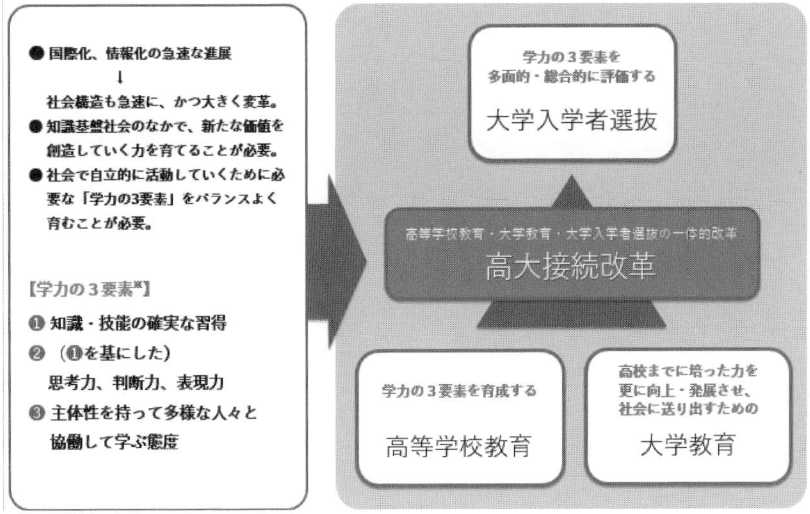

出典：文部科学省「高大接続改革の動向について」

する。高校段階での質保証の取組を踏まえ、大学入学者選抜について、1点刻みの点数を競うのでなく、志願者の学力・意欲・適性・総合的能力を多面的・総合的に評価すべきだという（高大接続改革については図表39参照）。

(2) 1点刻みの入試

　大学入試について、1点刻みの入試で人生が変わってしまうのはおかしいというのが、当時の中教審の安西祐一郎会長はじめ委員たちの意見だが、本当にそうだろうか。昭和のおじさんたちには昔の受験地獄のイメージが残っているのかもしれないが、現在、多くの私立大学では学校推薦型選抜や総合型選抜（旧AO入試）などで、学生の半数以上が入学時の学力検査を受けていない。受験地獄どころか18歳の時点で学力試験による入学試験を受けていない。1点刻みによる受験地獄どころか、そもそも大学に入学するための受験勉強すら全然していない学生も多いのだ。

　また、1点で人生が暗転してしまうと言っているが、大学入試が人生のすべてではないし、入試で落ちても別の面で頑張って元気に生きている人たちは、

たくさんいる。18 歳人口の大幅な減少で、昔とは全く違っている。難関校や医学部などでは現在でも厳しい競争が続いているが、それは限られた人たちの間での競争だ。あたかも昭和の時代の受験地獄がまだ続いているかのような見当はずれの意見に基づいて大学入試センター試験をいじってしまうのが、本当に良いことだろうかと思っていたのである。

(3)　大学教育の質的転換 ⇒ 3 つの方針に基づく大学教育の質的転換

　大学教育の改革については、以下の 3 つの方針を明確にし、大学教育の入口から出口まで一貫したものとして構築し、大学教育の質的転換を目指すことが求められている。

　　①ディプロマ・ポリシー（卒業認定・学位授与の方針）

　　②カリキュラム・ポリシー（教育課程編成・実施の方針）

　　③アドミッション・ポリシー（入学者受け入れの方針）

　また、認証評価制度の改善として、3 つの方針を共通評価項目として認証評価に反映することが求められている。

(4)　大学入学者選抜改革

　大学入学者選抜改革については、学力の 3 要素の多面的・総合的評価が求められており、①「**大学入学共通テスト**」の導入と、②個別の入学者選抜の改革が求められている。

　大学入学共通テストの実施方針において、国語、数学については、記述式問題を導入することと、**英語の 4 技能（読む、聞く、書く、話す）** を適切に評価するため、民間で実施する資格・検定試験を活用することとされた。個別入学者選抜の改革としては、明確な「入学者受け入れの方針」に基づき、学力の 3 要素を多面的・総合的に評価する選抜に改善することとし、入学者選抜についての新たなルールの設定や調査書・提出書類の改善が求められている。

(5)　性急な改革の失敗

　平成 29 年、英語のテストにおいて、4 技能（読む、聞く、話す、書く）を適切

に評価するため、民間などが実施する資格・検定試験を活用する方針が示された。英語の成績提供システムを導入することとしたのである。

　これは、民間の英検（実用英語技能検定）やTOEFL、TOEIC、GTEC、TEAP、ケンブリッジ英検などを活用するということであるが、これらの異なった資格・検定試験の点数をどのように比較するのか難しい課題がある。

　CERFという欧州評議会が定めた対照表を使うとしても、とても公正・公平で厳密な比較ができるとは思われない。

　問題点はいくつもある。

　　①民間事業者を儲けさせるだけで、公正・公平な学力の判定ができない。

　　②目的や内容の異なる試験の成績をCERF対照表で本当に比較できるのか。

　　③経済的理由や地理的条件で民間試験を受験できない受験生に不利であり、公正・公平な制度とは言えない。

　　④障害のある受験生への配慮が不十分である。

　　⑤なぜ民間試験を共通テストで利用しなければいけないのか、民間業者との癒着はないと言えるのか。政治家の圧力があったのではないか。

　　⑥コロナ禍で民間試験の実施が安定的にできると言えるのか。

　　⑦文部科学省は事務的に、本当に公正・公平な試験ができると思っていたのか。

　当初から、受験生や高校関係者からは心配する意見が多かった。

　結論的には令和7年度の入試から導入するという方針を見直し、実施を見送ることとしたのである。この判断は正しいと思う。

　新しい大学入学共通テストは50数万人もの受験生が受けるテストであり、しかも早急に結果を出す必要がある。このようなテストで本当に4技能を測れるだろうか。むしろ必要であれば、各大学が2次試験で丁寧に実施すべきではないか。民間業者が喜ぶだけであり、何のために大学入学共通テストで実施する必要があるのか、当初から疑問が指摘されていた。

　中教審の「1点差で人生が変わってしまう」という判断や、4技能の重要性を強調するあまり、地域格差や経済的格差を無視した性急な改革は失敗したのである。もっと時間をかけて、公平性や公正性に配慮した上で、慎重に実施を

検討すべきではなかったのか。そもそも 1 点差で人生が変わってしまうといった過去の受験地獄を想定した、中教審の「昭和の頭の古いおじさん」たちの判断が間違っていたのではないか。

(6) 大学入学共通テストの国語、数学での記述式問題の導入の断念

　大学入試センター試験は、平成 2 年から令和 2 年まで 50 万人を超える受験生のため、公平、公正で制度の高い安定した試験制度として活用されてきた。

　教育再生実行会議が平成 25 年にセンター試験を廃止し、新しいテストの導入を提言しているが、センター試験を改善・改革することで記述式の問題を増やすことは実現できたのではないだろうか。いたずらにこのような性急な改革が本当に必要であったのか、もっと時間をかけて真剣に検討する必要があったのではないか。

＜大学入学共通テストでの記述式問題導入についての問題点＞

考えられる問題点はいくつか挙げられる。

　①質の高い採点者の確保ができるのか ⇒ 学生アルバイトによる採点などとんでもない。

　②採点者の主観が入らない公正・公平な採点ができるのかなど、採点精度の問題がある。

　③採点結果と自己採点の不一致が起きる。

　④大学に採点結果が速やかに届くのか、成績提供時期の遅れが生じないか。

　⑤民間事業者の活用というが、利益相反になるのではないか。

　⑥採点をめぐる制約から評価できる力に限界がある。

　文部科学省の「**大学入試の在り方に関する検討会議**」は、令和 3 年 7 月、令和 7 年の大学入学共通テストにおける**英語の民間試験の活用と記述式問題の導入について**「**実現は困難**」とする提言を示した。これを受けて文部科学省は、導入の断念を正式に決定した。

　一方、提言では、各大学の個別試験では、いずれも導入を進めていくべきだとして、推進策の充実も盛り込まれている。

5. 本当に必要なのは、大学卒業程度認定試験ではないか

　これは、私の持論であるが、大学のカリキュラムについては学習指導要領がない。大学の教授には学問の自由があり、大学の授業でどのような内容の教育を行うかは各大学の教授任せである。教授たちは自分の研究に近い分野を教えることに専念していて、学問分野を網羅的に教授することを考えていない。

　その結果、学生たちは経済学部を卒業しても経済学全体の知識がなかったり、基本的な経済学の原理さえ学んでいない学生がいる。法学部でも同じであり、憲法や民法、刑法の基礎的な事柄を学んでいない学生が法学部を卒業している。理学部や農学部、工学部でも同じような傾向があるのではないか。

　その意味で、基本的な学部について、それぞれの大学卒業程度の基本的な知識・技術を身に付けているかどうかを判定し、証明する**「大学卒業程度認定試験」**をぜひ実施してほしいと願っている。公的な機関が実施するのが望ましいが、民間の機関で全国的にそれぞれの学部の権威ある先生たちを集めて実現されることを期待している。これが出来れば、大学生の就職試験にも大いに役立つのではないだろうか。

第18章　大学審議会と大学改革の推進

1.　大学審議会の設置

　臨時教育審議会は、第2次答申（基本答申）で「わが国の高等教育の在り方を基本的に審議し、大学に必要な助言や援助を提供し、文部大臣に対する勧告権を持つ恒常的な機関」としてイギリスの**ユニバーシティー・カウンシル**のような大学審議会の創設を提言した。「**大学の自治を尊重しつつ、わが国の高等教育について恒常的に検討するとともに、内外の動向や各界各方面の要望を受け止め、広く各方面の英知を結集して、高等教育の在り方を基本的に審議し、大学に必要な助言や援助を行う場として大学審議会（仮称）を創設すべきだ**」としている。

　文部省は従来から高等教育政策については、大学の自治、学問の自由を尊重し、国立大学については予算編成の過程において各大学の重点要望に応えて大学の設置や学部、研究所の新設など予算措置を通じて、その発展を支えてきたものであり、私立大学についても経常費補助を中心に私学の自主性を尊重する中で、私学振興事業団（現　日本私立学校振興・共済事業団）の融資や、私立大学や学部の設置認可を通じてその自主的な発展を支えてきた。文部省は、いうなれば設置者管理行政を中心に行っていたのであり、初等中等教育行政と異なり、文部省自らが高等教育政策を打ち出すことは比較的少なかったのである。

　臨教審はこの点に着目し、「これではだめだ、今後は高等教育政策についても大学審議会を設置して積極的に検討し、高等教育政策を立案・策定すべきだ」

と指摘したのである。

　大学審議会は文部大臣の諮問に応じ答申を行うほか、自ら調査研究を行い、情報の収集・提供を行い、大学制度の基本や大学の計画的整備と見直しなどの事項を扱うものである。臨教審答申を受けて、大学審議会は昭和62年9月に発足することとなり、大学審議会はこの後平成13年1月まで存続している。平成

図表40　大学審議会による大学改革の概要

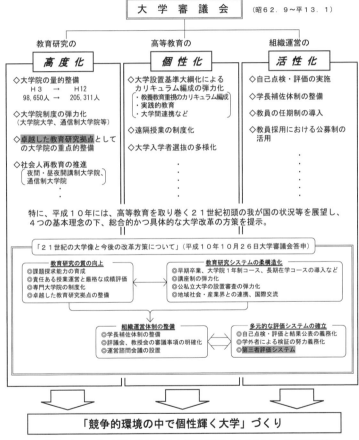

出典：中央教育審議会 大学分科会（第53回）議事次第 ［資料7-3］大学の構造改革について

13 年からは審議会の統合・再編成で中央教育審議会の大学分科会となった。

　大学審議会では、大学改革の 3 つの柱として、①教育研究の高度化、②高等教育の個性化、③組織運営の活性化が掲げられており、文部省はこの方針に従い、次のような改革を進めてきた（図表 40 参照）。

(1) 教育研究の高度化

　大学における教育研究の高度化を図るためには、欧米の大学と比べて大学院生が少ないことがわが国の大学の問題点であった。

　このため**大学院の量的整備を図る**こととし、平成 3 年には約 10 万人しかなかった大学院生を平成 14 年には約 22 万人まで倍増させた。さらに卓越した教育研究拠点の整備を図るため、ライフサイエンス、ナノテクノロジー、環境、IT 関連分野の整備を進めた。また**大学院制度の弾力化**を進め、大学院大学や通信制の大学院など新しいタイプの大学院の設置を進めるとともに、入学資格や修業年限の弾力化のため飛び入学や修士 1 年制コース、長期在学コースなどの導入を進めた。

　さらに**専門職大学院の創設**や、社会人再教育の推進のため**夜間・昼夜開講制の大学院**や科目等履修生制度の活用などの背策を推進した。また産業界との連携を深め寄附講座や企業との共同研究・受託研究の増加を進めた。

(2) 高等教育の個性化

　大学設置基準の大綱化によりカリキュラム編成の弾力化を図り、大学ごとに特色あるカリキュラムの編成ができるようにするとともに、特定分野で特に優れた資質を有する学生の 17 歳入学を認める**飛び入学制度の導入**や 4 年未満の在学で卒業できる特例の導入、**単位互換の拡大**を行った。飛び入学の制度は小渕内閣・森内閣のときに「教育改革国民会議」の報告で取り上げられた施策であった。また**責任ある授業運営と厳格な成績評価**を求め、FD（ファカルティ・ディベロップメント）[23] の実施、学生による授業評価、シラバス[24] の作成

23　FD ⇒教員が授業内容の方法を改善し、向上させるための組織的な取組の総称。
24　シラバス⇒教員が学生に示す各講義・授業の授業計画の大要。

など授業の質的向上の取組を進めた。

(3) 組織運営の活性化

自己点検・評価の義務化とともに**外部評価の実施**を進めるため大学評価・学位授与機構の創設を行った。また大学の質の向上に資するため、大学を評価機関が定期的に評価することとし、その結果を公表することとした。

さらに**講座制の弾力化**を図り大学の教員組織を講座・学科目に限らず、各大学で自主的に決定できるようにした。管理運営体制の明確化を図るため**副学長の整備や評議会、教授会の役割を明確化**した。また**大学の設置認可手続きの簡素化・弾力化**を図り、大学の設置・学部の設置の審査期間の短縮を図り2年審査を1年審査とするほか、学科の審査の弾力化を図った。さらに教員の流動化を図るため**任期制の導入・公募制の推進**を行った。

文部省はこれらの施策の推進で、社会の要請に的確に応え、国際的にも評価される特色ある大学づくりを目指したのである。

2. 21世紀の大学像と今後の改革方策
⇒ 競争的環境の中で個性が輝く大学

平成10年10月、大学審議会は「**21世紀の大学像と今後の改革方策について**」という答申を行っており、前述した3つの基本方針とも関連するが、**各大学がそれぞれの理念・目標に基づき**様々な方向に展開しつつ、**多様化、個性化を図って発展すべきだ**としている。

すなわち、最先端の研究を志向する大学、総合的な教養教育を重視する大学、専門的な職業能力の育成に力点を置く大学、地域社会の生涯学習に力を注ぐ大学、大学院中心の大学などそれぞれの目指す方向で多様化・個性化を図りつつ発展していくべきだとする。特に、卓越した教育研究拠点としての大学院の形成、支援を図っていくべきだとして、客観的で公正な評価に基づき研究費や施設設備費の資源を集中的・重点的に配分することの必要性を強調している。

さらにわが国の大学が世界トップレベルの大学と競争して発展していくた

めには、自己点検・評価の充実を図るとともに、**第三者評価のシステムの導入が必要**だとしている。いずれにしても「競争的環境の中で個性が輝く大学」を目指すべきだとしている（大学審議会中心の改革については図表40参照）。

3. 国立大学の法人化について

(1) 大学の構造改革の方針

　平成13年、小泉純一郎内閣において構造改革が大きな議題となっていた。国立大学についても例外でなく、民営化論者である小泉総理は、私が事務次官の時であるが「国立大学を民営化すべきだ、なぜ国立大学が98校も必要なのか」と強く民営化を指示されたのである。

　私たちは仰天し、大変困ったのであるが、当時、国立大学は国の機関であり、教職員は国家公務員であった。国立大学は明治以来、百数十年続いてきたものであるが、考えてみれば国立大学が国の機関である必要が本当にあるのだろうか。世界でも非常に珍しい例であり、国立大学には法人格もない。

　総理のご意見のように民営化はできないが、新しく「国立大学法人」のような組織を作り、それが設置者になって大学を管理運営することとし、経営に民間的発想の経営手法を導入し世界最高水準の教育・研究ができるようにするという発想はどうかと考えたのである。小泉総理にこの方針を説明すると「わかった。それでやれ」と理解していただいたのである。

＜大学の構造改革の方針＞ （図表41参照）

　平成13年6月、文部科学省は「**大学（国立大学）の構造改革の方針**」を打ち出した。そこでは、

　　第1に国立大学の再編・統合を大胆に進めるとし、各大学や分野ごとの状況を踏まえ再編・統合をすることとし、再編統合でスクラップ＆ビルドの発想を取り入れ、活性化を目指すとした。

　　第2に国立大学に民間的発想の経営手法を導入することとし、大学役員や経営組織に外部の専門家を登用、経営責任の明確化により機動的・戦略的に大学を運営することとした。

その上で能力主義・業績主義に立った、新しい人事システムを導入し、新しい「国立大学法人」に早期に移行することとした。

第3に大学に第三者評価による競争原理を導入し、評価結果に応じた資金を重点配分することとし、国公私を通じた競争的資金を拡充し、国公私「トップ30」を世界最高水準に育成することとした。

(2) 国立大学の法人化について ⇒ 国立大学法人

平成9年、行政改革会議の最終報告において、大学の自主性を尊重しつつ、教育・研究の質的向上を図るという長期的な視野に立った検討を行うべきであ

図表41　国立大学の構造改革の方針

平成13年6月

大学（国立大学）の構造改革の方針
－活力に富み国際競争力のある国公私立大学づくりの一環として－

1. 国立大学の再編・統合を大胆に進める。
   - ○各大学や分野ごとの状況を踏まえ再編・統合
     - ・教員養成系など → 規模の縮小・再編（地方移管等も検討）
     - ・単科大（医科大など）→ 他大学との統合等（同上）
     - ・県域を越えた大学・学部間の再編・統合　　など
   - ○国立大学の数の大幅な削減を目指す
   - **⇒ スクラップ・アンド・ビルドで活性化**

2. 国立大学に民間的発想の経営手法を導入する。
   - ○大学役員や経営組織に外部の専門家を登用
   - ○経営責任の明確化により機動的・戦略的に大学を運営
   - ○能力主義・業績主義に立った新しい人事システムを導入
   - ○国立大学の機能の一部を分離・独立（独立採算制を導入）
     - ・附属学校、ビジネススクール等から対象を検討
   - **⇒ 新しい「国立大学法人」に早期移行**

3. 大学に第三者評価による競争原理を導入する
   - ○専門家・民間人が参画する第三者評価システムを導入
     - ・「大学評価・学位授与機構」等を活用
   - ○評価結果を学生・企業・助成団体など国民、社会に全面公開
   - ○評価結果に応じて資金を重点配分
   - ○国公私を通じた競争的資金を拡充
   - **⇒ 国公私「トップ30」を世界最高水準に育成**

出典：文部科学省資料

るとされていたが、これを受けて、文部省は大学の自主性を尊重しつつ、大学改革の一環として検討することとし、調査検討会議の最終報告を受けて国立大学法人法を国会に提出した（国立大学法人化の経緯については図表42参照）。

　国立大学については、行政改革の一環として独立行政法人とすべきだとの強い意見があったが、国立大学の現状を踏まえ、教育・研究に特化した法人として、その在り方を定めたのである。

　その特徴は次の5点に集約される。

図表42　国立大学法人化の経緯

・平成9年12月　行政改革会議「最終報告」
　（国立大学の法人化について）大学の自主性を尊重しつつ、研究・教育の質的向上を図るという長期的な視野に立った検討を行うべきである。

・平成11年4月　閣議決定
　国立大学の独立行政法人化については、大学の自主性を尊重しつつ大学改革の一環として検討し、平成15年までに結論を得る。

・平成14年3月　調査検討会議
　新しい「国立大学法人」像について最終報告。

・平成14年6月　閣議決定
　国立大学の法人化・・・を平成16年度を目途に開始する。

・平成15年7月　国立大学法人法成立

・平成16年4月　国立大学法人化

図表43　国立大学法人化の目的　- 競争的環境の中で、活力に富み、個性豊かな大学 -

・大学としてのビジョンの明確化
　→「中期目標」などを通じ、大学の理念や改革の方向性を明確化

・責任ある経営体制の確立
　→ 学外理事を含む役員会を設置、学長中心の経営体制を確立

・大学の裁量の大幅な拡大
　→ 非公務員型。国の諸規制の大幅な緩和等により裁量を拡大

・第三者による評価の実施
　→ 国立大学法人評価委員会による事後評価と、大学評価・学位授与機構による教育研究に関する専門的評価

・情報公開の徹底
　→ 毎年度の実績報告書や財務諸表を通じて、社会への説明責任を果たす

出典：文部科学省資料

①まず、6年間の「中期目標」などを通し、大学の理念や改革の方向性を明確化することとし、学外理事を含む役員会を設置し、責任ある経営体制を確立するため学外者を半数以上とする経営協議会と教学の責任者による教育研究評議会を置くこととした。

②教職員は非公務員型とし、国の規制を大幅に緩和し大学の裁量を拡大した。

③また、国立大学法人評価委員会による事後評価と、大学評価・学位授与機構による教育研究に対する専門的評価を行うこととした。

④さらに情報公開を徹底し、社会への説明責任を果たすこととしたのである。

⑤学長の選任については従来の教職員の投票によって決定されるのでなく、学長選考会議が責任をもって行うこととした。

国立大学法人化の目的については図表43、**国立大学法人の仕組み**については図表44を参照されたい。国立大学法人法は平成16年4月から施行されている。

図表44 国立大学法人化の仕組み

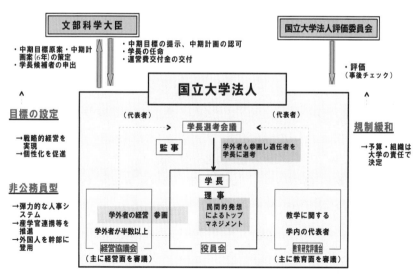

出典：文部科学省資料

4. 国立大学法人となって

(1) 法人化は失敗したのか

　国立大学が法人化して、国（文部科学省）の一機関であり、教職員が国家公務員であり、その運営が国の特別会計としての文部科学省の予算によって運営されていた時代から、国立大学法人として独立の法人格を取得し、国立大学法人としての自主的な運営に任され、大学として自主性、独立性を保ち、大学として自由にその特殊性を生かした運営ができるようになったことの効果は大きい。

　一部には法人化して、運営費交付金が毎年減らされ、無理やり改革ばかり押し付けられる状況となったのは、法人化したからだとして、法人化を否定する意見もある。ただ、予算が減らされたのは、国家財政が悪化し、少子高齢化の影響で、社会保障関係の予算が毎年 1 兆円規模で膨らみ、国債費の増大とともに、文教・科学技術関係予算が他の分野の予算とともに厳しい状況になっていることに原因があるのであって、私は、国立大学を法人化したこと自体が間違っていたとは思っていない。

　財政悪化については、日本の国全体として税収の確保が大きな課題であり、消費税の増税など国民が嫌がる増税でも、日本国の将来のため、政治家は勇気をもってこれから生まれてくる世代に付けを回さないよう、しっかりと税収を確保する政策を打ち出すべきであろう。ただ、そうはいっても国立大学法人化は、他の独立行政法人とともに行政改革の一環であり、政府全体としては、財政支出の抑制を考えていたのではないかとの考えは残るかもしれない。

　国家財政全体で考えると、平成 2 年度の社会保障費は 11.6 兆円であったが、令和 3 年度は 35.8 兆円となっている。政府全体の歳出予算は、平成 2 年度が66.2 兆円であり、令和 3 年度は 106.6 兆円であった。借金である公債金は平成 2 年度が 5.6 兆円、令和 3 年度は 43.6 兆円であった。公共事業、教育、防衛費などの予算は平成 2 年度 25,1 兆円から令和 3 年度 26.1 兆円であるに過ぎず、社会保障費以外の予算はほとんど伸びていない現状である。

（2）法人化の具体的なメリット

　法人化して、大学の自由度が高まり、従来規制などでできなかったことが大幅に増加した。

　①法人化以前は制度的にできなかったが法人化で可能となったこと
- 一流研究者を特別な給与待遇で招聘すること。
- 教員について裁量労働制を導入すること。
- 外国人の理事などの幹部への採用。
- 教員給与について年俸制を導入すること。
- 予算執行の自由化。
- 学生の成績優秀者への授業料免除（以前は経済的理由が必要であった）。
- 学長裁量経費による事務系幹部の採用。
- TLOへの大学からの出資。

　②以前も一定の制約の下で可能だったが、法人化後は大学の裁量で可能となった事例
- 教員の企業への兼職・兼業。
- 外部からの人材の機動的・柔軟な採用・活用。
- 予算の翌年度への繰越使用。
- 研究センターなどの組織の自由な設置・人員配置。

　③以前も可能であったが、法人化により取組が促進されているもの
- 学長のリーダーシップにより戦略的・重点的な資源配分が促進されている。
- 産学連携・外部資金の獲得などに積極的に取り組んでいる。
- 教員への任期制の導入の拡大。
- 大学の個性や社会のニーズに対応した研究に重点化。
- 学生の就職支援の充実。
- 教育の質の向上や教育効果の検証が進んでいる。

5.　中教審による大学改革の推進

(1) 省庁再編による文部科学省の設置 (平成13年1月)

　省庁再編に伴い、文部省と科学技術庁の統合が行われ、平成13年1月、文部科学省が発足した。行政改革の一環として審議会の統廃合が進められ、同年、大学審議会は中央教育審議会の大学分科会となった。

(2) 中教審の「我が国の高等教育の将来像」答申 (平成17年1月28日) (図表45参照)

　中教審は中長期的な構想のもとで、平成27年から平成32 (令和2) 年頃までを想定して、わが国の高等教育の将来像を描いた。

　その基本的な考え方は、**21世紀は「知識基盤社会」**(knowledge-based society) の時代であるとして、知識基盤社会では、高等教育は個人の人格形成上も国家戦略上も極めて重要であると位置づけた。

　世界各国で高等教育改革が行われている。明治以来、わが国の教育は今日の繁栄・発展の基礎として大きな成功をしてきた。しかし、戦後久しく、高等教育の経済的基盤についての議論は活発ではなかった。

　今日、高等教育の量と質について根本的な議論が不可避になっている。**現代は「国の高等教育システムや高等教育政策そのものの総合力が問われる時代」**だとして、国は、将来にわたって高等教育に責任を負う必要があると述べている。すなわち、高等教育の危機は社会の危機であり、新時代の高等教育によるわが国社会の持続的発展が求められているとする。

　答申は平成32 (令和2) 年頃までを想定し、18歳人口が減少して120万人程度となり、大学の収容力も100％となり、今までの「高等教育計画の策定と各種規制」の時代から「将来像の提示と政策誘導」の時代に入ったとの認識を示している。

　大学の設置などの抑制方針は撤廃し、高等教育の多様な機能と個性・特色の明確化を図るとともに、高等教育の質の保証が重要な課題だとしている。

　答申では、高等教育の多様な機能と各大学ごとの個性・特色を一層明確化すべきだとして、多様化・機能分化の例として7つの例を示した (図表45参照)。

①世界的研究・教育拠点

②高度専門職業人の養成

③幅広い職業人の養成

④総合的教養教育の実施

⑤特定の専門分野の教育・研究の実施

⑥地域の生涯学習の拠点

⑦社会貢献機能

　答申では、高等教育の発展を目指した社会の役割として、高等教育への公財政支出の拡充と民間資金の積極的導入に努める必要があるとし、高等教育への公財政支出を欧米諸国並みに近づけていくよう、最大限の努力が必要だとしている。図表46に示すように、わが国の高等教育に対する公財政支出は欧米諸国の2分の1に過ぎない。

　この答申で示した各大学の役割を大学の特色ごとに示したのは、画期的な事であった。それまでのわが国の大学は、特に国立大学はどこも東京大学や京都大学を目指し、研究や教育の面で、何とか少しでも東京大学に近づこうとする努力を払っていたのであって、この答申で初めてすべての大学が東大を目指す

図表45　わが国の高等教育の将来像（平成17年）

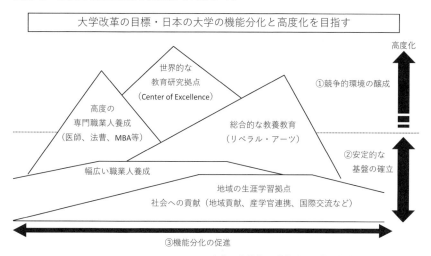

出典：中教審の「我が国の高等教育の将来像」答申

のでなく、その特色を生かし、発展していくことを目指すべきだとの考えを示したものである。

(3) 新時代の大学院教育（平成 17 年 9 月）（図表 47 参照）

　中教審はさらに平成 17 年 9 月、「**新時代の大学院教育─国際的に魅力ある大学院教育の構築に向けて**」という答申を行い、「**大学院教育の実質化**」を打ちだした。すなわち各大学院はどのような人材を養成しようとしているのか、その目的や役割を明らかにすべきだとし、国際的な通用性、信頼性の向上が重要であるとしている。

　この答申では、**大学院の修士課程を、幅広く深い学識の涵養を図り、研究能力や高度の専門的な職業を担うための卓越した能力を培うもの**とした。

　また、**博士課程を、研究者として自立して研究活動を行うに足る、又は高度の専門性が求められる社会の多様な方面で活躍し得る高度の研究能力とその基礎となる豊かな学識を養うもの**とした。

　大学院教育の実質化として、教育課程の組織的展開を強化し、国際的な通用性、信頼性の向上を謳っている。コースワークの充実・強化や円滑な博士の学位の授与、教員の教育・研究指導能力の向上を指摘しており、特に**産業界な**

図表 46　高等教育機関に対する公財政支出の対 GDP 比（平成 15 年）

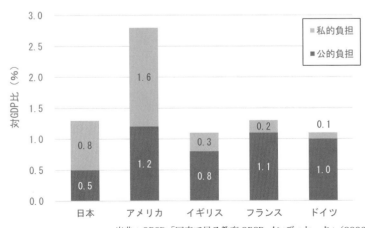

出典：OECD「図表で見る教育 OECD インディケータ」（2006 年版）

ど社会のニーズと大学院教育のマッチングが必要だとしている。従来のわが国の大学院教育が、教授の専門分野の研究の補助であったり、教授の専門分野の一

図表 47　大学院教育の改善

「新時代の大学院教育」（2005 年中教審答申）
平成 17 年
①大学院教育の実質化 ②国際的な通用性・信頼性の確保 ③国際競争力のある卓越した教育研究拠点の形成

グローバル化社会の大学院教育 （2011 年 1 月中教審答申）平成 23 年
学位プログラムとしての大学院教育の確立 グローバルに活躍する博士の養成

部を深く掘り下げるだけで極めて狭い分野しか学ばないため、企業や社会から大学院教育が評価されてこなかった現実がある。**大学院教育振興のためのプラットフォームを策定**し、体系的・集中的に施策を展開することが重要だとしている。大学院教育の質の確保が国際的な通用性、信頼性の向上のため必須であろう。

　大学院教育の実質化については、私は「実質化」ということは、**今までの大学院教育が「形式化・形骸化」している**ことを、中教審が公式に認めたことになり、本当にそれで良いのかとあきれたのである。今までの大学院教育が、教授の研究分野を深堀りして大学院生に教えることが中心となっていて、社会の必要性や時代の要請に十分応えていないため、企業や社会は大学院教育を信頼せず、修士や博士の称号をあまり尊重していないのだと思う。答申は大学院のコースワークの充実・強化が必要だとしているが、研究科において体系的な教育課程を組んで大学院生に組織的・計画的な学修をさせ、産業界など社会のニーズと大学院における教育のマッチングを図り、企業などにおいても修士や博士の学位を尊重して実力を評価してもらえるように大学院教育を改善すべきだとしている。

　文部科学省はこの答申のフォローアップとして大学院教育の振興施策要綱を作り、世界の多様な分野で大学院修了者が活躍できるよう、実質化の進捗状況や課題を検証することとしたのである。

(4) グローバル化社会の大学院教育 （平成 23 年 1 月）（図表 47 参照）

中教審が平成 23 年 1 月に出した「グローバル化社会の大学院教育」答申は、前述した「新時代の大学院教育」を受けて文部科学省が作成した「大学院教育振興施策要綱」（平成 18 ～ 22 年度）の実施期間が終了した平成 23 年度以降の「施策要綱」の策定のため大学院教育の実質化の進捗状況などを検証するものであった。

実質化の検証では、多くの大学院においてコースワークの充実など大学院教育の実質化に向けた取組が実施されているとした。予算措置でグローバルCOE プログラムや大学院 GP（グッドプラクティス）などの支援を受けている大学院は博士課程を含め体系的な教育への改善が確実に実施されているとした。

一方で**博士課程（後期）**については、

①博士の学位がどんな能力を保証するのか不明。

②博士課程（後期）の教育が、教授の研究活動の範囲にとどまり、産業界の期待に応えていない。

などの問題点が指摘されている。

欧米やアジアでも国際競争力強化のため優れた資質能力を備えた博士人材の養成を強化しており、わが国でも博士課程教育の飛躍的な充実が急務だとしている。

大学院教育の改善方策として、**「学位プログラムとしての大学院教育」の確立が必要**だとする。専攻単位で人材養成の目的や学位の授与要件、修得すべき知識・能力の内容を具体的に示す必要がある。その上で、コースワークから研究指導へ有機的につながりを持った体系的な大学院教育を確立すべきだとしている。

また学生の質を保証する組織的な教育・研究指導体制の確立を求めている。グローバルに活躍する博士を養成するため学位プログラムとして一貫した博士課程教育の確立が必要だとしている。成長を牽引する世界的な大学院教育拠点の形成のため、予算措置で支援されている 21 世紀 COE プログラム[25] やグローバル COE プログラム[26] などの国際的に卓越した教育研究資源を土台として

25 　21 世紀 COE プログラム⇒わが国の大学が世界最高水準の研究教育拠点を形成し、研究水準の向上と世界をリードする創造的な人材育成を図るため、重点的な支援を行う予算プログラム（H14～）（COE とは center of excellence）。

26 　グローバル COE プログラム⇒ 21 世紀 COE プログラムの後継プログラムで国際的に卓越した教育研究拠点の形成を重点的に支援するプログラム（H24 ～）。

図表 48　学部教育の改善

```
「学士課程教育の構築に向けて」（2008 年中教審答申）平成 20 年
・各大学において明確化すべき 3 つの方針
　①学位授与の方針
　②教育課程編成・実施の方針
　③入学者受け入れの方針

・学士力の内容
　①知識・理解　専攻する学問分野の体系的な理解
　②汎用的技能　コミュニケーション力、倫理的思考力、問題解決能力
　③態度・志向性　自己管理力、チームワーク、倫理観、責任感
　④総合的な学習経験と創造的思考力
```

世界を牽引するリーダーを養成する、世界的な大学院教育の拠点整備を推進すべきだとしている。

　私見であるが、文部科学省の高等教育への予算が、厳しい財政事情もあってトータルとして減額されたり、プログラムが廃止されるなど困難な状況が続いている。世界との国際競争に勝ち抜くためには、グローバル COE のような競争的な予算を大幅に増額することこそが重要である。高等教育への戦略が、国家の発展に直接つながっていることを財務省や政治家の方々はぜひ認識してほしい（大学院教育の改善については図表 47 参照）。

（5）学士課程教育の構築に向けて（平成 20 年 12 月）（図表 48 参照）

　平成 20 年 12 月、中教審は「学士課程教育の構築に向けて」答申を出し、大学は学位授与の方針を具体化・明確化し、積極的に公開すべきだとした。**ディプロマ・ポリシー**、すなわち「学士力」の内容を明らかにして「卒業すれば何ができるか」、知識・理解、スキル（技能）、態度・志向性、創造的思考力、総合的な学習経験などを明らかにすべきであるとしたのである。

　　＜学士力に関する主な内容＞
　　①知識・理解（文化、社会、自然など）
　　②汎用的技能（コミュニケーションスキル、数量的スキル、問題解決能力等）
　　③態度・志向性（自己管理力、チームワーク、倫理観、社会的責任など）
　　④総合的な学習経験と創造的思考力

　またカリキュラム・ポリシー、すなわち「教育課程編制・実施の方針」を明確にし、体系的なカリキュラムの編成方針を明らかにすべきであるとした。

- ・順次性のある体系的な教育課程を編成。
- ・国は分野別のコア・カリキュラム作成を支援。
- ・学生の学習時間の実態を把握し、単位制度を実質化。
- ・成績評価基準を策定し、GPA[27] などの客観的な評価基準を適用。

　さらにアドミッション・ポリシーすなわち「入学者の受け入れ方針」を明確化し、大学と受験生のマッチングを図り入試方法などの改善を図るべきだとした。

- ・入試方法を点検し、適切に見直す。
- ・初年次教育の充実や高大連携を推進。

　加えて、教職員の職能開発のため FD（ファカルティ・ディベロップメント）および SD（スタッフ・ディベロップメント）[28] を充実させることを求めた。

(6) 新たな未来を築くための大学教育の質的転換に向けて（平成 24 年 8 月）

　平成 24 年 8 月、中教審は「新たな未来を築くための大学教育の質的転換に向けて」という答申を行い、生涯学び続け、主体的に考える力を育成する大学をめざすべきだとした。

　将来の予測が困難な時代にあって、大学改革に対する期待が高まっている中で、一方で学生の学修時間が短いとして、国民、産業界、学生はすべて学士課程教育の改善の到達点に不満足であり、学長・学部長も授業外の学生の学修時間について不満足であり、高校生の学修時間も中間層で勉強時間が半減しているとして危機感をあらわにした。

　答申では学士課程の教育の質的改善のため、教育課程の体系化、組織的な教育の実施、シラバスの充実、全学的な教学マネジメントの確立が必要であり、教員中心の授業科目編成から、学位プログラムとしての組織的・体系的な教育課程に転換すべきであるとした。

27　GPA ⇒ Grade Point Average　大学の各科目の成績から特定の方式により算定された学生の成績評価値、大学の成績を簡単に数値化したもの。
28　SD（スタッフ・ディベロップメント）⇒ Staff Development　教職員全員が、大学運営などに必要な知識・技能などを身に付け、資質・能力を向上させるための研修。

図表 49 2040 年に向けた高等教育のグランドデザイン（図表 1 再掲）

2040年に向けた高等教育のグランドデザイン

（中教審答申　平成30年11月26日）

| 必要とされる人材像 | ⇒ | 普遍的知識・汎用的技能を文理横断的に身に付ける
論理的思考力をもって社会を支え、改善する資質 |

| 大学は学修者本位の教育へ転換 | ⇒ | 学生が何を身に付け、何ができるか |

大学の教育研究体制
・多様な学生
・多様な教員
・多様で柔軟なプログラム
・柔軟なガバナンス
・大学の強みを発揮

教育の質の保証
・全学的な教学マネジメントの確立
・学修成果の可視化と公表
・設置基準の抜本的見直し
・認証評価の充実

大学を支える投資⇒コストの可視化とあらゆるセクターからの支援の拡充

図表 50 2040 年を見据えた社会（図表 2 再掲）

・SDGs（持続可能な開発のための目標）
　　⇒ 全ての人が必要な教育を受け、その能力を最大限に発揮し、平和と豊かさを享
　　　受できる社会
・Society5.0・第 4 次産業革命
　　⇒ 今では想像もつかない仕事に従事、幅広い知識をもとに新しいアイディアや構
　　　想を生み出せる力が強みに
・人生 100 年時代
　　⇒ 生涯を通じて切れ目なく学び、すべての人が活躍し続けられる社会
・グローバル化
　　⇒ 独自の社会・文化を踏まえ、多様性を受け入れる社会システムの構築
・地方創生
　　⇒ 知識集約型経済を活かした地方拠点の創出と、個人の価値観を尊重する社会

（7）2040 年に向けた高等教育のグランドデザイン（平成 30 年 11 月）

　中教審は平成 30 年 11 月「2040 年に向けた高等教育のグランドデザイン」
答申を行っている（第 1 章の記述と関連する部分が多い）（図表 49 参照）。

① 2040 年の展望と高等教育が目指すべき姿

＜ 2040 年頃の社会変化の方向＞（図表 50 参照）

・SDGs（持続可能な開発のための目標）⇒ すべての人が教育を受け、その
　能力を最大限に発揮でき、平和と豊かさを享受できる社会。
・Society5.0・第 4 次産業革命 ⇒ 現時点では想像もつかない仕事に従事、

幅広い知識をもとに、新しいアイディアや構想を生み出せる力が強みに。

・人生 100 年時代 ⇒ 生涯を通じて、切れ目なく学び、すべての人が活躍し続けられる社会へ。

・グローバル化 ⇒ 独自の社会の在り方や文化を踏まえた上で、多様性を受け入れる社会システムの構築へ。

・地方創生 ⇒ 知識集約型経済を活かした地方拠点の創出と、個人の価値観を尊重する生活環境を提供できる社会へ。

＜必要とされる人材像と高等教育のめざすべき姿＞

・**予測不可能な時代を生きる人材像** ⇒ 普遍的な知識・理解と汎用的技能を文理融合的に身に付ける ⇒ 時代の変化に合わせて積極的に社会を支え、論理的思考力をもって社会を改善していく資質を有する人材。

・**学修者本位の教育への転換** ⇒ 何を学び、身に付けたか ⇒ 個々人の学修成果の可視化 ⇒ 学修者が生涯学び続けられるための多様で柔軟な仕組みと流動性。

＜高等教育と社会の関係＞

・**知識の共通基盤** ⇒ 教育と研究を通じて、新たな社会・経済システムを構築、成果を還元。

・**研究力の強化** ⇒ 多様で卓越した「知」はイノベーションの創出や科学技術の発展に寄与。

・**産業界との協力・連携** ⇒ 雇用の在り方や働き方改革と高等教育が提供する学びのマッチング。

・**地域への貢献** ⇒「個人の価値観を尊重する生活環境を提供できる社会」に貢献。

②教育研究体制─多様性と柔軟性の確保

・**多様な学生** ⇒ 社会人や留学生を積極的に受け入れ。

・**多様な教員** ⇒ 実務家、若手、女性、外国籍など多様な人材を登用。

・**多様で柔軟な教育プログラム** ⇒ 文理横断・学修の幅を広げる教育、時代の変化に応じた迅速かつ柔軟なプログラム編成。

・**柔軟なガバナンス** ⇒ マネジメント機能や経営力を強化、大学の連携を強化。

・**大学の多様な「強み」の強化** ⇒ 大学の強みや特色を明確化。

③**教育の質の保証と情報公表**

・全学的な教学マネジメントの確立。

・学修成果の可視化と情報公表。

・設置基準の見直し。

・認証評価制度の充実。

④**18 歳人口の減少を踏まえた高等教育機関の規模や地域配置**

・社会人、留学生を含めた多様な価値観の学生が集まるキャンパス。

・**2040 年は 18 歳人口が 88 万人（平成 29 年の 74%）、大学進学者が 51 万人（平成 29 年の 80%）。**

・国公私の役割分担。

⑤**高等教育を支える投資** ⇒ コストの可視化とあらゆるセクターからの支援の拡充

　以上のように、この答申では、2040 年を展望して国連の SDGs「すべての人が平和と豊かさを享受できる社会」を目指し、予測不可能な時代を生きる人材像が求められるとし、**学習者本位の教育への転換**を進めるべきだとする。

　高等教育と社会の関係について、知識の共通基盤を構築し、研究力の強化、産業界との協力・連携を進め、地域への貢献を図るべきとする。さらに教育研究体制について多様な学生、多様な教員、多様で柔軟な教育プログラムを編成し、大学の多様な強みを強化すべきとする。また教育の質の保証と情報の公表を求め、学びの質保証を再構築すべきだとする。さらに 18 歳人口の減少を踏まえた高等教育機関の規模や地域配置が検討されるべきだとしている。

＜高等教育を支える投資＞

　2040 年のわが国の高等教育について、本格的な人口減少の中、社会を支え、国民が豊かな生活を享受するためには、高等教育がイノベーションの源泉となり、地域の知の拠点として確立し、学修者一人一人の能力を最大限伸長するこ

とで、未来を支える人材を育成する役割が期待されている。**国力の源である高等教育には、引き続き、公的支援の充実が必要**であり、そのためには、社会のあらゆるセクターからの投資が求められていて、民間からの投資や社会からの寄附などの支援も重要である（財源の多様化が必要）。

　私見であるが、グローバル化が進み、世界的大競争の時代となっているが、日本がこれから先発展していくためには、**大学・大学院の教育研究の発展なくして、日本の将来はない。**

　しかし、極端な少子高齢化社会となって高齢者の医療費、介護費用、社会保障経費が毎年 1 兆円以上膨らんでおり、国債に頼らざるを得ない厳しい予算状況の中で、文部科学省の教育・研究に対する予算の大幅増加が望めない状況となっている。大学の競争力がそのまま国の競争力に直結する時代になっているのに、大学関係予算が毎年削減されるなど間違った政策が行われている。

　私は、重要な政府の支援は 2 つあると考えている。

　第一は**大学の基盤的経費をしっかり支援する**ことである。すなわち国立大学法人の運営費交付金と私立大学の経常費補助金を充実し毎年増額していくことが必要である。第二は**競争的教育研究資金の充実**であり、かつてのグローバルCOE、大学院 GP、教育 GP、グローバル COE などの競争的資金の充実を図るべきである。スーパーグローバル大学創成支援事業や卓越大学院プログラム、大学の世界展開力強化事業などの優れた競争的資金の拡充が求められている。

　また大学における基礎研究を振興するために、**科学研究費補助金の大幅な充実が必要**だと考えている。　多くの先進国は大学への競争的教育研究資金を充実させてきており、世界と競争していくためにもこれらの競争的資金を増やしていくことが重要である。

　21 世紀の先進国は、どこも経済の停滞、少子高齢化による市場の縮小と生産人口の減少、社会福祉費用の増大に悩んでいる。このような情勢の中で、わが国が厳しい国際競争に勝ち抜き、発展していくためには、知の拠点である大学に投資してイノベーションを起こしていくしかないのである。

　一方で大学側もその教育・研究の質の向上を図り、国や社会の発展のために貢献していく必要がある。**大学は「何を学び、どんな知識・技術を身に付けさ**

せたか」を明確に示していく必要がある。そのためには、全学的な教学マネジメントを確立し、大学教育の内容の改善、教育方法の改善を図り、授業の内容を充実させていかなければならない。

また学修成果の可視化を図り、情報公開を進めていく必要がある。卒業認定を厳格化し、学生が真剣に勉強しなければ卒業できないようなシステムを取り入れるべきであろう。

企業や社会は「大学卒」の資格について、具体的な大学名をみて、本当に大学卒業の実力があるかどうかの判断を行っているのが現実であろう。

現在高卒認定試験は文部科学省が行っているが、繰り返しになるが、これに加えて**「大学卒業程度認定試験」**のような試験を考えてはどうかと思う。すなわち経済学部であれば、最低限「経済学」について、「この程度の知識・技能・問題解決力・問題対応力などを持つべきだ」と考えられる試験を行い、大学の行う卒業認定に加えて「第三者機関認定試験の経済学合格」などの認定を行う制度を、各学部ごとに独立行政法人や民間機関で作ってはどうかと思う。客観的で公正・公平な試験が出来れば、企業なども採用試験に活用できるのではないか。

いずれにしてもより厳しい卒業認定や学士の学位が求められている。私見であるが**大学改革の今後の具体的戦略**として図表 51 を提案してみたい。

図表 51　大学改革の今後の具体的戦略

大学改革の今後の具体的戦略

グローバル化の進展、国際競争の激化、
18 歳人口の減少を見据えた生き残り策

①大学・大学院教育の質の保証
②グローバル人材の育成（大学の国際化の推進）
　→教員の 30% は外国人に、授業の 30% は英語で、学生の 30% は留学生に！
③大学間のネットワークの構築・大学間連携
④イノベーションの源泉となる学術研究の推進

第19章　国立大学の法人化と予算の課題

1. 国立大学の法人化

　国立大学の法人化については、第18章で述べているように、平成9年に「行政改革会議」の最終報告で「国立大学については・・・独立行政法人化は、大学改革方策の一つの選択肢となり得る可能性を有しているが、これについては、大学の自主性を尊重しつつ、研究・教育の質的向上を図るという長期的視野に立った検討を行うべきである」とされた。平成11年には、「国の行政組織等の減量、効率化等に関する基本的計画」において独立行政法人化については、大学の自主性を尊重しつつ大学改革の一環として検討し、平成15年度までに結論を得ることとされていた。

　前述したように、平成13年6月、文部科学省が小泉総理に示した**大学（国立大学）の構造改革の方針**においては、

　　①国立大学の再編・統合を大胆に進める ⇒ スクラップ＆ビルドで活性化。

　　②国立大学に民間的発想の経営手法を導入する ⇒ 新しい国立大学法人に早期移行。

　　③大学に第三者評価による競争原理を導入する ⇒ 国公私「トップ30」を世界最高水準に育成するという方針を示した。

　その後、「国立大学等の独立行政法人化に関する調査検討会議」において平成14年最終報告が出され、平成15年2月「国立大学法人等関連6法案」が閣議決定され、衆・参の国会審議を経て7月に法案が成立し、平成16年4月

から国立大学法人が成立した。

2. 学長選考会議について

　法人化以前は国立大学の学長の決定は教職員の投票で行われていた。戦後、民主主義が導入されるとともに、戦前のように文部大臣が一方的に任命するのでなく、学長の選任は民主的に教職員による選挙によることが望ましいと考えられ、実質的には投票で決められてきた。

　ただ世界を見ても学長が教職員の選挙により選ばれている国は少ない。アメリカでは学外者が多くを占める理事会が学長を選任している。イギリスでは経営の最終決定権を持つカウンシルが学長を任命する。

　国立大学法人においては学外の有識者も参加した学長選考会議が学長の選任を行うこととされた。多くの大学では意向投票と称して、誰が学長にふさわしいと教職員が考えているかについて、意見を集める方法が行われているが、これは学長選考会議が学長を選考するに当たり参考にするにすぎず、**最終的に決定権を有するのは学長選考会議である**。

　文部科学大臣は、国立大学法人の原案に配慮して当該大学の6年間にわたる大学運営の基本的な方針を、「中期目標」として設定・公表し、国立大学法人に示す。国立大学法人は、中期目標を達成するための「中期計画」として作成し、文部科学大臣の認可を受けることとなる。中期目標の設定および中期計画の認可に当たっては、文部科学大臣は国立大学法人評価委員会の意見を聴くこととされている。このように第三者評価を行うことにより、大学運営の質的向上と説明責任を確保することとされている。

　国立大学法人と一般の独立行政法人との違いは、次のとおりである。

　　①国立大学法人における教育研究の特性（自主性、自律性、専門性、長期性）に常に配慮する。

　　②運営組織として役員会は教学・経営の両面の重要事項を議決するが、教育研究に関する重要事項については学内代表者を含めた教育研究評議会が審議し、経営に関する重要事項については学外有識者を半数以上とす

る経営協議会で審議する。

③中期目標期間は 6 年とし、あらかじめ各大学の意見を聴き、その意見に
　配慮して定める。

④学長を法人の長とし、学長選考会議の選考に基づき文部科学大臣が任命
　する。解任についても学長選考会議の申出により行う。

⑤評価については、国立大学法人評価委員会が、大学評価・学位授与機構
　の行う教育研究評価の結果を尊重しつつ、総合的に評価する。

3. 法人化以前は制度上できなかったが、法人化で可能になった事例

前述したとおり、法人化により可能となった事例は次のようなものがある。
　・特別な給与で一流の研究者を招聘できるようになった。
　・年俸制を導入することができるようになった。
　・裁量労働制の導入が可能となった。
　・外国人を幹部に登用できるようになった。
　・予算執行の自由化。
　・成績優秀者への授業料免除ができる。
　・学長裁量経費により事務系幹部人事ができるようになった。
　・TLO への出資が可能となった。

4. 法人化以後の状況

明治以来、国立大学は文部科学省の一機関であり、教職員はすべて国家公務員
で、予算はすべて文部科学省が決定していた。国の行政組織としての制度（予算・
人事など）が適用され、教育研究の柔軟な展開に制約があったのである。

国立大学法人化は、国立大学を国の機関から切り離して国立大学法人として独立
させ、教職員は非公務員となり、規制を緩和して大学に大幅な裁量権を与え、学長
を中心にした経営体制を確立し、大学独自の教育・研究活動に専念できる体制を作っ
たものである。役員や経営協議会委員、学長選考会議委員として、学外者の経営参

画を法定化し、法人の経営に参画できるようにした。また中期目標（大学側の意見に配慮）に基づき、学長を中心に法人運営が行われるようになった。

その意味で**大学の自由度が拡大し、特色を生かした教育・研究活動ができる体制が整った**といえよう。また、学外の知見の活用と国の行政組織としての諸規制の緩和により、例えば民間企業との共同研究が増加するなど、様々な成果が出ている。

一方で、国の財政状況の悪化に伴い、国立大学への運営費交付金が削減されてしまったことは極めて問題であった。国立大学の運営費交付金は毎年1%ずつ削減され、10年間で法人化した平成16年度の1兆2,415億円から平成25年度の1兆792億円へと大幅に削減されてきた（図表52参照）。高等教育への公財政支出の対GDP比を比較すれば、OECD各国が平均1%であるのに対し、日本は約0.5%であり、日本が最低となっている。

5. 大学性悪説について

苅谷剛彦氏は「政府あるいは戦後の日本は大学、特に日本の大学を性悪説で

図表52　国立大学の運営費交付金の推移

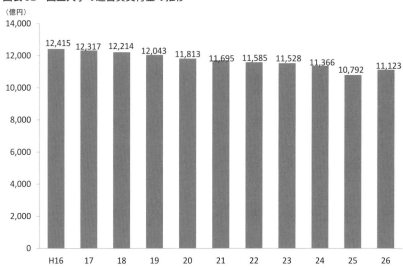

（億円）

H16	17	18	19	20	21	22	23	24	25	26
12,415	12,317	12,214	12,043	11,813	11,695	11,585	11,528	11,366	10,792	11,123

出典：「国立大学の運営費交付金の推移」文部科学省作成

考えている」と主張している[29]。

そしてこれが大前提となって、そこからすべての政策が行われているのではないかと指摘している。確かに、政治家や日本の企業経営者の多くは、わが国の大学が「旧態依然とした大学制度」にしがみついており、「社会のニーズの変化に迅速に対応できていない」と思っているかもしれない。

しかし、苅谷氏は「旧態依然とした大学制度」という見方が当を得ていたのか、さらに、旧態依然とした大学を変えるために、「弾力化・柔軟化」や「多様化・個性化」を促す改革を行っても、それが実際に社会のニーズに対応できる人材の育成になるのかどうか、明確な根拠が示されていないと疑問を呈している[30]。

そして、バブル経済崩壊後、日本経済の低迷に対し、犯人捜しをしなければならないとして、グローバル人材を育成できない大学、社会の変化に対応できない大学が再び、矢面に立たされているのではないかとも指摘している。

わが国の企業人や政治家が大学性悪説に立つのでなく、わが国の発展には大学の教育力・研究力が欠かせないものであり、大学性善説に立って、もっとわが国の大学に財政面で強力に支援する考え方を持ってもらいたいと切に願っている。

6. 国立大学改革プラン（平成 25 年）

国立大学法人にとって、近年の社会経済状況の変化は大きな影響を与えている。
グローバル化の進展については、国境を越えた大学教育の提供や国境を越えた学位の適切な評価に向けて、ヨーロッパでは高等教育の質の保証と制度の共通化の動きが出ている。

平成 11 年の**ボローニャ宣言では、ECTS（ヨーロッパ単位互換システム）の普及**が取り上げられ、学位の学修内容を示す共通様式（ディプロマ・サプリメント）が平成 17 年以降本格的に導入され、質保証の共通システムが構築されてきている。

29　苅谷剛彦『コロナ後の教育へ』中公新書ラクレ、令和 2 年、P65 など
30　前掲　苅谷剛彦『コロナ後の教育へ』中公新書ラクレ、令和 2 年、P68

またユネスコやOECDでも国境を越えて提供される高等教育の質保証に関するガイドラインが提唱されている。

さらに18歳人口の減少や労働人口の減少が際立ってきており、18歳人口は今後減少傾向が続き、進学率は若干の上昇傾向が続く。また、世界における新興国の台頭で世界やアジアにおいて、わが国の位置づけが低下傾向にある。

このような状況の中で、法人化後、第3期（平成28～33年度（令和3年度））を迎えて、国立大学の在り方をどう考えるかが重要になっており、平成25年には**国立大学改革プラン**が示されている。各大学の強み・特色を最大限に生かし、自ら改善・発展する仕組みを構築することで、持続的な競争力を持ち、高い付加価値を生み出す国立大学が求められている。

各大学の機能強化の方向性としては、1つには世界トップレベルの教育研究拠点の形成を目指し、優秀な教員が競い合って人材育成を行い、大学を拠点とした最先端の研究成果の実用化によるイノベーションの創出が求められている。また、全国的な教育研究拠点をめざし、大学や学部の枠を超えた教育拠点を構築しアジアをリードする技術者の養成を行うとか、地域のニーズに合わせた人材育成を行い、地域活性化の中核的拠点を目指すなどである。

第3期には、教育研究組織や学内資源配分について恒常的に見直しを行う環境を生み出すことが課題とされている。

運営費交付金についても改革を積極的に実施する大学に重点支援することとし、改革の進捗状況を毎年度評価し計画的に教育研究組織の再編成、学内資源の再配分を適正化することとしている。また、国際水準の教育研究の展開として、国際化を断行する大学を重点的に支援し、補助金としてスーパーグローバル大学を創設する。

ただ、今後10年間で世界大学ランキングトップ100に10校ランクインを目指すということについては、現実にはとても困難だと思う。

さらに外国人留学生の受け入れについては、令和2（2020）年までに外国人留学生を14万人（平成22（2010）年）から30万人に増加させ、日本人の海外留学も6万人（平成22（2010）年）から12万人に倍増させるとする（図表53 **留学生30万人計画**の概要　参照）。その他では、大学発のベンチャーを支援し、理

工系人材の戦略的育成を目指し、人事・給与システムの弾力化を図り、学長が
リーダーシップを発揮し、各大学の特色を一層伸長するガバナンスを構築する
こととしている。

7.　国立大学のさらなる改革

　中教審の「2040 年に向けた高等教育のグランドデザイン」答申を踏まえ、
国立大学の機能と役割を、知識集約型社会において知をリードし、イノベーショ
ンを創出する知と人材の集積拠点としての役割を国立大学に求めており、**国立
大学こそが社会変革の原動力である**とする。そして取り組むべき方向性として、
　　①徹底的な教育改革 ⇒ 文理横断的・異分野融合的な知を備えた人材の養
　　　成、学修時間の確保と厳格な出口管理を求める。
　　②世界の「知」をリードするイノベーションハブ ⇒ 基礎研究の強化、女性・
　　　若手の登用。
　　③世界・社会との高度な頭脳循環とネットワーク ⇒ 国際化の加速、オン
　　　ラインを活用したネットワークの強化。
　　④強靭なガバナンス ⇒ 人事給与マネジメント改革、教育コストの見える化。
などを目指している。

8.　国立大学法人法一部改正（令和 3 年）

　令和 3 年、国立大学法人法の一部改正が成立した。その概要は次のとおり
である
　　①年度計画及び年度評価を廃止する。
　　②学長選考会議を**学長選考・監察会議**とし、学長の職務執行状況について
　　　報告を求めることができることとした。
　　③監事の体制を強化し、監事を少なくとも 1 人は常勤とし、学長に不正行
　　　為や法令違反があれば、監事が学長選考・監察会議に報告することとした。
　　④国立大学法人の出資の範囲の拡大。

図表 53　「留学生 30 万人計画」骨子の概要

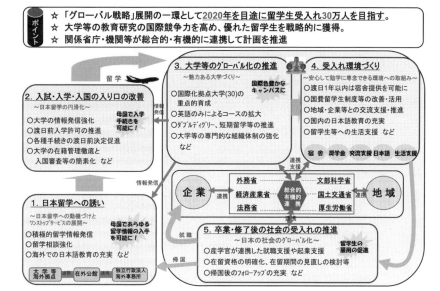

出典：「留学生 30 万人計画」骨子の策定について」文部科学省

9.　国立大学運営費交付金ついて

　運営費交付金は、平成 16 年度の 1 兆 2,415 億円から平成 25 年度 1 兆 792 億円と毎年 1%ずつ削減されてきた。その後、毎年 1%削減することはなくなったが、概ね 1 兆 1,000 億円程度でほぼ横ばいの状況が続いている（図表 52 参照）。

　第 3 期の運営費交付金の対象事業費としては、**基幹経費**（人件費や光熱水量など国立大学の教育研究を実施するうえで必要となる最も基盤的な経費、病院経費を含む）と**機能強化経費**（機能強化の方向性に応じた重点支援、高等教育の共通政策課題への対応を支援する）および**特殊要因経費**（教職員の退職手当など国が措置すべき義務的経費）が挙げられる。

　これに対し自己収入として授業料、病院収入などがある。運営費交付金はこの運営費交付金対象事業費から自己収入を差し引いた額が、運営費交付金として支給される。

各法人の機能強化に応じた 3 つの重点支援の枠組みが定められている。

3 つの枠組みとは、

①地域のニーズに応える人材育成・研究を推進

②分野ごとの優れた教育研究拠点やネットワークの形成を推進

③世界トップ大学と伍して卓越した教育研究を推進

　各大学は第 3 期中期目標期間の機能強化を実現するため、ビジョン、戦略、及びその評価指標（KPI）を各大学が主体的に作成し、そのうえで PDCA サイクルの確立に向けて各大学が努力している。

　これらを受けて、評価指標（KPI）の内容や進捗状況を対象に、外部有識者の意見を踏まえて評価を行い予算の重点支援に反映させている。これらの各法人の改革意欲を受け止め、強み、特色をさらに発揮することで、機能強化を一層加速することとしている。

　こういった配分の仕組みについては、いくつかの意見がある。

①3 つの重点支援の枠組みは、重複するものがあり、1 つだけ選択させられるのは問題だ。

②細かい評価で作業が複雑化しており、評価を一本化して効率化すべきではないか。

③法人化の原点は各大学の自主性を尊重することであり、予算面で縛りが多すぎる。

④運営費交付金の全体のパイを大きくすることこそが重要ではないか。

⑤毎年度評価を行い、それを配分に反映させることや、指標が毎年度変更されることは各大学の教育研究基盤の不安定化につながる。

⑥色々な評価が多すぎ大学の事務負担が過重になっている。

　なお、文部科学省は、令和 4 年度からの第 4 期の配分ルールについて、前述した 3 つの枠組みを、①の地域のニーズに応える人材育成・研究を推進するグループについて、附属病院を持つ大学かどうかで 2 つに分けるとともに、③の世界トップ大学と伍して卓越した研究を推進するグループを、指定国立大学とそれ以外のグループに分け 5 つの枠組みを作ることとした。

私見であるが、法人化のねらいは大学のオートノミーを保証し、国立である
が故の様々な規制を緩和するところにあったはずである。財政当局などの意見
で国立大学法人に様々な条件や改革のための細かいしばりをかけることが、本
当に良いことなのだろうか。

10.　持続的な競争力を持ち、高い付加価値を生み出す国立大学へ

(1)　指定国立大学法人

　社会変革のエンジンとして、「知」の創出機能を最大化させていく必要がある。

　文部科学省は**「指定国立大学法人」制度**を創設しているが、平成28年文部
科学大臣が指定する国立大学法人については、世界最高水準の教育研究活動が
展開されるよう、高い次元の目標設定に基づき大学を運営することとした。現
在、東京大学、京都大学、東北大学、東京工業大学、名古屋大学、大阪大学、
一橋大学、東京医科歯科大学、筑波大学、九州大学が対象とされている。

　指定国立大学法人に指定されると、研究成果の活用のため、出資範囲を拡大
し、コンサルティング会社などへの出資が可能となる。また、給与基準を緩和
し世界的に卓越した研究者を雇用できるようになり、余裕金の運用を特例で文
部科学大臣の認定を不要にできるなどのメリットがある。

(2)　卓越大学院プログラム

　卓越大学院プログラムは、各大学が自身の強みを核に、大学院改革の成果を
生かし、国内外の大学・研究機関・民間企業などと組織的な連携を行いつつ、
世界最高水準の教育力・研究力を結集した、5年一貫の博士課程学位プログラ
ムを構築することで、あらゆるセクターを牽引する卓越した博士人材を育成す
るプログラムである。また人材育成・交流と新たな共同研究の創出を持続的に
展開する卓越した拠点を形成する取組を推進する事業である。

(3)　卓越研究員プログラム

　卓越研究員事業は、新たな研究領域に挑戦するような若手研究者が、安定か

つ自立して研究を推進できるような環境を、産学官を通じて実現するものであり、産業界をはじめとして、若手研究者が活躍できる新たなキャリアパスを提示する事業である。卓越研究員には、世界水準の研究力を持ち、新たな研究領域や新たな技術分野などを開拓することが期待されている。

11.　高等教育改革の全体像

　文部科学省の資料から、参考までに**「高等教育改革の全体像」**を図表 54 で、基本となる 18 歳人口と高等教育機関への進学率などの推移について、図表 55 で示しておきたい。この表は大学改革について、様々な分野で参照していく必要があると考える。

12.　世界レベルの研究基盤を構築するための大学ファンドの創設

　令和 2 年度の補正予算と令和 3 年度の財政投融資計画などで科学技術振興機構（JST）に対して政府出資や長期借入金などで調達した資金を運用して、大学に対し、国際的に卓越した科学技術に関する研究環境の整備充実と優秀な若手研究者の育成・活躍の推進に関する助成業務を追加する JST 法の一部改正が成立した。

　この背景には、世界各国が異次元の科学技術・イノベーション投資を計画しており、また世界のトップ大学は寄附や産学連携で巨額の基金を保持し、その運用で優れた研究開発や人材育成を行っており、わが国でも世界の競争に乗り遅れることなく、研究大学に対し世界レベルの研究基盤を構築する必要があるとの認識がある。

　ハーバード大学(4.5兆円)やイエール大学(3.3兆円)、スタンフォード大学(3.1兆円)、ケンブリッジ大学（1.1兆円）などは巨額の基金を持っており、わが国の慶應義塾大学（730億円）、早稲田大学（300億円）、東京大学（150億円）などと比べても桁違いの基金である。わが国の大学の研究力（良質な論文数）の低下、博士課程進学者の減少、若手研究者のポスト不安定などは、世界との競争

図表54　高等教育改革の全体像

【現状認識】
- ✓ 第4次産業革命、Society5.0といわれる大きな産業構造、社会構造の変化に対応する教育研究の革新が求められている。
- ✓ 大学への進学率が上昇し続ける中で大学教育レベルについての社会の理解がない。
- ✓ 18歳人口の大幅な減少が予想されている中で大学の数が増加し続け、定員割れの大学が増加している。

【検討の方向性】

Society5.0に対応した大学教育改革
- ● **大学入学者選抜改革**
  - ・大学入学共通テスト（2024年度～）で「情報Ⅰ」等の新学習指導要領に対応した出題科目の追加を検討
- ● **文系・理系にとらわれない新しいリテラシーに対応した教育**
- ● **工学系教育改革**
  - ・学科・専攻の縦割りの見直し
  - ・学部・大学院連結教育プログラムの構築によるメジャー・マイナー制の導入促進
- ● **専門職大学等の開設**

教育の質の保証
- ● 学修者本位の高等教育機関としての在り方への転換
- ● 教育内容や教育方法等の改善
  - ・教学マネジメントに係る指針の策定
- ● 学生が身に付けた能力・付加価値の見える化
  - ・学修成果の可視化と情報公表

大学の基盤強化、連携・統合
- ● **多様な人的資源の活用**
  - ・実務家、若手・女性・外国籍など多様な教員の登用
  - ・学外理事の登用促進
- ● **国立大学の経営力強化**
  - ・人事給与マネジメント改革
  - ・一法人複数大学制度の導入や大学ガバナンスコードの策定などのガバナンス改革
  - ・大学への寄附や資産の有効活用促進など財務基盤の強化
- ● **私立大学改革**
  - ・「大学版ガバナンス・コード」の策定推進など学校法人の自律的なガバナンスの改善・強化
  - ・新たな財務指標の設定による経営指導の強化
  - ・閲覧期間から一般への公開情報の推進
  - ・破綻処理手続きの明確化
  - ・事業譲渡の円滑化等
- ● 「地域連携プラットフォーム（仮称）」の構築とガイドラインの策定
  - ・国公私立の枠を越えた連携を可能とする「大学等連携推進法人（仮称）」の制度創設を検討

リカレント教育の拡充
- ● リカレント教育のプログラム開発促進
- ● リカレント教育を受ける機会の拡充
- ● 実務家教員の育成促進

アクセス機会の確保
- ● 授業料減免及び給付型奨学金の支援対象者・対象額を大幅拡充

出典：文部科学省「わが国の高等教育の将来構想」

図表55　18歳人口と高等教育機関への進学率の推移

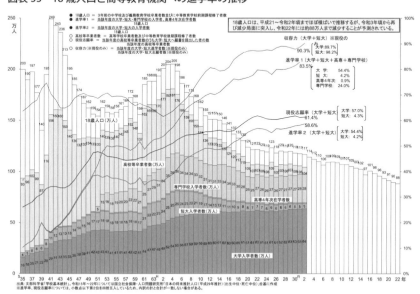

出典：文部科学省「わが国の高等教育の将来構想」

に勝てるのかという大きな不安がある。

　わが国も、研究大学の財政基盤を抜本的に強化し、世界との競争に後れを取ることのないよう支援を強化する必要がある。令和 2 年 12 月の閣議決定「国民の命と暮らしを守る安心と希望のための総合経済対策」に盛り込まれた事業である。

　具体的には、**10 兆円規模の大学ファンドを創設**し、国際卓越研究大学（2022 年 2 月 25 日閣議決定）に対し、その運用益で次のような支援を行う。

　　①**世界に比肩する研究開発を行う大学の共用施設やデータ連携基盤の整備**
　　②**博士課程学生などの若手研究者の育成を推進する**

　基金の運用に当たっては、政府の基本的な指針の策定が必要であり、ガバナンス体制の強化とリスク管理が重要である。

　私としても、この基金の適切な運用により、現在課題となっている優秀な学生が博士課程に進学しなくなっている現状を打破し、わが国を代表する国際卓越研究大学が、世界トップの大学と真剣に勝負できるような環境が整うことを切に願っている。

　大学ファンドは、財政投融資を主な原資にして 10 兆円の基金を運用し、利益を公募で選ばれた国際卓越研究大学に配分する構想である。素晴らしい構想であり、ファンドの運用を適切に行い、ぜひ毎年 3000 億円程度の資金を大学に支援できるよう努力していただきたい。支援を受けるためには、大学に年 3 ％の事業成長が求められるとともに、安定的・継続的な経営方針を維持できるガバニングボードとしての意思決定機関を持つことなどが求められる（CSTI　総合科学技術・イノベーション会議）。

　いろいろ厳しい条件が付きそうであるが、わが国の研究力トップの大学が頑張って、ぜひ最先端の研究大学として真の意味での「国際卓越研究大学」になってほしいと強く願うものである。

　ただ、少し気になるのは「世界に伍する研究大学」という表現である。「伍する」というのは「世界の大学並みに」というニュアンスであり、最初からトップを目指さず、単に「伍する」ことで本当に良いのだろうか。世界トップの研究大学を目指すくらいの意気込みが必要ではないだろうか。

第 20 章　教育改革国民会議の議論

1. 教育改革国民会議の発足

　小淵内閣当時、総理大臣の私的諮問機関として平成 12 年 3 月、「教育改革国民会議」が設置された。21 世紀の日本を担う、創造性の高い人材の育成を目指し、教育の基本にさかのぼって幅広く今後の教育の在り方について議論することとし、内閣総理大臣が江崎玲於奈氏を座長として 26 人の有識者の参集を求め発足した。文部省の教育に対する不満・不信もあり、画一的・硬直的な現在の教育を改革すべきとして、総理大臣主導で教育を改革しようとするものであった。

　委員の選定についても官僚主導でなく官邸主導で行われ、発信力のある委員を選んだ。江崎玲於奈、河合隼雄、牛尾治朗、山折哲雄、梶田叡一、浅利慶太、曾野綾子、黒田玲子氏などである。作家や劇団関係者など国民会議の報告書を自ら書ける人材を選んでおり、教育関係者も校長会の代表などでなく現場の教員や発信力のある人を総理、総理秘書官が中心になり選任した。私も文部省官房長としていろいろ相談にあずかっていた。

　教育界の問題点として、教育関係者だけで閉ざされた世界となっており、タコツボ社会で教育界の危機管理の欠如、責任感の欠如、誰も責任を取らない教育関係者などの批判があった。

　議論としては、**教育の原点は家庭であることを自覚すべきだとして、学校は道徳を教えることを躊躇わない、奉仕活動を全員が行うようにしよう、問題を**

起こす子供への教育をあいまいにしない、悪平等や一律主義を改め、個性を伸ばし、創造性に富む人間を育成する、悪平等でなくエリート教育も視野に入れ、永年タブーであった教育基本法の改正も視野に入れた。学校や教育委員会に組織マネジメントの発想を取り入れ、授業を子どもの立場に立った、わかりやすく効果的なものにすべきだとした。また新しいタイプの学校（コミュニティ・スクール）などの設置を促進する。大学については、大学にふさわしい学習を促すシステムを導入し、リーダー養成のため大学・大学院の教育研究機能を強化すべきだとした。

　また教育は人間社会の存立基盤であるが、日本の教育は危機に瀕している、いじめ、不登校、学級崩壊、凶悪な少年犯罪など教育の荒廃は見過ごせない、子どもはひ弱で欲望を抑えられず、大人も利己的な価値観で、自制心を失い、苦しみに耐える力や自発性、勇気を失いバランス感覚を失っており、大きく変化する社会の中で教育のシステムが取り残されているとの認識があった。審議に当たっては自由闊達な議論を展開し、わかりやすく簡潔な表現で国民に訴えるものであり、抽象論や理念だけでなく教育を受ける側に立った議論を展開した。これからの教育を考える視点として、子どもの社会性をはぐくみ、自律を促し、人間性豊かな日本人を育成する教育を実現するとした。一人ひとりのもって生まれた才能を伸ばし、それぞれの分野で創造性に富んだリーダーを育てる教育を実現するとして、新しい時代にふさわしい学校づくりとそのための支援体制を実現するとした。

　教育改革への基本的考え方として、基本に立ち返り、改革の具体的な動きを作っていくとして、委員自身が答申原案を作成し、国民にアピールするため、作家や積極的発言をする学者の意見が前面に出るようにし、短く論点を整理し、わかりやすく方向性を示したのである。

　子供は社会全体の宝であり、希望であるとして、教育改革を国民運動として推進した。教育改革国民会議はわずか 1 年であったが、その後の教育に大きな影響を与えた。答申は「教育を変える 17 の提案」ということでわかりやすく簡潔なアピールを行ったものである。小渕総理の急逝により森喜朗総理大臣に引き継がれた。

2. 指導力不足の教員への対応

　公立学校で、多くの父母が願っているのは、「いじめや校内暴力のない学校であってほしい」ということと、「どうか良い先生に担任となってほしい」ということであろう。

　いわゆる問題教員に対して、任命権者である教育委員会はなかなか適切な対応が打てない状況があった。すなわち教師として児童・生徒に適切な指導ができない教員がいたとしても、公務員であり身分が保証されていて、免職にするにはそのためのきちんとした手続きが必要である。児童生徒にきちんとした指導ができず、父母や同僚から不満の声が上がっていても、具体的証拠がなかなか集められないのが現実であった。

　すなわち、指導の不適切な教員がいたとしても、その教員を分限免職にするには教員の勤務状況、不適切な指導の状況などについて詳細かつ綿密な証拠の提出が不可欠であり、児童生徒の保護者や同僚教員の証言や不適切な状況を示す具体的証拠を集める必要がある。このような手続きや証拠が揃っていないと、当該教員から不服申し立てや裁判で争われる恐れがあり、裁判に耐えるだけの証拠集めに大変な時間と手数がかかったのである。

　結果としてこのような教師に対しては、人事異動により短期間で学校を移動させる措置を取るしかなかったのが現実である。指導力不足の先生は、各学校を「たらいまわし」にされていたのである。ある学校で指導力不足のため、父母や保護者から学校に抗議が来ると、年度末の人事異動で他の学校に異動させる、次の学校でもまた保護者から苦情が来るとさらに別の学校に異動させる、いわゆる「1 年限りの先生」として取り扱うしか方法がなかったのである。

　教育改革国民会議の議論では、このような教員に対し、教員でなく、都道府県の一般職員となる道を開くこととし、教員としては無理でも、都道府県の他の職に就くことができるよう、法改正を行うこととした。すなわち、「児童生徒への指導が不適切であり、かつ研修などの措置を講じてもなお不適切である教員」については、地教行法を一部改正し、県費負担教職員を免職にし、引き続き都道府県の職員として採用できることとした。教員としては児童生徒への

指導が不適切であるため免職にし、都道府県の一般職員として採用することができることとしたのである。なお、指導力不足の教員に対する対応については、後の教育再生会議においてさらに議論があり、第21章で詳しく述べるように指導力不足教員の認定、指導改善研修などの措置が取られることとなっている。

3. 出席停止制度の要件の明確化（学校教育法の改正）

　学校におけるいじめや授業妨害を繰り返す子どもに対して適切な対応が取れない状況は、父母の学校不信、教育委員会不信の1つの要因であった。義務教育では、教育の機会均等の理念が重要視されていて、仮にいじめや授業妨害を繰り返す児童生徒であっても、授業を受ける機会を奪ってはならないという考えが学校現場の先生たちには強かった。

　すなわち、**出席停止の制度があってもこれを適用するには慎重な意見が根強く、ほとんどこの措置は運用されてこなかった。**しかし、いじめや校内暴力を繰り返し、授業妨害を続ける児童生徒がいることは、まじめに勉強したい子どもにとっては教育を受ける機会を侵害されていることともなり、こういった被害を受けている子どもたちの学ぶ権利を保障することは極めて重要なことであり、**平成13年学校教育法を改正し、出席停止の要件を明確化したの**である。

　性行不良であって他の児童生徒の教育を妨げていると認められる児童生徒がいるときは、市町村教育委員会はその保護者に対して、児童生徒の出席停止を命ずることができるが、出席停止の基本的な要件は「性行不良」であること、「他の児童生徒の教育の妨げがある」と認められることの2つである。性行不良の例として、次の行為の1又は2以上を繰り返し行うことが挙げられている。すなわち①他の児童生徒に傷害、心身の苦痛又は財産上の損失を与える行為、②職員に傷害又は心身の苦痛を与える行為、③施設又は設備を損壊する行為、④授業その他の教育活動の実施を妨げる行為である。

　出席停止制度は本人に対する懲戒という観点からではなく、他の児童生徒の義務教育を受ける権利を保障するという観点から設けられた制度である。出席停止は法律の趣旨を踏まえ、定められた要件に基づき、適切な手続きを

踏みつつ運用されることが必要であり、市町村の教育委員会は出席停止の命令の手続きに関し教育委員会規則を定め、実際に出席停止を命ずる際には保護者の意見聴取を行うことと、理由及び期間を記載した文書を交付しなければならない。

　出席停止制度の運用にあたっては、他の児童生徒の安全や教育を受ける権利を保障するとともに、出席停止措置期間中の当該児童生徒への指導の充実を図ることも重要であるとされ、出席停止期間中の児童生徒に対して学習支援の措置を講ずるものとされている。ただし、平成13年の学校教育法の改正で、要件・手続きがきちんと定められたが、学校現場の運用が厳しすぎて、現実には出席停止の措置はほとんどとられなかった。そのため文部科学省は前述したように、通知で必要な場合にはためらわず出席停止の措置を取るよう指導している。

4. 教育基本法の改正の提言

　教育改革国民会議は、戦後長らくタブーとされていた**教育基本法の改正を正面から提言**している。私は文部省の官房長という立場であったが、委員の人たちとは心がつながっていて、委員の先生方は一官僚に過ぎない私の意見にも十分耳を傾けていただいた。教育基本法の改正についても、日本の伝統文化を大切にし、国や郷土を愛する子どもを育てたいということは、正しいことであるが、そのために教育基本法を改正する必要があると言えば、反対派は復古主義だ、愛国心の強制だ、保守的な考えだ、子どもたちの心を法律で縛るのか、教育勅語の復活だなどと反対するに決まっている。

　もっと冷静に、教育基本法の改正が必要な理由を具体的に説明する必要があると私は主張したのである。多くの基本法には関連する施策の振興計画が含まれており、**教育基本法の改正と教育振興基本計画の策定をセットにして議論すべき**ではないか。政府として教育を大切にし、教育振興基本計画で教育に骨太の投資を行っていくことを明らかにすれば、反対論を抑えることができるのではないか。私の意見に多くの委員は賛同してくださり、教育基本法の改正に当

たり、教育振興基本計画の策定を盛り込むべきだとの意見が大勢を占めたのである。

5.　教育改革国民会議の 17 の提案

　教育改革国民会議は、2000 年（平成 12 年）12 月に報告を取りまとめ、以下の 17 の提案について公表した。

1　教育の原点は家庭であることを自覚する
2　学校は道徳を教えることをためらわない
3　奉仕活動を全員が行うようにする
4　問題を起こす子どもへの教育をあいまいにしない
5　有害情報等から子どもを守る
6　一律主義を改め、個性を伸ばす教育システムを導入する
7　記憶力偏重を改め、大学入試を多様化する
8　リーダー養成のため、大学・大学院の教育・研究機能を強化する
9　大学にふさわしい学習を促すシステムを導入する
10　職業観、勤労観を育む教育を推進する
11　教師の意欲や努力が報われ評価される体制をつくる
12　地域の信頼に応える学校づくりを進める
13　学校や教育委員会に組織マネジメントの発想を取り入れる
14　授業を子どもの立場に立った、わかりやすく効果的なものにする
15　新しいタイプの学校（コミュニティー・スクール等）の設置を促進する
16　教育施策の総合的推進のための教育振興基本計画を
17　新しい時代にふさわしい教育基本法を

6.　教育改革 6 法案

　文部科学省は、「教育改革国民会議の 17 の提案」を受けて、教育改革 6 法案を平成 13 年、国会に提出した。具体的には次の 6 つの内容である。

①基本的教科については 20 人授業ができるように**少人数学級を進める**

②子どもの体験活動や読書活動の推進（子ども夢基金の創設）

③国立大学の教員組織（講座など）を自主的に決定できるようにする

④教育委員会の活性化（**保護者を教育委員に入れる、指導の不適切な教員を他の職に**）

⑤学校教育の弾力化、ボランティア活動の充実、出席停止の要件明確化、大学への 17 歳入学を可能にする

⑥社会教育におけるボランティア活動の促進

　教育改革国民会議の報告を受けて、その後文部科学省は次々に教育改革のためのプランを推進していくこととなった。具体的には「21 世紀教育新生プラン」（平成 13 年 1 月）などが挙げられる。例えば次のような内容である。

・**わかる授業で基礎学力の向上を図る**（基本的教科で 20 人授業、習熟度別授業の実施）

・**多様な奉仕・体験活動で心豊かな日本人を育む**（道徳教育で「心のノート」配布）。

・父母や地域に信頼される学校づくりを推進する

・教えるプロとしての教師の育成をめざす（指導力不足の教員は教壇に立たせない）

・世界水準の大学づくりを推進する

・**新世紀にふさわしい教育理念を確立する**（教育振興基本計画、新時代の教育基本法）

　この後、しばらく文部科学省は教育改革プログラムを作り、タイムスケジュールを示し、教育改革に邁進することとなった。

第 21 章　教育再生会議の議論

1. 教育再生会議の発足

　平成 18 年第 1 次安倍内閣が発足した。安倍晋三内閣総理大臣は「**美しい国日本」を目指す**として、そのためには「**教育**」が重要だとして、「21 世紀に日本にふさわしい教育体制」を構築し、教育の再生を図っていくため、教育の基本にさかのぼった改革を推進していく「教育再生会議」を設置することとした。

　会議は安倍内閣総理大臣、塩崎官房長官、伊吹文部科学大臣の 3 人に加え、17 人の有識者委員で構成される。また教育再生会議の事務を処理するため、内閣官房に教育再生会議担当室を置き、事務局長には山谷えり子内閣総理大臣補佐官が就任した。

　17 人の委員の人選は官邸主導で行われ、小見山宏、野依良治、川勝平太、中嶋嶺雄、門川大作、白石真澄、浅利慶太、葛西敬之、張富士夫、蔭山英男、小谷実可子、義家弘介、渡邉美樹、品川裕香、池田守男、海老名香葉子の各氏の他、私、小野元之が選ばれた。

　安倍総理の考え方は、「**美しい国**」を実現する上で、教育はその全ての基礎をなすものであり、**家族、地域、国そして命を大切にする豊かな人間性と創造性を備えた規律ある人間の育成に向け、「教育再生」を国政の最重要課題の 1つとして位置づけたものである。**すべての子どもに高い学力と規範意識を身に付ける機会を保障することと、公教育の再生や、家庭、地域の教育力の再生が重要だとした。

教育再生会議への期待は大きく、臨教審や教育改革国民会議の流れを意識しつつ、教育基本法の改正と憲法改正に至る道筋をつけたいとの思いもあった。いじめ、校内暴力、学力低下、大学進学率の上昇など当面する教育課題に内閣として取り組むこととした。

2. 教育再生会議の第 1 次報告（平成 19 年 1 月）

　教育再生会議に対する国民の期待は大きかった。**ゆとり教育で学力は本当に大丈夫か**という不安もあり、いじめ、校内暴力、学級崩壊に学校・教育委員会がきちんと対応できているのかという意見や、学校週 5 日制は教員が休むためではないかとか、**ダメ教員を教壇に立たせるな**、教育界の事なかれ主義や隠蔽体質をなくすべきだとの意見や、日本の大学は本当に国際競争力があるのか、大学・大学院の抜本的な改革が必要だなどの意見が出されていた。

　教育再生会議に教育の専門家がいないのではとの批判もあったが、官僚主導を排し、委員主導で改革をすべきだとかサッチャー流の過激な改革を目指すべきだとの意見もあった。

　教育再生会議の第 1 次報告では、社会総がかりでの教育再生を提言した。**いじめ、校内暴力を絶対に許さない**、すべての子どもに社会人として必要なルールをきちんと教える、魅力的で尊敬できる先生を教壇に立たせ、保護者や地域の期待に真に応える学校にすべきだ、教育委員会の抜本的な見直しが必要だといった意見である。

3. 教育 3 法の改正

　第 1 次報告への対応として、文部科学省はいわゆる教育 3 法の改正に取り組むこととした。暴力など反社会的行動をとる子どもへの毅然たる対応が必要だとして、体罰通知などの見直しや教員免許更新制の導入など教育職員免許法の改正に取り組むとともに、教育公務員特例法の改正と地教行法の一部改正で教育委員会の役割を明確にすることとした。さらに教育基本法の改正を受けて、

学校教育法の大幅な改正にも取り組むこととした。

＜教育 3 法の改正の概要＞

①**学校教育法の改正** ⇒ 義務教育の目標を定め、幼稚園から大学までの各学校種の目的・目標を見直す。副校長、主幹教諭、指導教諭の職を設置し、組織としての学校の力を強化した。

②**地教行法の改正** ⇒ 教育における国、教育委員会、学校の責任を明確にし、保護者が安心して子どもを学校に預けられる体制を構築。**教育委員に保護者を含めることを義務化。**

③**教育職員免許法及び教育公務員特例法を改正** ⇒ **教員免許更新制を導入、指導が不適切な教員の人事管理を厳格化**し、教員に対する信頼を確立する仕組みを構築。

4. 指導力不足の教員への対応 ⇒ 指導改善研修

公立学校で、**多くの父母は、「いじめや校内暴力の無い学校で、優秀な先生に教えてほしい」**と願っている。いわゆる指導力不足の先生については、教育改革国民会議の報告を受けて、教員としては免職にし、都道府県の一般職員として採用する道が開かれたが、依然として指導力不足の教員の問題は片付いていなかった。特に**「不適格教員は教壇に立たせない」**との方針が強く示され、あらゆる手立てを講じて、魅力的で尊敬できる教員を育てようとの意見が強かったのである。

社会の多様な分野から優れた人材を積極的に教員に採用することとし、悪平等をなくし、頑張っている教員を積極的に支援しようと、教員養成・採用・研修・評価・分限の一体改革を進めるべきだとしている。

教育再生会議では、このような指導力不足の教員に対して、「不適格教員は教壇に立たせない」として、より厳格な人事管理を行うべきだと報告している。前述したように、これを受けて、文部科学省では教育 3 法の改正に取り組んだ。すなわち、教育公務員特例法を改正し、専門家の意見を聴いて、指導が不適切な教員の認定を行うこととした。

「**指導が不適切な教員**」とは次のような教員である。

①教科に関する専門的知識、技術が不足していて、学習指導を適切に行えない（教える内容に誤りが多く、児童生徒の質問に答えられない）。

②指導方法が不適切であり、学習指導を適切に行えない（ほとんど授業内容を板書するだけで、児童生徒の質問を受け付けないなど）。

③児童生徒の心を理解する能力や意欲に欠け、学級経営や生徒指導を適切に行えない（子供の意見を全く聞かず、対話もしないでコミュニケーションに欠ける）。

指導が不適切な教員の認定は、任命権者が教育委員会規則で、教育学、医学、心理学の専門家や保護者などの意見を聴いて行うものである。原因が精神疾患などに基づく場合には、医療的観点に立った措置や分限処分などによって対応すべき場合もある。

指導が不適切と認定された教員に対しては、任命権者は「**指導改善研修**」（→P135 図表36 参照）の実施が義務付けられる。指導改善研修は、原則1年間であるが、最長2年まで延長が可能である。

指導改善研修後は、現場復帰又は再研修となるが、研修してもなお指導が不適切と認定された場合には、分限処分（免職、休職）、転任、依願退職などの措置を講ずる必要がある。

5. 出席停止制度の運用改善について

父母や保護者が、公立学校に子どもを通わせるに当たり、心配する大きな要因は「いじめや校内暴力の無い学校であってほしい」という願いである。

出席停止の制度は教育改革国民会議で議論があり、学校教育法第35条を改正して出席停止の要件をきちんと定め、教育委員会規則で手続きを定めることとしたが、逆に市町村教育委員会は出席停止の措置を取ることを**運用面で躊躇**することとなってしまっていた。

出席停止は懲戒行為でなく、学校の秩序を維持し、他の児童生徒の教育を受ける権利を保障するために取られる措置であり、いじめや校内暴力を繰り返す

子供については、学校は正常な教育環境を回復するために**必要とあれば躊躇しないで出席停止の措置を取らなければならない。**

　平成 19 年 2 月、文部科学省は局長通知を発出しいじめや暴力行為を繰り返す子供については、**ためらわず出席停止の措置を取る**よう通知している。同時に教師に対して暴力をふるう子供に対して、教師が防衛のためやむを得ず有形力を行使する場合について、正当防衛、正当行為として刑事上、民事上の責めを免れることを明文で通知している。

　さらに懲戒・体罰の禁止について、いかなる場合においても身体に対する侵害（殴る、蹴るなど）、肉体的苦痛を与える懲戒（正座・直立など特定の姿勢を長時間保持させるなど）である体罰を行ってはならないと指導している。

　なお、出席停止の措置については、新型コロナウイルスの感染拡大に伴い、やむを得ず学校に登校できない場合には、合理的理由があると校長が判断した場合、欠席とならず、学校保健安全法第 19 条による出席停止となり、指導要録上は「出席停止・忌引き等の日数」として取り扱われる。

　この場合に、自宅でのオンラインによる学習指導を受けた場合のオンライン学習については、一定の要件の下で学習評価に反映することができるものであり、「オンラインを活用した特例の授業」として指導要録に記録される。またやむを得ず学校に登校できなかった日数は、学校に登校しなければならない日数には含まれず、欠席扱いにはならないこととされている。

6.　教員免許更新制の導入 （→ P161 図表 35 参照）

　教育再生会議では、その時々で教員として必要な資質能力が保持されるよう、定期的に最新の知識技能の修得を図り、教員が自信と誇りをもって教壇に立ち、社会の尊敬と信頼を得ることを目指して、教員免許更新制を導入することとした。

　教員免許更新制については、前述したように、**平成 14 年の答申では、教員免許更新制を検討したが「なお慎重にならざるを得ない」**としていたが、**平成18 年 7 月の中教審答申**「今後の教員養成・免許制度の在り方について」で導入の必要性が指摘されている。そこでは、教員免許状に 10 年の有効期限を付し、

その時々で求められる教員として必要な資質能力が確実に保持されるよう、必要な刷新（リニューアル）を行うことが必要であり、このため**教員免許更新制を導入することが必要だ**とし、更新の条件として、直近2年間で30時間の免許状更新講習を受講・修了することを挙げている。

　更新制の導入により、わが国全体における公教育の改善・充実が期待でき、公教育に対する保護者や国民の信頼が確立する。更新制は、いわゆる不適格教員の排除を目的とするものでなく、教員が社会構造の急激な変化などに対して、更新後の10年間を保証された状態で、自身と誇りをもって教壇に立ち、社会の尊敬と信頼を得ていくという前向きな制度であるとしている。

　教育再生会議では第1次報告において**「あらゆる手立てを総動員し、魅力的で尊敬できる先生を育てる」**として真に意味のある教員免許更新制の導入が提言された。これを受けて、文部科学省では教育職員免許法を改正し、**教員免許更新制を導入**した。すなわち、平成21年4月1日以降に授与された教員免許状（普通免許状及び特別免許状）の有効期間を10年と定めるとともに、免許状の有効期間は、その満了の際、申請により更新することができることとした。

　免許管理者（都道府県教育委員会）は、①最新の知識技能の修得を目的とする免許状更新講習を修了した者 又は ②知識技能等を勘案して免許管理者が認めた者（免除対象者）について、免許状の有効期間を更新することとした。ただし、災害その他やむを得ない事由があると認められる場合には、有効期間を延長できるものである。講習を修了できなかった者の免許状は、その効力を失う。免許状更新講習は、教員として必要な最新の知識技能の修得を目的とし、大学などが文部科学大臣の認定を受けて開設するものであり、講習時間は30時間以上である。平成21年3月31日までに授与された免許状を有している教員などは、10年ごとに免許状更新講習を修了したことの確認を受けなければならない。

　教員免許更新制については、前述したように、教員の負担が多すぎる、教員の身分が不安定となり優秀な人材が教職から離れてしまうなど問題が多く、令和4年の通常国会において、**教員免許更新制の廃止のための法改正が検討されている。**

7.　学校教育法などの改正

　教育基本法の新しい教育理念を踏まえ、新たに義務教育の目標を定めるとともに、幼稚園から大学までの各学校種の目的・目標を見直した。

　　○義務教育の目標として、規定した事項
　　　・規範意識、公共の精神に基づき主体的に社会の形成に参画する態度
　　　・生命及び自然を尊重する精神、環境の保全に寄与する態度
　　　・伝統と文化を尊重し、それらを育んできたわが国と郷土を愛する態度、他国を尊重し国際社会の平和と発展に寄与する態度　　など
　　○確かな学力を育むに当たって重視すべき点を明確化した。
　　　・基礎的な知識及び技能の習得
　　　・これらを活用して課題を解決するために必要な思考力、判断力、表現力その他の能力の育成
　　　・主体的に学習に取り組む態度を養うこと
　　○学校種の規定順について、幼稚園から最初に規定することとした。
　　○**学校における組織運営体制や指導体制の確立を図る**ため、小中学校などに副校長、主幹教諭、指導教諭を置くことができることとした。
　　　・**副校長**は、校長を助け、命を受けて校務をつかさどる。
　　　・**主幹教諭**は、校長などを助け、命を受けて校務の一部を整理するとともに、児童生徒の教育などをつかさどる。
　　　・**指導教諭**は、児童生徒の教育をつかさどるとともに、他の教諭などに対して、教育指導の改善・充実のために必要な指導・助言を行う。
　　○その他、学校評価及び情報提供に関する規定の整備を行った。

8.　教育再生会議の第 2 次報告

　第 2 次報告では、公教育再生に向けて、**学力向上にあらゆる手立てで取り組む**こととし、ゆとり教育の見直しの具体策として、私が主導して授業時間の10％増を提言するとともに、わかりやすく魅力ある授業にする、教員の質を高

め、子どもと向き合う時間を大幅に増やすことや、学校が抱える課題に機動的に対処すること、学校現場の創意工夫による取り組みを支援することなどが提言された。

授業時間の10%増（小学校・中学校の授業時間数については図表17参照）については、夏休みの短縮や、朝の15分授業、一日の時間数増などを学校の裁量で進めることとした。また、学校週5日制を基本としつつ、教育委員会や学校の裁量で、必要に応じ土曜日も活用することなどが盛り込まれた。大学・大学院については、次に述べるように地域・世界に貢献する大学・大学院の再生が提言された。

9. 地域・世界に貢献する大学・大学院の再生
⇒ 徹底した大学・大学院改革

第2次報告で大学・大学院の改革を指摘しているが、わが国の大学について、次の3点を挙げている。

①**大学教育の質の保証 ⇒ 卒業認定の厳格化のための GPA**（Grade Point Average）**制度の導入**、外部評価の推進、大学入試の抜本的改革の検討、意欲のある勉強する学生への奨学金・学費免除の検討、教員の教育力の向上のための **FD の義務付け**など。

②国際化・多様化で世界から優秀な学生が集まる大学 ⇒ 9月入学の大幅促進、教員の国際公募、英語による授業、国家戦略としての留学生政策、企業や社会との連携。

③**世界トップレベルの教育水準を目指す大学院教育の改革** ⇒ 国際化・個性化・流動化。

国内外に開かれた大学院入試、同一大学の同一分野からの大学院進学を3割程度以下にすべき。

高等教育財政について ⇒ 選択と集中による重点投資、多様な財源の確保への努力、評価に基づく効率的な資源配分を基本とすることとされた。

国立大学改革については、わが国の経済界には日本の大学を信頼しない人が

多い（大学性悪説）。JR東海出身の葛西委員は「壊れた鍋には水を注いでも無駄だ」との意見があり、大学への投資について懐疑的な意見を述べておられた。**私は国立大学法人の改革は 100 年に一度の大改革であり、基盤的経費（運営費交付金）をきっちり措置するとともに、競争的資金を大幅に増やすべきことを提案**し、もし鍋が壊れているのなら、きちんと修繕した上で、水を灌ぐべきだと主張したのである。再生会議の中では 2 人の論争が続いた。しかし、私は、先進国の中でも日本は大学への教育投資が少なく、教育予算の増額は極めて重要な課題であると今でも思っている。

　大学についてのもう 1 つの議論は、インブリーディングの議論であり、野依委員は日本の大学院が同じ大学の学部から進学する学生が多く、厳しい競争になっていない、法律で同一大学の学部からの進学は例えば 30%以下に規制すべきだとの主張であった。しかし小宮山東京大学総長他の委員は法律で規制するのはいかがなものかとの意見であった。

　教育再生会議の議論は、安倍総理が健康問題で辞任されたため、十分な議論が出来なかったように記憶している。

10.　徳育の充実

　第 2 次報告では、「徳育」（道徳）を、新たな枠組みの中で教科として取り扱うべきことを私が主導して提案した。すべての子どもたちに、高い規範意識を身に付けさせるため、これまでの「道徳の時間」よりも指導内容、教材を充実さて「特別の教科」とする案である。従来の教科と異なり、点数評価はせず、専門の免許は設けず、担当は学級担任とする案であった。

　これについては、当時の中教審の山崎正和会長は消極的であり、「遵法教育を道徳教育から切り離して教室で教えるべきだ。内面的な倫理意識に踏み込み、哲学に触れる道徳教育は教室になじまない」として反対の意見を述べておられた。しかし、私は、倫理や哲学に触れる教育が学校ではできないと言うのは正しくないと思う。教育基本法でも第 1 条で「教育は人格の完成を目指すもの」であるとされ、第 2 条第 1 項で教育の目標として「幅広い知識と教養を身に

付け、真理を求める態度を養い、豊かな情操と道徳心を培うとともに、健やかな身体を養うこと」が掲げられている。

　ただ、**当時の文部科学省は教科書検定が難しいなどの点から徳育の教科化には消極的**であった。次の「教育再生実行会議」まで問題を持ち越したのである。

11. 道徳教育について

　道徳の教科化については、教育再生実行会議の第一次提言で「心と」身体の調和のとれた人間育成に取り組む観点から、道徳教育の抜本的な充実を図るとともに、新たな枠組みにより教科化することが提言された。これを受けて文部科学省は「道徳教育の充実に関する懇談会」で検討し平成 25 年 12 月の報告が取りまとめられた。さらに中教審で平成 26 年道徳の時間を「特別の教科」として位置づける答申が出され、これを受けて学校教育法施行規則が改正され、小学校については平成 30 年 4 月から、中学校については平成 31 年 4 月から「特別の教科である道徳」が施行されている。

　教育再生会議については、第 1 次安倍内閣が安倍総理の健康問題のため約 1 年で終了したため、大学改革などへの提言が時間不足で不十分となってしまった。それでもいじめの防止、ゆとり教育の見直し、道徳の教科化への足掛かり、教員免許制度の抜本的な改革、教育投資への道筋をつけるなど「社会総がかりで教育の再生」を提言し、一定の成果を上げることができたと考えている。

　教育再生会議は次の福田内閣において廃止され、平成 20 年 2 月、**教育再生懇談会**が発足した。教育再生懇談会は、中教審答申を受けて、平成 20 年 5 月、「教育振興基本計画に関する緊急提言」を発表した。また、同年 8 月「教員採用、昇任おける不正行為に関するアピール」を公表、同年 12 月「教科書の充実に関する提言」を提出した。

第 22 章　教育再生実行会議について

　教育再生実行会議は、第 2 次安倍内閣により平成 25 年 1 月設置された。

　「21 世紀の日本にふさわしい教育体制を構築し、教育の再生を実行していく
ために、内閣の最重要課題の一つとして教育改革を推進する必要がある」とし
て総理、官房長官、文部科学大臣（教育再生担当大臣）と有識者により構成され、
会議の庶務は文部科学省その他の関係行政機関の協力を得て、内閣官房で処理
することとされている。

　令和 3 年 4 月の時点で、鎌田薫前早稲田大学総長が座長で、佃和夫三菱重
工顧問が副座長を務めている。第 2 次安倍内閣以降においては、**「教育再生は
実行段階にある」**との認識で教育再生実行会議が様々な提言を行い、具体的な
法律改正を行いつつ、教育再生に取り組んできた。教育再生実行会議が提出し
た主な改革提言と、それに伴う法律改正など主なものは以下のとおりである。

1.　第 1 次提言から第 5 次提言

(1)　いじめ問題への対応について（第 1 次提言）平成 25 年 2 月

　第 1 次提言を受け、**「いじめ防止対策基本法」**が平成 25 年 9 月に施行され、
平成 29 年には国の基本方針の改訂といじめの重大事態の調査に関するガイド
ラインが策定された。

　いじめ問題については「いじめは絶対に許されない」「いじめは卑怯な行為
である」との意識をみんなで共有し、子どもを「加害者にも、被害者にも、傍

観者にもしない」として、社会総がかりでいじめに対峙していくこととした。

　また、教育再生会議では提案されたが実行できなかった**「道徳」の教科化が実現**され「道徳の時間」を「特別の教科　道徳」として学習指導要領の改訂が行われ、小学校は平成30年度、中学校は平成31年度から検定教科書を使用して学校教育において「特別の教科　道徳」を実施することとなった。

(2) 教育委員会制度等の在り方について（第2次提言）平成25年4月

　第2次提言では教育委員会制度の改革が提言され、中教審の審議を経て**「地教行法」の抜本的な改正**が行われ、**平成27年度から施行**されている（第7章参照）。

(3) これからの大学教育等の在り方について（第3次提言）　平成25年5月

①大学のガバナンス改革

　第3次提言では、**大学のガバナンス改革**を提言し、国や大学は、学長が全学的なリーダーシップを取れる体制の整備を進める。学長の選考方法などの在り方を検討し、教授会の役割を明確化し、部局長の職務や理事会・役員会の機能の見直し、監事の業務監査機能の教科などについて、学校教育法などの法令改正や学内規定の見直しも含め、抜本的なガバナンス改革を行うこととされた。

　平成27年4月から「学校教育法及び国立大学法人法の一部を改正する法律」が施行され、学校教育法で**副学長の職務**が規定され「副学長は、学長を助け、命を受けて校務をつかさどる」こととされた。また教授会の役割について、学校教育法第93条第2項で**「教授会は教育研究に関する事項**（学生の入学、卒業、課程の終了、学位の授与、及び学長が定める教授会の意見を聴くことが必要と認める教育研究に係る重要事項）**について、学長が決定を行うに当たり意見を述べる」**こととされた。

　改正以前は「大学には、重要事項を審議するため、教授会を置かなければならない」とされていた。また、国立大学法人法で学長選考会議は学長選考の基準を定めることとされた。

②大学の教育研究力強化に向けた「指定国立大学法人」制度の創設

第 3 次提言を受けて、世界最高水準の教育研究活動が展開されるよう、高い次元の目標設定に基づき、大学を運営する国立大学法人として指定国立大学法人制度を創設した。

現在、東京大学、京都大学、東北大学、東京工業大学、名古屋大学、大阪大学、東京医科歯科大学、一橋大学、筑波大学、九州大学の 10 法人が指定されている。

③グローバル化への対応

グローバル化への対応として、平成 26 年以降、スーパーグローバル大学創成支援事業、スーパーグローバル・ハイスクール事業、**トビタテ！留学 JAPAN** 事業を実施。また学習指導要領の改訂で**小学校高学年での外国語の教科化**、中学校・高校での外国語教育の充実が図られている。

(4) 高校教育と大学教育との接続・大学入学者選抜の在り方について

（第 4 次提言）平成 25 年 10 月

①高大接続改革（→ P172 図表 39 参照）

高校教育の質の向上については、基礎的・基本的な知識・技能や思考力・判断力・表現力などについて、高等学校において共通に身に付けるべき目標を明確化する。学校は生徒に対し、主体的に学習に取り組み、生涯にわたって基礎となる力、社会の一員として参画し貢献する規範意識などの基礎的能力を確実に育成する。

これらを受けて、高等学校の新しい学習指導要領では令和 4 年度から学年進行で新しい教育課程が実施されることとなっている。

大学は、教育課程の点検・改善を行い、学生の学びへの意欲を喚起するための教育内容や教育方法の改善に取り組み、厳格な成績評価・卒業認定などを行っていくことで、学生の学修時間を増加させる。大学の認証評価において教育の質保証を徹底する。

これらを受けて、大学では 3 つの方針　①卒業認定・学位授与の方針（ディ

プロマ・ポリシー）、②教育課程編成・実施方針（カリキュラム・ポリシー）、③入学者受け入れの方針（アドミッション・ポリシー）の一体的な策定・公表の義務化を行った。中教審で審議し、関連省令を公布した。また、3つの方針の策定・運用に関するガイドラインを策定した。

②大学入試の改革

第4次提言を受け、中教審の審議を経て、文部科学省は大学入試センター試験に代わる新しい「**大学入学共通テスト**」を実施するなど大学入試改革に取り組んでいる（第15章参照）。

ただし、**英語の民間試験の活用**については経済的に恵まれない生徒が不利になり、また地域によっては民間試験が受けられないなど不平等で不公平な結果となる恐れがあり、**実施が見送られる**こととなった。また**大学入学共通テストにおける国語、数学の記述式問題の大幅な導入については**50万人もの受験生がいる中で、短時間に公正な採点ができないなどの問題があり、**実現が困難な**状況であり、導入を見送ることとした。

(5) 今後の学制等の在り方について（第5次提言）平成26年7月

教育再生実行会議は、平成26年7月、第5次提言「今後の学制等の在り方について」を行った。これを受けて、次のような制度改正が行われている。

①子ども・子育て支援法を改正（令和元年10月施行）

子ども・子育て支援法を改正し幼児教育・保育の無償化を実施した。

②学校教育法を改正し、「専門職大学」及び「専門職短期大学」を制度化

中教審答申を経て、実践的な職業教育を行う新たな高等教育機関として専門職大学が創設された。専門職大学は、深く専門の学芸を教授研究し、専門性が認められる職業を担うための実践的かつ応用的な能力を展開させることを目的とする大学である。学校教育法の一部改正が平成29年5月に成立し、平成31年4月から施行されている。また専門職大学設置基準及び専門職短期大学

設置基準が制定されている（平成31年4月）。

③義務教育学校の創設

　小学校教育と中学校教育の一貫性を目指す**小中一貫教育の制度化**のための学校教育法の改正が平成27年6月成立し、新しい学校制度として**義務教育学校**が創設され平成28年4月から施行されている。

2．第6次提言から第10次提言

（1）学び続ける社会、全員参加型社会、地方創生を実現する教育の在り方について（第6次提言）平成27年3月

　第6次提言を受けて、実践的な能力・スキルの習得のための大学・専修学校などを活用したリカレント教育プログラムの充実を図った。

　また中教審答申を取りまとめ、**学校運営協議会**（コミュニティー・スクール導入）**の努力義務化**や地域学校協議活動の推進を図るため、義務標準法等を改正した（平成29年4月施行）。

（2）これからの時代に求められる資質・能力と、それを培う教育、教師の在り方について（第7次提言）平成27年5月

　新学習指導要領で、「**主体的・対話的で深い学び**」（アクティブ・ラーニング）の視点からの授業改善を取り入れる。また情報活用能力を学習の基礎となる資質・能力の1つとして位置づけることとした。さらに**学習者用デジタル教科書を制度化**するため、学校教育法などを改正（平成31年4月施行）した。また、教育公務員特例法などを改正し、独立行政法人教員研修センター（現、教職員支援機構）の機能強化を図ることとしている。

（3）教育立国実現のための教育投資・教育財源の在り方について（第8次提言）平成27年7月

　親の貧困により、夢と志に挑戦する機会を奪われることのないよう、社会全

体で幼児期から高等教育段階まで切れ目のない支援をしていくことが必要だとしている。

①幼児教育の無償化

　子ども・子育て支援法を改正（令和元年 10 月施行）し、幼児教育・保育の無償化を実現した。

　3 歳から 5 歳までのすべての子どもの幼稚園・保育所などの利用料の無償化、住民税非課税所帯の 0 歳から 2 歳までの保育料などの無償化を実現している。

　3 歳から 5 歳までの子どもが幼稚園、保育所、認定こども園に通っている場合、原則として利用料が無料になる。無認可保育園の場合には保育の必要性の認定を受けている場合、利用料が月額 3.7 万円まで無償になり、幼稚園で子育て支援新制度の対象とならない幼稚園の場合は、月額 2.57 万円まで無償になる。0 歳から 2 歳までの子どもの場合、住民税非課税世帯の子どもについては保育所、認定こども園の利用料が無償となる。

②高校教育の無償化

　平成 30 年度の予算で高校等修学支援金制度が認められ、高校に在籍する生徒に対して、授業料に充てるための就学支援金を給付することとした（予算額約 3,700 億円）。さらに令和 2 年から私立高校生への就学支援金が大幅に拡充された。また、低所得者世帯の教育費負担を軽減するための奨学給付金を給付している。

　高等学校等就学支援金は、公立高校の場合、4 人家族で世帯年収 910 万円以下の場合、11 万 8,800 円が支給され、私立高校の場合、年収 590 万円以下の世帯について、39 万 6,000 円が支給されることとなり、私立高校も実質無償化が実現している（私立高校で収入 590 ～ 910 万円の世帯には 11 万 8,800 円が支給され公立学校との差額の負担が必要であり、世帯収入が 910 万円を上回る世帯には公私立ともに支給されない）。

　また、低所得者世帯の教育費負担を軽減するため、教科書費、教材費などの授業料以外の教育費支援のための高校生等奨学給付金の制度があり、住民税

非課税世帯や生活保護世帯が対象とされている。

③高等教育の無償化（高等教育無償化の具体化に向けた方針　図表 56 参照）

　高等教育段階の教育費の負担軽減については、給付型奨学金を平成 29 年度から創設し、平成 30 年度から本格的に実施することとした。また無利子奨学金を拡充し希望者全員への貸与を実現している。

1) 高等教育の修学支援新制度

　高等教育の修学支援新制度は、「**大学等における修学の支援に関する法律**」（令和元年 5 月成立）により令和 2 年度から実施されることとなった。この法律は、真に支援が必要な低所得者世帯の学生・生徒に対し、社会で自立し活動できる豊かな人間性を備えた創造的な人材となってもらうため、大学・短大・高専・専門学校における修学の支援を行い、経済的負担の軽減を図るものである。

　子どもを安心して生み、育てることができる環境の整備を図り、わが国の急

図表 56　高等教育無償化の具体化に向けた方針

2. 授業料等減免・給付型奨学金の概要

○ 授業料等減免は、各大学等が、以下の上限額まで授業料等の減免を実施。減免に要する費用を公費から支出。

（授業料等減免の上限額（年額）　（住民税非課税世帯））

	国公立		私立	
	入学金	授業料	入学金	授業料
大学	約28万円	約54万円	約26万円	約70万円
短期大学	約17万円	約39万円	約25万円	約62万円
高等専門学校	約8万円	約23万円	約13万円	約70万円
専門学校	約7万円	約17万円	約16万円	約59万円

＜上限額の考え方＞
（国公立）
　入学金・授業料ともに、省令で規定されている国立の学校種ごとの標準額までを減免。
（私立）
　入学金については、私立の入学金の平均額までを減免。
　授業料については、国立大学の標準額に、各学校種の私立学校の平均授業料を踏まえた額と国立大学の標準額との差額の2分の1を加算した額までを減免。

○ 給付型奨学金は、日本学生支援機構が各学生に支給。

（給付型奨学金の給付額（年額）　（住民税非課税世帯））
　　　　　　　※自宅生 平均45万円 自宅外生 平均88万円

国公立	自宅生　約35万円
大学・短期大学・専門学校	自宅外生　約80万円
私立	自宅生　約46万円
大学・短期大学・専門学校	自宅外生　約91万円

※高等専門学校の学生については、学生生活費の実態に応じて、大学生の5割～7割程度の額を措置する。

＜給付額の考え方＞
　学生が学業に専念するため、学生生活を送るのに必要な学生生活費を賄えるよう措置。
※閣議決定に即して措置。あわせて、大学等の受験料を措置。

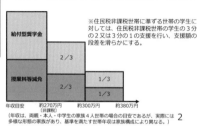

※住民税非課税世帯に準ずる世帯の学生に対しては、住民税非課税世帯の学生の3分の2又は3分の1の支援を行い、支援額の段差を滑らかにする。

（年収は、両親・本人・中学生の家族4人世帯の場合の目安であるが、実際には多様な形態の家族があり、基準を満たす世帯年収は家族構成により異なる。）

出典：文部科学省「高等教育無償化の制度の具体化に向けた方針の概要」

速な少子化の進展に対処するものと言えよう。消費税率の引き上げによる財源を活用するもので、国負担分は社会保障関係費として内閣府に予算計上し、文部科学省が執行するものである（令和3年度で予算額は約4,800億円）。この法律により、①授業料減免と②給付型奨学金の支給の拡充が行われている。学生は住民税非課税世帯（4人家族で年収270万円程度以下）の学生が対象となる。非課税世帯に準ずる世帯の学生には3分の2又は3分の1の支援が行われる。

2) 授業料等減免制度の概要

ⅰ) 大学などが特に優れた学生であって、経済的理由により極めて就学が困難である者に対し、授業料及び入学金を減免する。

ⅱ) 減免費用は国又は地方公共団体が授業料減免交付金で負担する。

ⅲ) 支援の対象となる大学などは一定の条件が必要で確認を受ける必要がある。

3) 給付型奨学金

給付型奨学金については、独立行政法人日本学生支援機構が学費支給を行う大学・短大についての授業料減免額の上限と給付型奨学金の給付額は図表57のとおりである。

高等教育の無償化を目指し、実現した「高等教育修学支援の新制度」は画期的なものである。意欲と能力はあったのに、経済的理由により高等教育を受けられなかった若者がこの制度により大学などへの進学が可能になった。保護者の所得格差により、経済的理由から高等教育を受けられなかった高校生が、この制度を利用することで大学、短大、高等専門学校、専門学校などの授業料および入学金の減免を受けられ、高等教育機関に進学することができるようになったのである。

図表57　授業料減免額の上限と給付型奨学金の支給額

授業料減免

	国公立		私立	
	入学金	授業料	入学金	授業料
大学	約28万円	約54万円	約26万円	約70万円
短期大学	約17万円	約39万円	約25万円	約62万円
高等専門学校	約8万円	約23万円	約13万円	約70万円
専門学校	約7万円	約17万円	約16万円	約59万円

給付型奨学金

		自宅生	自宅外生
国公立	大学・短大・専門学校	約35万円	約80万円
私立	大学・短大・専門学校	約46万円	約91万円
国公立	高等専門学校	約21万円	約41万円
私立	高等専門学校	約32万円	約52万円

出典：文部科学省「授業料減免額（上限）・給付型奨学金の支給額」より作成

　また、給付型の奨学金についてもその意義は大きい。

　従来の奨学金は、原則貸与制であり、大学などを卒業したのちに返済していく必要があり、卒業後正社員などの安定した仕事に就けなかった人にとっては、社会に出た時点で、大きな借金を抱えるものであり、長い間、給付型の奨学金が待望されていたのである。

(4) 全ての子どもたちの能力を伸ばし可能性を開花させる教育へ（第 9 次提言）平成 28 年 5 月

　不登校児童生徒などへの支援について、**教育機会確保法**（義務教育の段階における普通教育に相当する教育の機会の確保等に関する法律）（平成 29 年）および基本指針を踏まえ、教育相談体制の充実、不登校特例校、教育支援センター、夜間中学の設置促進などの事業を実施するものである。義務標準法を改正し、障がいに応じた特別の指導や外国人児童生徒などへの定数加配などを実施することとしている。

(5) 自己肯定感を高め、自らの手で未来を切り拓く子供を育む教育の実現に向けた、学校、課程、地域の教育力の向上（第 10 次提言）平成 29 年 6 月

　給特法を改正し、在校時間の上限を決めるガイドラインを「指針」に格上げ、「休日のまとめ取り」のための 1 年単位の変形労働時間制の選択的導入などを措置（令和 2 年 4 月施行）。

3．第 11 次提言から第 12 次提言

(1) 技術の進展に応じた教育の革新、新時代に対応した高等学校改革について（第 11 次提言）令和元年 5 月

　GIGA スクール構想の実現に向け、学校における高速・大容量の通信ネットワークと、**児童生徒 1 人 1 台端末の整備**を補正予算で措置。

　高校の魅力化・特色化や通信教育の質保証の実現に向け、学校教育法施行規則を改正した（令和 3 年 8 月 23 日に公布され、同日施行）。

（2）ポストコロナ期における新たな学びの在り方について

（第12次提言）令和3年6月

　ポストコロナ期における新たな学びの在り方について、次のような方策を提
　　言している。

①初等中等教育における1人1台端末の本格的活用

　端末を適切に取り扱うための教育と学習状況のデータ管理や同時双方向やオ
ンデマンドによる授業モデルの展開、学びの継続・保障、学びの多様化への対
応を提言。

②高等教育における遠隔・オンライン教育の推進

　出口における質保証、学びの複線化・多様化や学修データの活用などデジタ
ル化への対応を提言。

　また秋入学については、一律の秋季入学への移行でなく、大学などにおける
入学・卒業時期の多様化・柔軟化を提言するとともに、データ駆動型の教育へ
の転換を求め、データによる政策立案、教育データ基盤の整備を求めている。

　ポストコロナ期における学校教育の在り方については、別途、第23章で詳
しく述べることとしている。

　教育再生実行会議は、平成25年1月、安倍内閣の下で発足し、令和3年
6月までの8年余りの間に12次にわたり提言を行ってきた。令和3年9月
には実行会議の有識者によるフォローアップが行われた。内閣全体で教育改
革を考えていく上で、幼児教育の無償化や高等教育の無償化については、従
来の文部科学省予算ではとても実現が困難な課題であったが、政府全体で教
育改革を実施していく方針の下で社会保障費を活用できたのは本当に良かっ
たと思う。

　なお、教育再生実行会議については、令和3年9月、幕を下ろすことが決
定した。後継の会議については令和3年12月に「教育未来創造会議」の第
1回会議の開催が岸田文雄内閣で決定された。

4．教育未来創造会議について

　教育未来創造会議は、岸田文雄総理大臣の下で、末松信介文部科学大臣も出席し、①高等教育をはじめとする教育の在り方について、国としての方向性を明確にする、②誰もが生涯にわたって学び続け学び直しができるよう、教育と社会の接続の多様化・柔軟化を推進するために開催されるものである。

　令和3年12月、第一回会議が開かれ、岸田総理は「教育・人材育成といった人への投資は、成長の源泉であり、誰もが夢や希望を持てる未来を創造できるよう、教育・人材育成に政府一丸となって全力で取り組む」との方針を示した。

　直ちに取り組むべき事項として次の3点が挙げられた。

　　①イノベーションを創出する官民の人材育成を強化していくため、人材育成への投資や大学等の機能強化を強力に推進する。

　　②高等教育の新たな可能性を切り拓いていくため、デジタル技術を駆使したハイブリット型教育を進める。

　　③世界と伍する研究大学に実現や大学法人のガバナンス強化に向けて、大学の経営改革を着実に進める。

　会議は令和4年初夏までに第一次提言を取りまとめることとしている。

　新しい教育未来創造会議において積極的な議論がなされ、明るい未来を目指した教育改革が進められていることを期待している。

第23章　ポストコロナ時代の
　　　　　学校教育の在り方

1. 令和の日本型教育の構築を目指して

　中教審は令和3年1月、「**令和の日本型学校教育の構築を目指して**」答申を
出した。

　新型コロナウイルスの感染拡大など先行き不透明な「予測困難な時代」に向
けて全ての子どもたちの可能性を引き出し、個別最適な学びと、協働的な学び
の実現を目指すものである。

　教育振興基本計画の理念である「自立・協働・創造」を継承しつつ、学校に
おける働き方改革を推進し、GIGA スクール構想の実現と新学習指導要領の着
実な実施を目指している。

　新しい学習指導要領の「個に応じた指導」を一層重視し、「指導の個別化」と「学
習の個性化」を強調している。ICT 環境の活用、少人数によるきめ細やかな指
導体制の整備を進め、「個に応じた指導」を充実していくものである。また、「主
体的・対話的で深い学び」の実現に向けて、探求的な学習や体験活動を通じて、
子ども同士で、あるいは多様な他者と協働しながら必要な資質・能力を育成
する「協働的な学び」を充実させることが重要だとしている。

　答申では、「新時代の特別支援教育の在り方」や「増加する外国人児童生徒
への教育の在り方」を示しているが、ここでは特に ICT の活用について取り上
げてみたい。

（1）学校教育への ICT の活用

　因みに私は、現在、公益財団法人「パナソニック教育財団」の理事長を務めさせていただいているが、パナソニック教育財団は、新時代の教育現場における授業改善、課題解決に向けて、ICT 活用のための「実践研究助成」活動を行っており、2021 年度で 47 回になる。その内容は小・中・高校に年間約 70 件程度、1 校当たり 50 万円を助成し、ICT 活用の実践研究を助成するものである。

　また、特別研究指定校として数校に対しては 2 年間で 150 万円の助成を行い、大学の ICT 教育の専門家を派遣して訪問アドバイスを行っている。

　パナソニック教育財団の助成はこれまでに延べ 3 千数百校に及んでおり、GIGA スクール構想の実現に伴って、その役割はますます重要になってくるものと期待している。

（2）GIGA スクール構想について

　文部科学省の **GIGA スクール構想は、学校教育における 1 人 1 台端末と、高速大容量の通信ネットワークを一体的に整備**することで、多様な子どもたちをだれ 1 人取り残すことなく、公正に個別最適化され、資質・能力が一層確実に育成できる教育 ICT 環境を実現するものである（令和元年度及び 2 年度補正予算合計約 4,600 億円）。

　長年の懸案であった、児童生徒 1 人 1 台端末が実現し、検索サイトを活用した「調べ学習」や一斉授業における ICT の活用で、教師が、一人ひとりの反応や考えを即時に把握しながら双方向的に授業を進めることが可能となり、またデジタル教材を活用し、一人ひとりの学習進捗状況を把握し、児童生徒によりきめ細やかな指導・対応ができるようになった。

　例えば、

　「国語」の授業では、書く過程を記録し、よりよい文章作成に役立てることができる。

　「算数・数学」の授業では、関数や図形などの変化の様子を可視化し、繰り返し勉強できる。

「社会」の授業では子どもたちが収集したデータを加工して可視化したり、地図情報を分析して読み取る。

「理科」では観察・実験を行い、動画等を使ってより深く分析・考察する。

「英語」では海外とつながるコミュニケーションにより、発信力を高める。

など、様々な効果が期待できるものである。

さらに1人1台を活用して各教科の学びをつなぎ探求するSTEM教育[30] ができ、探求のプロセスにおける様々な場面において、ICTを効果的に活用することができる。

(3)「令和の日本型学校教育」の構築に向けたICT活用の基本的考え方

これからは、今までのようにICTに詳しい先生が積極的に活用するだけでなく、**すべての先生が全ての授業でICTを積極的に活用する必要がある。**また働き方改革の一環として、ICTを活用した校務の処理を円滑に進め、無駄な会議を徹底的に減らし、児童生徒の保護者との連絡や相談などにもICTをフルに活用していき、プリントを減らすなど効率化が必要であろう。学校教育の質の向上や教師自身の資質・能力の向上にもICTは有効である。

①学校教育の質の向上に向けたICTの活用

学校におけるカリキュラム・マネジメントを充実させ、ICTを「主体的・対話的で深い学び」の実現に向けた授業改善に生かすとともに、ICTを個別最適な学びと協働的な学びの実現に活用する。

② ICTの活用に向けた教師の資質・能力の向上

教員の養成・研修全体を通じ、教師が必要な資質・能力を身に付けられる環境を実現するとともに、ICTを効果的に活用した指導ノウハウを収集・分析し、現職教師のICT活用能力の向上、授業改善の取り組む教師のネットワーク化を図ることが重要になってくる。

---

30 STEM教育　Science、Technology、Engineering、Art、Mathematicsなどの各教科での学習を実社会での課題解決に生かしていくための教科横断的な教育をいう。

(4) 新学習指導要領によるプログラミング教育について

　今回の新しい学習指導要領では、「情報活用能力」を「学習の基盤となる資質・能力」と位置づけ、教科横断的に育成することとし、小・中・高校を通じてプログラミング教育を充実することとしている。小学校の学習指導要領総則において「プログラミングを体験しながら、コンピュータに意図した処理を行わせるために必要な論理的思考力を身に付けるための学習活動」を計画的に実施することを明記した。また算数、理科、総合学習においてプログラミングを行う学習場面を例示している。中学校では、技術・家庭科でプログラミングに関する内容を充実させ、高等学校では共通必履修科目として「情報 I」を新設し、すべての生徒がプログラミングの他、ネットワークやデータベースの基礎を学ぶこととされている。

　文部科学省では小学校のプログラミング教育の手引などを作成し公表している。

2. ポストコロナ、ウィズコロナ時代の学校教育の在り方

　教育再生実行会議では、令和 3 年 6 月、第 12 次提言「ポストコロナ期における新たな学びの在り方について」で、次のような提言を行っている。実行会議では、感染症の拡大に伴う甚大な影響は、広範で多岐にわたるため、感染症が収束したポストコロナの世界は、新たな世界、いわゆる「ニューノーマル」へと移行するとの見方が強いとの見方を示している。

　私としては、この教育再生実行会議の第 12 次提言をもとにして、ポストコロナの時代の世界を「新たな日常」と位置づけて、この新しい時代におけるわが国の初等中等教育の在り方と高等教育の在り方について考えてみたい。

(1) 「新しい日常」における初等中等教育の在り方

　初等中等教育については、「新たな日常における新たな学びに向けて」としていくつかの点を強調している。私なりにこれらの指摘を受け止めて、述べてみたい。

①コロナ禍を契機とした ICT 活用 ⇒ 1 人 1 台端末の本格的運用

遠隔・オンライン教育のメリットとして、

ⅰ） 学習のログが残り支援しやすい。

ⅱ） 時間と空間の制約を受けずに教育活動が可能になる。

ⅲ） 不登校の児童生徒の学習機会が充実できる。

ⅳ） 個別最適な学びと協働的な学びに大いに役立つ。

などが挙げられる。

遠隔・オンライン教育のデメリットとしては、

ⅰ） オンライン対応の遅れが学校・教師・児童生徒に存在し、学習環境の格差が目立つ。

ⅱ） 教師と家庭の ICT 活用能力の向上が必要である。

ⅲ） データ取集・活用が不十分であり課題が残る。

などが挙げられる。

特にわが国では、OEGD 諸国と比べても授業でのコンピュータの活用が不十分であり、授業改善や授業における ICT の活用が著しく遅れていた。

昔、学校のコンピュータ教室はいつも鍵がかかっていて、ほとんど自由に学校のコンピュータを使った記憶がないという感想を持っている大人が多いのではないだろうか。これでは、何のためのコンピュータなのか解らない。

GIGA スクール構想の実現で、これからは ICT を活用した授業が進んでくると期待されている。**ICT 活用は初等中等教育の新たな可能性を拓くものである。**

ただ、安全・安心に端末を取り扱うための手引きの策定や個人情報保護制度の見直しを踏まえた学校教育上の取り扱いを明示する必要がある。

②データ駆動型の教育への転換による学びの変革を推進

児童生徒の学習履歴（スタディー・ログ）や教師の教授・指導履歴（ティーチ・ログ）などの各種の教育データを学校における授業指導に生かし、同時双方向やオンデマンド授業に活用することが重要である。

学校において、学習情報のデータを管理するマネジメントシステムを作り、その活用を図るとともに、同時双方向やオンデマンドによる授業モデルの展開

を進めることで、学校全体でICTを活用した授業展開が図れるものと思う。

　また、学校が研究授業などで「優れた授業モデル」などを公表し、これらを全国の学校で活用してはいかがだろうか。パナソニック教育財団では研究助成を行った学校などで専門家の大学教授などの指導を受けて研究発表会を行っており、これらの優れた授業の事例をデータベースとして必要な学校に提供していくことも検討しているところである。

③学びの継続・保障のための方策

　学校でも家庭でも継続して学習できるオンライン学習システムを全国展開する。

　また、不測の事態が起きた場合でも、学校と児童生徒との関係を継続し、学びを保障する取組を推進する。不登校の児童生徒に対し、多様な支援を提供し、引きこもりやいじめ問題などの対応に、データを活用して現状の把握、重大な事態に至らないようにするための防止策などに活用してほしい。

④教育格差の是正のための対応

　コロナ禍におけるオンライン教育の機会は、保護者の世帯年収、父母の学歴、家庭のICT格差や居住地域による格差など、様々な格差があり、これからはこういった格差を是正し、すべての子どもたちが「新しい日常」の下で新しい学びの在り方の恩恵を受けられるように配慮していく必要がある。

　経済的弱者である家庭の子どもたちに、オンライン教育のメリットが生かせるような就学援助の在り方なども根本的に見直していく必要があると思う。

(2)「新しい日常」における高等教育の在り方
①遠隔・オンライン教育の推進

　新型コロナウイルス感染症の拡大に伴い、多くの大学などで、遠隔・オンライン教育の導入が進み、実施されてきた。緊急事態宣言の下では、ほとんどの大学が遠隔授業・オンライン教育を実施するしかない事態に追い込まれてきた。現在でもほぼすべての大学が、対面授業を一部実施するものの、多くの授業は

オンライン授業で実施するしかない状況である（令和3年9月現在）。

オンライン教育のメリットとしては、

ⅰ）　教員や学生からは、自分のペースで学修がしやすい。

ⅱ）　他大学のオンライン授業を受講することができ、自分の授業の参考にできる。

ⅲ）　通学が困難でも学習機会を与えることができる。

ⅳ）　外国に渡航することなく異文化交流や国際体験ができる。

などが挙げられている。

反面、問題点も多く、

ⅰ）　新入生は教員や学生との交流が全く出来ず、孤独・孤立に陥りがちである。

ⅱ）　ICT機器による授業ばかりで、健康面が心配である。

ⅲ）　留学生の受け入れが出来ず、異文化交流や国際体験ができない。

ⅳ）　遠隔・オンライン授業で本当に学力がつくのか不安だ。

ⅴ）　大学教育は全人格教育の場であるのにオンラインで本当に大学教育が完成できるのか。

などの不安も大きい。

　文部科学省は新型コロナウイルスの感染拡大を受けて、対面授業が事実上不可能となった場合に、自宅における遠隔授業について、「いわゆる同時性又は即応性を持つ双方向性（対話性）を有し、面接授業に相当する教育効果を有すると認められる遠隔授業を実施する授業時数が半数を越えない範囲で行われる授業科目については、面接授業の授業科目として取り扱い」、大学設置基準の遠隔授業の上限となっている60単位に含める必要はない」と令和3年4月2日の高等教育局長通知で述べている。

　オンライン授業については、従来の対面授業のように、ただ、教員が黒板に板書して授業するような形は困難であり、授業内容をパワーポイントで示しながら講義するとか、講義要旨を印刷して学生に配布するなど、工夫が必要であり、教員の負担も大きい。一方で、遠隔授業であれば、大学の教室まで行かずに済み、学生にとってメリットもある。しかし同級生との交流やクラブ活動で

の交流も難しくデメリットも大きい。感染予防を徹底し、できるだけ対面授業を行うことも必要であろう。

②出口における質保証

　そもそも、コロナ禍以前から、**大学教育の質の保証が課題**であったが、遠隔・オンライン教育で「出口における質保証」が十分できるのかという疑問がある。遠隔・オンライン教育だけを受けてきた学生が社会に出るに当たって、本当に立派に大学教育を受けたと言えるだろうか。

　大学は「3つの方針」に基づく、卒業認定・学位授与の方針、教育課程編成・実施の方針、入学者受け入れの方針に基づく体系的で組織的な大学教育を展開し、「教学マネジメント指針」に基づき、3つの方針に基づいた学修目標の具体化や、卒業生に最低限備わっていなければならない能力の保証を可視化させる必要がある。また、文系・理系を問わず、すべての学生がデジタル時代の読み書きそろばんである**数理・データサイエンス・AIの基礎をしっかりと身に付けさせる必要**がある。

　大学は**学務・教務のデジタル化対応**にも力を注ぐべきであり、学修歴証明書の普及や学修管理システムによる学修データの活用にも取り組むべきであろう。

　「出口における質保証」の1つとして、各大学がカリキュラムや授業の仕方に工夫を凝らし、各大学独自の特色を打ち出してはいかがだろうか。

　例えば、国際大学であれば、「卒業生は必ず英検準1級を取得する」とか「**卒業生は全員 TOEIC 800 点以上を取っている**」とかをキャッチフレーズにするのだ。国際大学でなくとも、文系の大学であれば、本学の卒業生は全員、英検準1級又は TOEIC800 点以上を持っていることを売りにするのである。

　他にも資格や試験の合格を卒業要件に上乗せして公務員試験の合格とか、税理士、行政書士、技術士などの**資格を積極的に取得することをその大学の方針として打ち出す**のである。「本学の卒業生は全員が数理・AI・データサイエンスの知識を持っている」というのでも良い。何らかの公的資格を卒業認定とともに取得することが、わかりやすい「出口における質保証」につながるのでは

ないだろうか。

(3) グローバルな視点での新たな高等教育の国際戦略

わが国の 18 歳人口は近年大幅に減少しており、ピーク時の 1992 年は 205 万人であったが、2021 年は 114 万人、2024 年には 106 万人に減少する。将来 2040 年には 88 万人となってしまう。この点からも、大学は日本人の 18 歳の学生だけでなく、留学生を増やしたり、社会人を増やしてリカレント教育を実施するなど様々な学生獲得のための工夫が必要となっている。

コロナ禍の現在は、日本に入国することができないため、留学生は少なくなっているが、コロナ禍が一段落すれば優秀な留学生を募集することもできるようになると考えられるため、今こそ留学生の確保とその教育の充実に取り組む必要がある。優秀な外国人留学生の戦略的な獲得は喫緊の課題である。

前述したように、私は**学生の 30%は外国人にし、教員も 30%は外国人の教授などを集め、授業の 30%は英語で教えることとすべきだ**との主張を行っている。グローバル化への対応としてぜひ実行してほしいものである。

国際バカロレアなどの成績を用いた特別入試の実施や頭脳循環の拠点となる大学での優秀な留学生を獲得するための新しい取組を検討すべきであろう。

秋入学の拡大や学事暦・修業年限の多様化・柔軟化と社会との接続の在り方も大いに検討する必要がある。大学などにおける入学・卒業時期の多様化・柔軟化が求められている。

優秀な外国人留学生が、私の希望のようにわが国の大学生の約 30%程度、世界から集まる大学になり、教授の 3 分の 1 は外国人教授となり、全授業の 30%が英語で実施されるようになれば、本当の意味でのわが国の大学の国際化が実現できたと言えるのではないだろうか。

■　あとがき

　わが国の教育改革について、昭和 59 年から昭和 62 年まで続いた臨時教育審議会から令和 3 年の教育再生実行会議の終了までについて、概観してきた。
永年にわたる教育改革の成果は何だったのか、教育現場にどれだけの成果があり、わが国の教育がどれだけ良くなったのだろうか。教育改革は、その前提に「今までの教育はこの点が問題だった」として今までの教育を否定的にとらえ、それを改革し、より理想に近い状態を目指すものであった。教育改革の目標・目的には様々な課題があった。

　受験地獄の解消、いじめ、校内暴力の解消、指導力不足の教員への対応、1 点差刻みの受験競争の是正、道徳教育の充実、大学卒業時の学生の質の保証、大学の教育研究力の向上、ゆとり教育の見直し、学力低下の阻止、生きる力と確かな学力の育成、グローバル化に対応した教育の改革、大学入試改革、国立大学改革、外国語の 4 技能の向上、ICT 教育の充実、学習意欲の向上などそれぞれの課題で様々な成果が期待されていた。安倍内閣以降ではこれらの課題を包括して「社会総がかり」で「教育の再生」を目指したのである。

　苅谷剛彦氏が指摘するように、今までの教育改革は様々な印象論や体験論をもとに、個人的な憶測で教育改革が語られてきたのではないか。**実態を正しくとらえ得るデータをもとに科学的に教育改革を語るべきだとの批判がある。**

　苅谷氏の指摘は正しい。ただ、現実の教育行政は議院内閣制の下で、文部科学省が行っている「教育」の成果も「行政」の成果もすぐには出てこない。「教育」は広辞苑では「教え育てること。望ましい知識・技能・規範などの学習を促進する意図的な働きかけの諸活動。」であるとされている。教育の目的・目標は教育基本法第 1 条、第 2 条に掲げられているが、人格の完成を目指す精神的な活動であり、その成果を直ちに数値に表すことは困難である。しかし**「教育は百年の大計」**であり、その結果は将来のわが国を左右する。

　「教育」の抱える様々な課題について、社会の動向、マスコミの批判、政治家の意見・主張などを受けて、「教育行政」はこれらの課題の解決のため努力

してきた。しかし、失敗したものもある。高大接続改革の英語の4技能について、どうしても実施するなら大学入試センターでやればよいのに、民間の異なった試験の結果を利用しようとするなど、正確性、公平性、公正性に問題があるのは初めから分かっていたではないか。ゆとり教育についても、基本的な考え方は間違っていない。ただ、説明不足と教育内容の一律大幅削減に問題があったのである。

　より良い教育の在り方をめぐって、これからも教育改革は必要である。その成果を検証し、間違いがあれば直ちに修正し、より良い未来を目指して、官邸の総理直属の新しい教育未来創造会議と中教審での審議に期待したい。

　そして**文部科学省の行政官には、自信をもって、その専門性と英知を活かし、真剣に「わが国の将来」を考え、望ましい政策の実現に頑張ってほしいと心から願っている。**

令和4年2月吉日

小野　元之

【著者紹介】

小野　元之（おの　もとゆき）

　パナソニック教育財団理事長、NPO法人学校経理研究会理事長、学校法人城西大学理事、（独）日本学術振興会顧問、元同志社大学客員教授、元京都大学特任教授、元日本学術振興会理事長、元文部科学事務次官、元文部事務次官。

　教育行政の専門化として教育委員会制度や教育課程の改訂に詳しい。文部科学省在任中は事務次官として「ゆとり教育」の見直しを提言し、国立大学の法人化や初等中等教育の改革を推進。文部科学省退官後、（独）日本学術振興会理事長として日本学術振興会賞の創設、HOPEミーティングの創設、科学研究費の改革、学術の国際交流、大学改革の支援に取り組む。第一次安倍内閣教育再生会議委員。

　レジオン・ドヌール勲章シュバリエ　（フランス）、功労勲章大功労十字章　（ドイツ）、瑞宝重光章　（日本）受賞。

　著書：『私立学校法講座』NPO法人 学校経理研究会、2020年（初版1985年より4改訂）、『教育委員会の活性化』悠光堂、2019年。

● わが国の教育改革　その光と影

発　行　令和4年3月15日
著　者　小野　元之
発　行　特定非営利活動法人　学校経理研究会
　　　　〒102-0074
　　　　東京都千代田区九段南4-6-1 九段シルバーパレス203号
　　　　TEL 03(3239)7903　　FAX 03(3239)7904
　　　　e-mail gaku@keiriken.net　http://www.keiriken.net
発売元　株式会社　霞出版社
　　　　〒102-0074
　　　　東京都千代田区九段南4-6-1 九段シルバーパレス203号
　　　　TEL 03(3556)6022　　FAX 03(3556)6023
　　　　e-mail info@kasumi-p.net　http://www.kasumi-p.net